U0688864

·供应链管理与运营系列·

SCMP

供应链管理专家认证教材

供应链领导力

如何在组织中成就卓越

中国物流与采购联合会◎主编

人民邮电出版社

北京

图书在版编目（CIP）数据

供应链领导力：如何在组织中成就卓越 / 中国物流
与采购联合会主编. -- 北京：人民邮电出版社，2023.10
　（供应链管理与运营系列）
　ISBN 978-7-115-61445-2

　Ⅰ. ①供… Ⅱ. ①中… Ⅲ. ①供应链管理 Ⅳ.
①F252.1

中国国家版本馆CIP数据核字(2023)第062581号

内 容 提 要

供应链是一个庞大而又复杂的生态系统，时刻面临着各种内外部环境的影响和挑战。供应链管理已成为企业竞争力、区域竞争力和国家竞争力的核心要素。供应链在企业内部的地位不断提升，其在外部领域的影响力也不断增强，如在宏观经济、全球可持续性和社会凝聚力等方面。为此，企业急需具备专业知识与能力的复合型管理人才，推动供应链管理变革与发展，规避和管理风险，为内外部利益相关者创造价值。

《供应链领导力》旨在培育一批具有敏锐洞察力和卓越领导力的供应链管理者，以社会责任、道德与合规为底线，以管理供应链风险和价值创造为目标，以有效沟通和激励为方法，以合理的组织结构和人才培育为基础，承接组织战略，构建紧密和谐的供应链伙伴关系和价值共创的生态环境。

◆ 主　　编　中国物流与采购联合会
　　责任编辑　马　霞
　　责任印制　周昇亮

◆ 人民邮电出版社出版发行　　北京市丰台区成寿寺路 11 号
　　邮编　100164　　电子邮件　315@ptpress.com.cn
　　网址　https://www.ptpress.com.cn
　　固安县铭成印刷有限公司印刷

◆ 开本：787×1092　1/16
　　印张：18.75　　　　　　　　　2023 年 10 月第 1 版
　　字数：374 千字　　　　　　　2025 年 10 月河北第 14 次印刷

定价：99.00 元

读者服务热线：(010)81055296　印装质量热线：(010)81055316
反盗版热线：(010)81055315

供应链管理专家（SCMP）认证丛书
编写委员会

主　任：

蔡　进　中国物流与采购联合会副会长

副主任：

胡大剑　中国物流与采购联合会会长助理

委　员：（按姓氏拼音排序）

冯　君　中物联采购与供应链管理专业委员会项目主管

胡　珉　本丛书撰稿组长、中物联采购与供应链专家委员会副主任委员

胡　伟　上海师范大学天华学院副教授

刘伟华　天津大学管理与经济学部运营与供应链管理系主任、教授、博导

马天琦　中物联采购与供应链管理专业委员会部门主任

潘新英　中物联采购与供应链管理专业委员会项目主管

彭新良　中物联采购与供应链管理专业委员会常务副主任

史文月　中物联采购与供应链专家委员会委员

宋　华　中国人民大学商学院教授、博导

宋玉卿　北京物资学院中国采购与供应链管理研究中心副主任

田小琴　中物联采购与供应链管理专业委员会部门主任

汪希斌　中物联采购与供应链专家委员会委员

王保华　中物联采购与供应链专家委员会委员

王海军　华中科技大学管理学院副院长、教授、博导

王运新　中物联采购与供应链专家委员会委员

吴英健　中物联采购与供应链管理专业委员会项目主管

夏　烨　中物联采购与供应链专家委员会委员

赵林度　本丛书审校组长，东南大学经济管理学院物流管理工程系教授、博导

本书编写组

组　长：

王保华　中物联采购与供应链专家委员会委员

撰稿人：

王保华　中物联采购与供应链专家委员会委员；负责第 1、2、6 章

武文红　中物联采购与供应链专家委员会委员；负责第 3、4、5 章

王大勇　中物联采购与供应链专家委员会委员；负责第 7、8、9 章

特约审稿人：

宋　华　中国人民大学商学院教授、博导

赵林度　东南大学经济管理学院物流管理工程系教授、博导

（胡珉对本书写作提供了宝贵意见）

总 序

自供应链概念在20世纪80年代提出后，随着全球经济一体化的发展和技术的进步，供应链已从企业的管理科学逐步转化为产业和经济的组织形态，并从产业供应链扩展到了跨产业的平台供应链，甚至发展到了跨产业、跨区域的供应链生态圈。《国务院办公厅关于积极推进供应链创新与应用的指导意见》（国办发〔2017〕84号）指出："供应链是以客户需求为导向，以提高质量和效率为目标，以整合资源为手段，实现产品设计、采购、生产、销售、服务等全过程高效协同的组织形态。随着信息技术的发展，供应链已发展到与互联网、物联网深度融合的智慧供应链新阶段。"

在全球经济实践中，现代市场竞争已不再简单地体现为产品与产品、企业与企业之间的竞争，而是深刻地体现为供应链与供应链之间的竞争。供应链的整合能力和效率已成为企业、产业甚至国家的核心竞争力。中国供应链的创新发展经历了几个阶段：第一阶段是供应链产业链的初步形成，不同企业的供应链创新重点多样化；《国务院办公厅关于积极推进供应链创新与应用的指导意见》发布后，中国供应链创新进入第二阶段，即供应链产业链的优化协同阶段，通过供应链上下游全流程的优化协同，形成了更高效、稳定、安全的产业链；到现在，中国供应链创新发展已进入数字化供应链阶段，这是产业链供应链现代化发展的必然趋势。作为世界第二大经济体，中国不仅成为引领世界经济发展的重要力量，也在全球供应链中发挥着"稳定器"和"压舱石"作用，并继欧美国家之后逐渐成为供应链管理研究与实践的前沿阵地。

当前，世界面临百年未有之大变局并持续加速演变，各种不稳定性因素明显增加。面对复杂严峻的发展环境和风险挑战，如何确保我国供应链的整体安全稳定，不断提升我国在全球供应链中的竞争优势，成为展现我国实力和大国担当的重要任务。

习近平总书记在2016年4月19日网络安全和信息化工作座谈会上曾说："供应链的'命门'掌握在别人手里，那就好比在别人的墙基上砌房子，再大再漂亮也可能经不起风雨，甚至会不堪一击。"随着供应链战略逐渐成为我国国家层面的重要议题，紧密关注并促进各方面、各环节和全链条的有机融合，以推动供应链发展，是至关重要的。在这一过程中，供应链领域的专业人才培养则成为其中必不可少的关键一环。

近年来，美国供应管理协会（Institute for Supply Management，ISM）和英国皇家采购与供应学会（Chartered Institute of Purchasing and Supply，CIPS）等国际知名行业组织，已建立了相对成熟和完善的供应链知识体系和认证品牌。作为我国物流、采购与供应链领域的综合性社团组织，中国物流与采购联合会（以下简称"中物联"）牵头建立一套具有中国自主知识产权、符合中国供应链管理发展实际的本土供应链知识体系，是义不容辞的责任与使命。自 2013 年起，中物联组织了 20 多位业内知名专家，集聚了全行业的智慧与力量，耗时 5 年精心打磨，建立了一套涵盖供应链管理运作、规划、环境、战略等核心内容的"供应链管理专家（Supply Chain Management Professionals，SCMP）"知识体系。2018 年，中物联将该知识体系推向市场，并基于此进行了"供应链管理专家（SCMP）"考试与认证，广受社会各界的欢迎和好评，为我国培养了一大批优秀的供应链专业人才。

今天，呈现在读者面前的这套丛书，是中物联根据近年来供应链理论体系的完善与供应链管理实践的发展，组织近 40 人专家团队耗时两年多，对 2018 版"供应链管理专家（SCMP）"知识体系的修订与完善。该套丛书共有 7 册，包括关于供应链基础知识的《供应链运作》《供应链规划》《供应链领导力》和关于供应链专业知识的《物流管理》《计划管理》《采购管理》，以及 1 本工具书《供应链术语》。本套丛书基于中物联供应链管理 SCOP 模型和"3+X"认证思路，更聚焦物流管理、计划管理和采购管理这三个主要供应链管理专业。丛书的每册既可单独使用，又可组合成一套由浅入深、相互衔接、结构性强的系列教材。

人才是国家强盛之基，创新是民族进步之魂。相信这套新版"供应链管理专家（SCMP）"知识体系能对培育供应链专业高端人才，完善我国供应链管理学科体系，推动供应链"产、学、研、用"协调发展，打造供应链创新发展新高地，提升我国供应链的"硬核"竞争力，实现我国供应链自主可控、安全稳定和高质量发展贡献智慧与力量。

中国物流与采购联合会会长

何黎明

如今，供应链管理已成为一个日臻成熟的专业领域。供应链管理从几十年前的模糊概念，到逐渐成为组织制定战略、规划或开展交流时的高频词，其重要性已上升到国家战略层面。没有任何两条供应链是相同的，只有全面了解供应链管理的内涵、过程及架构等，组织才更有能力应对多变的内外部环境带来的挑战。

ISM 在《ISM 术语 2016》中提出，供应链是供应网络，即一个组织往下游延伸到顾客的顾客，往上游延伸到供应商的供应商的网络。《国务院办公厅关于积极推进供应链创新与应用的指导意见》（国办发〔2017〕84 号）对供应链的定义是以客户需求为导向，以提高质量和效率为目标，以整合资源为手段，实现产品设计、采购、生产、销售、服务等全过程高效协同的组织形态。中物联给出的供应链最新定义是生产及流通过程中，围绕核心企业的核心产品或服务，由所涉及的原材料供应商、制造商、分销商、零售商直到最终用户等形成的网链结构，该定义旨在统一国内供应链管理行业对供应链的认识。

在本套丛书中，中物联创造性地提出了"供应链运营与规划框架"，即 SCOP 模型（见图 0-1）。该框架由 3 个层面构成，即战略层、运作层和基础层。从战略层来看，供应链规划是企业战略规划的重要组成部分，它指导和制约所有与供应链管理相关的活动；从运作层来看，供应链管理侧重五大领域，包括计划、采购、生产、交付和物流；从基础层来看，供应链管理主要涉及每个企业在运营过程中不可回避的大环境和逐渐成熟的供应链治理理念和最佳实践，包括内外部利益相关者协同，以及环境、社会和公司治理。在 SCOP 模型中，供应链管理活动可分为 8 个主要管理领域，包括供应链规划、计划管理、采购管理、生产管理、交付管理、物流管理、内外部利益相关者协同、环境 / 社会 / 公司治理。

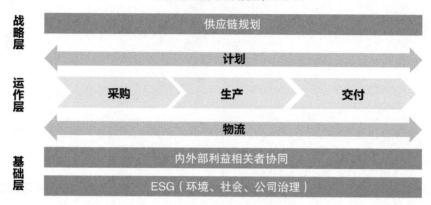

图 0-1　SCOP 模型

这套新版教材由原来 4 册扩展为 6 册，同时提供《供应链术语》作为工具书。认证模式由 3 门基础课加 1 门选修课组成，即"3+X"，其中包括 3 册基础教材，即必选教材《供应链运作》《供应链规划》《供应链领导力》；另外 3 册为选修教材，学员可根据职业方向或兴趣选择 1 门课程，参加对应专业方向的认证，包括《物流管理》《计划管理》《采购管理》，当然也可多选并参加多个专业方向的认证。

本书为供应链管理专家（SCMP）知识体系的必选模块之一，由供应链管理与领导力概述、组织和供应链的战略与目标、组织结构规划与重组、人力资源管理与员工激励、伙伴关系管理、沟通与协同、供应链组织绩效管理、企业社会责任 / 道德 / 合规管理、供应链风险管理构成，着重从供应链组织的管理者角度高屋建瓴地阐释管理者面临的挑战和机遇，以及所需具备的能力和作用，为培养未来的供应链管理者提供广泛的理论依据和实用工具。本书是由王保华携武文红和王大勇老师共同编著完成，也得到了宋华教授、赵林度教授、胡珉老师等专家学者的指导，使本书内容更丰富、更专业。书中难免有错误或不当之处，恳请读者批评指正。

目 录

2 第2章　组织和供应链的战略与目标

3 第3章 组织结构规划与重组

4 第4章 人力资源管理与员工激励

5 第 5 章　伙伴关系管理

6 第6章　沟通与协同

8 第8章 企业社会责任、道德与合规管理

第 9 章 供应链风险管理

第 1 章

供应链管理与领导力概述

"管理就是界定企业的使命，并激励和组织人力资源去实现这个使命。界定使命是企业家的任务，而激励和组织人力资源是领导力的范畴，二者的结合就是管理。"这就是彼得·德鲁克（Peter Drucker）对管理的定义。

管理和领导二者既有联系，又有区别，但不幸的是，它们通常被人们当作同义词混用。

领导关注全局，管理关注局部。

领导关注未来，管理关注当下。

领导关注并选择做正确的事，管理关注如何把事做好。

领导依靠灵活运用愿景和价值观，并以理论和道德为工具来教化、凝聚人的心灵；管理则主要依据法律法规和作业流程来规范、统一人的行为。两者既有区别，又有关联。任何组织和团队，既需要领导者也需要管理者。领导者确定战略和方向，管理者负责具体落实。若只有领导者而无管理者，则领导者的战略意图可能难以有效落实；反之，如果只有管理者而无领导者，组织和团队极有可能会迷失方向。

本章目标

1. 掌握管理的定义、传统的东方管理思想、管理的基本职能，以及供应链管理的基本原则。

2. 了解管理学的发展阶段。

3. 了解各类典型的管理理论，以及管理学各学派的共性。

4. 理解领导及领导力的定义，掌握领导力 21 项法则。

5. 理解领导和管理之间的关系，以及领导力的重要性。

6. 理解不同的领导风格，并熟练掌握领导风格理论、管理方格理论、权变理论、领导生命周期理论、魅力领导力、领导者性格理论，以及明白其重要性。

7. 理解供应链管理中的领导力、供应链管理中的领导角色和定位，以及供应链管理中的领导者胜任素质。

|第1节| 管理概述

1. 管理的定义

管理是普遍存在的社会现象，它是一项实践性很强的重要的社会活动。管理是一门科学，但更像是一门艺术。管理的目的是实现既定的目标。通常，管理活动涵盖以下4种基本要素。

管理主体：指在管理活动中承担和实施管理职能的人或组织。

管理客体：指管理主体直接作用和影响的对象。

组织目的：分工、协作、激励并使组织成员服从计划以完成组织既定目标。

组织环境或条件：组织赖以生存的内外部环境或条件。

管理是指应用科学手段安排和规划一系列组织活动，通过计划、组织、指挥、协调、控制及创新等手段，整合并利用各种资源实现组织的目标。管理的普遍特征如下。

● 管理是为了实现组织未来目标的活动。

● 管理工作的本质是协调。

● 管理工作普遍存在于组织中。

● 管理工作的重点是对人进行管理。

管理包括以下4项内容。

● 制订：制订计划，包括规范、制度、流程程序等。

● 执行：按照计划开展工作。

● 检查：按计划定期检查工作的执行状况，总结经验教训并找出差距。

● 改进：总结并固化成功经验，持续纠偏纠错，扬长避短，不断完善。

2. 传统的东方管理思想

管理从实践到理论，经历了漫长的发展过程。早期的管理思想和典故时常出现在中国、埃及、希腊、罗马和意大利等国的史籍之中。

中华文明历经数千年的实践和锤炼，早已形成了独具特色的东方管理思想。先哲们有关管理的文章著作逻辑缜密，推理有力，见解精辟。

1）儒家的管理思想

儒家思想的代表人物是孔子。儒家管理思想的核心是"治人"。

正如孟子所言，恻隐、羞恶、辞让和是非之心人皆有之。儒家管理思想的人性假设，揭示了人与社会及其他群体之间的依赖关系。儒家认为，因为有了人，所以需要管理，管理的核心就是人，一切管理活动都是围绕"治人"展开的，包括对人的管理和实行管理的人。

儒家对组织也有独到见解，几千年前就明白整体大于部分的道理，群体的力量大于个体，人有别于动物是因为人能群、分、义。

● 群：建立组织结构。

● 分：实行分工。

● 义：因为人与人之间有"义"存在，所以能组织起来并分工合作。儒家认为，在建立组织后首先需要分工，然后用礼来规范，用义来协调，确保组织高效运行。

儒家崇德向善，在管理上有以下说法。

● 仁：道德原则、标准和境界。

● 德："为政以德"。

● 礼：作为外在的管理规则。

儒家管理思想以人本主义为基础。

● 管理的主要手段：道之以德。

● 社会生态平衡：和为贵。

● 领导原则：刚柔相济，宽严结合。

● 管理目标：以人为本，富民安民。

有别于其他学派，从某种意义上说，儒家实质上是一种社会伦理学与社会管理学。在中华文明的历史长河中，儒家管理思想通过教育和体制化模式实施社会伦理管理；以法治和法制的方式或以人治的方式实现社会管理。如今，许多组织都在灵活运用儒家管理思想。

2）道家的管理思想

孕育了丰富管理理念的道家思想博大精深，是传统东方管理思想的重要基础之一。它涉及管理原则、管理环境、管理策略、管理方法等多个方面。

"无为而治" 是道家的基本管理原则。道家认为，万事万物的本源和本体就是"道"，所以凡事都需要遵"道"而行，顺应管理活动的规律。

道家说无为，又说无不为。在这里，"无为"是因，"无不为"是果。所谓的"无为"，指的是不妄作为，不要违背客观规律将自己的私欲和私念强加给外部事物，需要依循事物的内在规律去做，有所为并有所不为。道家主张管理者应该顺应管理活动的规律，遵守"无为而治"的原则，该管的管，该授权的授权，将具体事务性工作放手给下属以使他们积极有为，鼓励下属充分发挥积极性和创造性。

道家管理思想的特征是"道法自然"的柔性管理，就是要按事物自身的法则实施管理，不要强加个人的主观意志；强调管理者还要像水一样，水利万物而不争，以柔胜刚。

3）其他东方管理思想

法家追求竞争和效益，有显著的控制倾向。法家的管理思想强调法治和他律的强制作用，强调集权和管理的手段，同时也推崇尚贤。

墨家的管理思想强调以下4个方面的内容。

● "兼爱""尚同""尚贤"。兼爱：指不分亲疏，要爱所有的人。尚同：主张下级服从上级。尚贤：指要打破等级观念，唯贤是举，尊重并任用有才德的人。

● "各从事其所能"：让所有的人发挥其所长，并尽其所能。

● "利"和"力"。利：非一己私利，而是社会公利。力：强调"赖其力者生"，认为人们只要能发挥自己的力量与自然抗衡，就能求得生存的机会，掌握自己的命运。

● "非命"：人命非天定，都是自己努力的结果，强调事在人为的处事态度。

兵家重视谋略和环境（天时、地利、人和的运筹等），认为管理战略的正确运用是获取成功的关键。

3. 管理的基本职能

东方管理主要是感情管理，以人为本，信奉中庸之道；而西方管理主要是科学管理，讲制度和流程，一切用数据说话。

亨利·明茨伯格（Henry Mintzberg）认为："管理工作包括人际角色、信息角色和决策角色。充当这些角色需要拥有多种技能，即开发同僚间的关系、实施谈判、激励下属、解决冲突、建立网络、传播信息、在资讯不足或不明确的情况下做出决策并分配资源。"

亨利·法约尔（Henri Fayol）认为："管理的基本职能分为计划、组织、指挥、协调和控制。"之后，又有学者认为除此之外还有人员配备、领导激励、创新等。

如今最为常见的管理的基本职能包括以下7项。

● 决策。

● 计划。

● 组织。

● 人员管理。

● 指导与领导。

● 控制。

● 创新。

4. 供应链管理的基本原则

供应链的概念其实是在彼得·德鲁克的"经济链"和迈克尔·波特（Michael Porter）的"价值链"基础上演变而来的。

英国皇家采购与供应学会认为："供应链可以由邻近的组织或位于世界各地的组织组成，它包括一个由个人、组织、技术、活动和资源组成的网络，以确保货物或服务沿着供应链流动，因此供应链的所有部分都需要协同工作。为确保供应链有效运作，必须对其进行管理。如果没有供应链管理人员参与来确保供应链的各个环节都能正常运作，那么整个供应链就无法有效运作。供应链管理的目的是降本增效，提高价值和进行风险管理。它应该通过整个过程增加价值，并以最有效和合乎道德的方式实现价值，从而使供应组织在竞争中获得优势。"

美国供应管理协会认为："供应链管理是为满足最终客户的实际需求所进行的跨组织边界的无缝对接的增值流程的规划和管理。供应链管理成功的关键在于人员和技术资源的发展和整合。"

根据 GB/T 18354—2021 的定义，供应链是指"生产及流通过程中，围绕核心企业的核心产品或服务，由所涉及的原材料供应商、制造商、分销商、零售商直到最终用户等形成的网络结构"。

2017 年，《国务院办公厅关于积极推进供应链创新与应用的指导意见》对供应链做了明确的定义："供应链是以客户需求为导向，以提高质量和效率为目标，以整合资源为手段，实现产品设计、采购、生产、销售、服务等全过程高效协同的组织形态。"

供应链管理的真谛就是聚合并协调内外部所有可利用资源，充分运用各种管理手段，以最优和最少的投入为利益相关者创造最大的价值，并获得最佳的回报。优秀的供应链管理组织主要遵循以下几点，并实施有效管理，从而实现价值创造与创新。

1）优秀的供应链应具备的能力

李效良（Hau Lee）教授认为优秀的供应链都具备以下能力。

● 敏捷力（Agility）：指企业对原料供应和市场需求的变化能迅速采取应对措施的能力。

● 适应力（Adaptability）：指企业及时适应市场结构和战略发展的变化的能力。

● 协同力（Alignment）：指在整条供应链上使各利益相关者协调一致，使他们与自己保持利益一致，并在平等的基础上与他们共享成果、共同抵御风险和承担费用的能力。

● 构建价值的能力（Architecting Value）：指企业能够构建一条更有价值的供应链，可以根据不同的市场、不同的区域、不同的成本要求设计出不同的完整的供应链，在设计、制造、库存、物流等各个环节中都为供应链增加价值，从而也使自己成为更有价值的供应商的能力。

2）供应链管理的7个"恰当"原则

供应链管理需要做到以恰当的数量（Right Quantity）、恰当的质量（Right Quality），在恰当的时间（Right Time），以恰当的价格（Right Price）和恰当的状态（Right Condition），将恰当的产品或服务（Right Product or Service）送到恰当的地点（Right Place）。

3）供应链管理的三重底线

三重底线（Triple Bottom Line，TBL）主要与人、地球、利润有关，是指经济底线、环境底线和社会底线，即企业必须履行最基本的经济责任、环境责任和社会责任。在追求长期经济效益和长久竞争优势的同时，企业必须关注供应链可持续性建设，需要围绕三重底线（又称3P原则）做出最佳平衡。

● 经济可持续性原则（Profit）。

● 环境可持续性原则（Planet）。

● 社会可持续性原则（People）。

4）针对有害、有毒及固态废弃物品的供应链管理需要遵循的七大环境可持续原则

● 拒绝使用（Refuse）。

● 减少使用（Reduce）。

● 重复利用（Reuse）。

● 循环利用（Recycle）。

● 翻新再利用（Refurbish）。

● 再制造利用（Remanufacturing）。

● 自然风化（Rot）。

5）合规及合乎道德的可持续采购与供给原则

供应链中的各参与方都应该严格遵守法律法规，应该杜绝现代奴役，使用童工，提供恶劣的工作条件，采用不合法的薪酬体系等所有形式的不道德行为，应该关注社会责任并努力践行。

《可持续采购指南》（*Sustainable Procurement-Guidance*）（ISO 20400：2017）

为供应链管理者提供了可参考执行的行为准则。

第 2 节 | 管理理论

1. 典型的管理理论学派

1）管理理论学派的类别

管理学是一门综合学科，它经历了漫长的实践后才被提炼成一套比较完整的理论体系。20 世纪，在研究者和实践者的不懈努力下，各种新思想不断涌现，呈现出百家争鸣、百花齐放的繁荣景象。

《论管理理论的丛林》和《再论管理理论的丛林》的作者哈罗德·孔茨（Harold Koontz）对精彩纷呈的管理理论和学说做了总结，归纳了 9 个管理理论学派，具体如下。

● 古典学派。

● 行为科学学派。

● 科学管理学派。

● 社会系统学派。

● 权变理论学派。

● 经验主义学派。

● 决策理论学派。

● 系统管理学派。

● 经理角色学派。

2）管理学的发展阶段

管理学在形成之前经历了以下 2 个阶段。

● 早期管理实践与管理思想阶段。

● 管理理论萌芽阶段。

管理学形成后又经历了以下 3 个阶段。

● 古典管理理论阶段。

● 现代管理理论阶段。

● 当代管理理论阶段。

3）管理学的演进路径

狭义的管理学主要研究的对象是组织理论和管理方法，广义的管理学则在此基础上着重研究经营理论。由此，管理学的发展包括以下三大演进路径。

组织理论研究的演进路径包括以下内容。

- 古典组织理论。
- 组织行为学。
- 组织学。
- 领导科学。
- 组织文化。

管理方法研究的演进路径包括以下内容。

- 科学管理理论。
- 行为科学。
- 管理科学理论。
- 决策理论。
- 生产管理、信息管理方法。

经营理论研究的演进路径包括以下内容。

- 厂商理论。
- 产业组织。
- 市场学。
- 消费者理论。
- 策略学（战略管理）。

各管理理论学派对管理都有自己独到的见解和价值主张，但其内涵依然可归结为组织理论、管理方法及经营理论。

2. 古典管理理论

1）早期管理学及代表人物

18 世纪到 19 世纪，随着工业革命的推进，管理问题逐渐显现，工厂的治理越来越受到重视，管理学也随之逐步形成。

亚当·斯密（Adam Smith）提出了分工理论。他通过研究发现，若将工人按专项操作分工并减少工种的切换，就能提高其操作的熟练程度和工作效率。

《政治经济学及赋税原理》的作者大卫·李嘉图（David Ricardo）分析了社会中地

主、工人和资本家 3 个阶层的分配规律，并揭示了商品的相对价值取决于生产这些产品的必要劳动量。他还提出了劳动产生的全部价值等于工资 + 利润 + 地租，其中工人的工资由必要的生活资料的价值决定。

2）古典管理理论阶段

古典管理理论阶段是管理学的最初形成阶段。在这个阶段，人们对人的心理因素很少或根本不予考虑，只单纯地侧重于从管理职能和组织方式等方面入手研究企业的效率。这个阶段的代表人物如下。

弗雷德里克·温斯洛·泰勒（Frederick Winslow Taylor）。泰勒重点研究如何提高效率，并提出了任务管理法和科学管理理论。他认为配备"一流"的工人并运用科学的工作方法，可以大幅度提高劳动生产率。

亨利·法约尔。法约尔侧重组织管理系统研究，并在《工业管理与一般管理》中提出了职能划分理论。他认为管理的五大重要职能就是计划、组织、指挥、协调和控制。

马克斯·韦伯（Max Weber）。《社会组织和经济组织理论》的作者马克斯·韦伯提出了建立一种高度结构化的、正式的、非人格化的、理想的官僚组织体系是提高劳动生产率的最有效形式，即理想官僚组织体系理论。

3）管理七职能论和八原则论

后起之秀在上述古典管理理论的基础上继续研究并加以系统化，其中贡献较为突出的是卢瑟·古利克（Luther Gulick）和林德尔·厄威克（Lyndall Urwick）。

古利克管理七职能论（POSDCRB）如下。

● 计划（Planning）。

● 组织（Organising）。

● 人事（Staffing）。

● 指挥（Directing）。

● 协调（Coordinating）。

● 报告（Reporting）。

● 预算（Budgeting）。

厄威克八原则论如下。

● 目标原则：所有的组织都应当有实际的目标，并组织起来进行工作。

● 相符原则：权力和责任必须相符。

● 职责原则：上级对下级的工作负责。

● 组织阶层原则：从最高层至基层之间要形成明确的权力关系。

● 控制幅度原则：每层级所管辖的下属不超过 5 人或 6 人。

- 专业化原则：每个人的工作应限制为单一的职能。
- 协调原则：组织横向系统要协调发展，目的是协调一致地推进工作。
- 明确性原则：对于每项职务都要有明确的规定。

3.现代管理理论

20世纪40年代到80年代，除了行为科学学派得到长足发展之外，众多管理学者从不同的角度发表各自对管理学的见解，研究方法众多且理论不统一，不但学派众多、观点各异，而且其用词和概念也迥异，所以现代管理理论阶段又被称为管理理论丛林阶段。

1）现代管理理论学派

现代管理理论学派及其代表人物如下。

（1）行为科学学派及其代表人物

行为科学学派主要研究人的心理以及个体、团体和组织的行为，代表人物如下。

- 乔治·梅奥（George E. Mayo）：人际关系理论。
- 亚伯拉罕·马斯洛（Abraham Maslow）：需求层次理论。
- 弗雷德里克·赫茨伯格（Frederick Herzberg）：双因素理论。
- 道格拉斯·麦格雷戈（Douglas McGregor）：X-Y理论。

（2）科学管理学派及其代表人物

弗雷德里克·温斯洛·泰勒是该学派的代表人物。科学管理学派认为需要用科学管理的方法实现提高劳动生产率的目的。

（3）社会系统学派及其代表人物

切斯特·巴纳德（Chester Barnard）是社会系统学派的创始人，他的代表作《经理的职能》对该学派有着深远的影响。该学派认为组织本身就是一个复杂的社会系统，所以需要运用社会学的观点来分析、研究管理问题。该学派认为组织会受到社会环境因素的影响，并强调人只有在一定的相互作用的社会关系下，同他人协作才能发挥作用。

（4）权变理论学派及其代表人物

权变理论学派强调因地制宜、随机应变，因为没有一成不变的普遍适用的最佳管理理论和方法，所以需要根据不同的情景采取不同的管理手段和方法。弗雷德·卢桑斯（Fred Luthans）的《管理导论：一种权变学》是系统论述权变理论的代表著作。

（5）经验主义学派及其代表人物

经验主义学派的代表人物为彼得·德鲁克、欧内斯特·戴尔（Ernest Dale）等。该学派强调用比较的方法来研究和概括管理者实际得到的管理经验教训。他们采用的是实证和案例分析等研究方法,研究组织和组织中的管理问题。

（6）管理过程学派及其代表人物

管理过程学派又称管理职能学派,代表人物是哈罗德·孔茨和西里尔·奥唐奈（Cyril O'Donnell）。该学派的研究对象是管理的职能及其发挥作用的过程。该学派认为管理是由不同管理职能组成的循环过程,管理人员的管理职能都是相同的,与组织所处的环境和性质无关。

（7）决策理论学派及其代表人物

决策理论学派的代表人物是赫伯特·西蒙（Herbert Simon）和詹姆斯·马奇（James March）。该学派以社会系统论为基础,并融合了行为科学和系统论的观点,运用计算机技术和统筹学的方法对复杂的多方案问题做出明确合理的选择。该学派认为,管理的核心就是决策,而管理的过程就是决策的过程。

（8）系统管理学派及其代表人物

系统管理学派的代表人物是弗里蒙特·卡斯特（Fremont Kast）,《系统理论与管理》《组织与管理：系统与权变方法》是他的代表作。该学派主张运用系统理论和观点来全面分析组织的构造和管理问题。该学派认为各项管理业务是相互联系的,主张将系统理论和管理理论结合起来,强调通过系统来进行管理,以提高管理效率并保持组织同外部环境的平衡。

（9）经理角色学派及其代表人物

经理角色学派的代表人物是亨利·明茨伯格。该学派对影响经理工作的因素、提高经理工作效率等重点问题进行了分析与研究。该学派认为如果能有意识地针对经理工作的特点及其所担任的角色等问题采取一些措施,将有助于提升经理的工作成效。

2）战略管理学派及企业再造时代

（1）战略管理学派及其代表人物

自20世纪70年代以后,管理理论的重心向战略管理转移,并聚焦研究组织与环境的关系,重点研究企业如何应对环境的变化并化解危机。迈克尔·波特的经典之作《竞争战略》把该理论推向了高峰。

（2）企业再造时代

20世纪80年代到90年代初为企业再造时代,迈克尔·哈默（Michael Hammer）与詹姆斯·钱皮（James Champy）是企业再造理论的创始人。他们认为企业应以工作流程为中心,主张重新设计企业的经营管理及运作方式,对工作流程从本质上重新进行思考并彻底改革。

4. 管理学各学派的共性

纵观管理学各学派，虽纷杂林立，但也具有鲜明的共性，具体如下。

- 强调系统化。
- 重视人的因素。
- 重视非正式组织的作用。
- 运用先进的管理理论和方法。
- 加强信息工作。
- 把"效率"（Efficiency）和"效果"（Effectiveness）结合起来。
- 重视理论联系实际。
- 强调"预见"能力。
- 强调不断创新。

管理者，需要把握一切机会推动管理变革与创新，从而使组织更具韧性以适应环境的变化。

西方管理思想在大多数跨国企业盛行了几十年。许多靠质量和精益管理成功的日本公司将日本的管理理论注入了全球众多的组织中。管理思想是一个跨越多学科的复杂体系，随着"工业 4.0""数字化""一带一路"等国家战略构想的推出，我们面临前所未有的关于如何将带有文化背景的理论成功地融入组织管理的挑战。

| 第 3 节 | 领导力与管理

1. 领导及领导力的定义

1）"领导"的解释

《现代汉语词典》中"领导"有两个意思：一是率领并引导；二是担任领导工作的人。

2）中国的先哲们对领导的论述

孔子指出：躬自厚而薄责于人，则远怨矣。

《论语·子路篇》指出：上好礼，则民莫敢不敬；上好义，则民莫敢不服；上好信，则民莫敢不用情。

孟子指出：君之视臣如手足，则臣视君如腹心；君之视臣如犬马，则臣视君如国人；君之视臣如土芥，则臣视君如寇仇。

荀子指出：尚贤使能则民知方，纂论公察则民不疑，赏克罚偷则民不怠，兼听齐明则天下归之；然后明分职，序事业，材技官能，莫不治理，则公道达而私门塞矣，公义明而私事息矣。如是，则德厚者进而佞说者止，贪利者退而廉节者起。

荀子又指出：故君子之度己则以绳，接人则用抴。度己以绳，故足以为天下法则矣；接人用抴，故能宽容，因求以成天下之大事矣。

3）约翰·科特（John Kotter）的观点

管理者试图控制事物，甚至控制人，但领导者努力解放人。

4）劳里·穆林斯（Laurie Mullins）的观点

劳里·穆林斯在其《管理和组织行为学》一书中强调领导力概念的多面性，并进一步解释。

领导力的施展可以被看作一个人际交往的过程，即"让他人跟随或者让人做自愿的事情"。

领导力可以作为一个人在一个团体或组织中的地位的属性（任命或被选举），或作为其他权力和影响力的来源（如个人魅力或专业知识，或获得有价值的资源）。

领导力可以被看作一种角色（通过他人实现有效的绩效）、一系列（计划、组织、沟通、发展能力等）职能，或者一系列（目标清晰、方向明确、具有引导性、自信等）行为。

5）英国皇家采购与供应学会的观点

所有关于领导力的定义和解释都强调人际影响力的过程：领导者都有追随者。领导力与团队活动和团队建设密不可分。领导力的影响可以作用于内部和外部供应链中的一系列背景和关系中。

6）关于领导力的其他解释

"领导力决定了未来应该是什么样子，这将成为人们的愿景，并激励人们不顾障碍实现这个愿景。"——约翰·科特《领导变革》。

"领导力是激励他人为共同愿望而奋斗的艺术。"——詹姆斯·库泽斯（James Kouzes）和巴里·波斯纳（Barry Posner）《领导力的挑战》。

"领导是一个过程，其中包括：确定一个目标和方向，激励人们自愿地联合起来，朝着这个目标努力；注意实现这个目标的方法、步伐和质量；始终保持集体团结和个人自信。"——詹姆斯·斯考勒（James Scowler）《领导力的三个层次》。

"领导者有追随者。如果你激励人们去关注你，那么你就是一个领导者。"——英国特许人事和发展协会。

在众多组织中，因组织结构的偏好与差异，供应管理执行者是供应管理职能部门的直接或间接的领导者。其目标是通过供应管理的一系列活动来支持和帮助实现整个组织的目标使命和愿景。

关于领导技巧的文章有很多，其达成的共识是，领导者都应该具备以下能力。

● 指明方向和意图的能力。

● 在组织中和领导层中建立和维持信任的能力。

● 具有展示对行动、冒险及好奇的偏好的能力。

● 提供希望的能力。

领导职能的具体表现如下。

● 制定组织经营战略。

● 构建领导团队。

● 设计组织结构。

● 处理各种关系。

● 应对临时重大危机事件。

美国供应管理协会对领导技巧的描述如下。

● 为员工提供明确的期望，让他们知道要去哪里。

● 为员工提供获得成功的工具，如必要的资源等。

● 及时认可并称赞员工良好的工作。

● 对员工个人感兴趣，他们不是工作机器。

● 真正倾听员工的意见，重视他们的意见。

● 培养员工并鼓励员工自我精进。

● 通过不断地反馈和沟通了解员工的工作进展。

● 确保员工承接组织的使命、价值观和目标，与员工成为合作伙伴。

2. 领导力 21 项法则

美国的约翰·马克斯维尔（John Maxwell）指出："领导力就是领导力，不论你身在何处或从事怎样的工作。时代在改变，科技也在不断地发展，文化也因为地域不同而有差异。但是真正的领导力原则是恒定不变的……"他在《领导力 21 法则》中提炼总结了可以用来提升领导力的 21 项法则。

● 锅盖法则：领导力决定一个人的工作成效，领导力是决定一个人工作效率水平的锅盖。

- ●影响力法则：影响力是衡量领导力的标准。
- ●过程法则：领导力来自日积月累，而非一日之功。
- ●导航法则：谁都可以掌舵，但唯有领导者才能设定航线。
- ●根基法则：信任是领导的根基。
- ●敬佩法则：人们会自然跟随比自己能力强的领导者。
- ●直觉法则：领导者善用直觉来衡量一切。
- ●磁力法则：物以类聚，人以群分。
- ●亲和力法则：领导者知道得人之前必先得其心。
- ●核心圈法则：领导者的未来取决于核心圈。
- ●授权法则：有安全感的领导者才肯授权于人。
- ●镜像法则：看到别人怎么做，大家也会怎么做。
- ●增值法则：名师出高徒。
- ●接纳法则：人们先接纳领导者，然后才接纳他的蓝图。
- ●制胜法则：领导者必须为他的团队找出制胜之路。
- ●动能法则：动能是领导者最好的朋友。
- ●优先次序法则：领导者必须了解忙碌不见得就会有成效。
- ●"舍""得"法则：领导者必须明白向上的路首先是向下的。
- ●时机法则：掌握时机和善用策略同样重要。
- ●爆炸性倍增法则：培养跟随者，加法式增长；培养领导者，乘法式增长。
- ●传承法则：领导者的历史地位在于传承。

3. 领导和管理之间的关系

1）管理和领导有许多不同的定义

劳里·穆林斯的观点如下。

- ●管理是明确目标，计划、组织、指导和协调控制其他人的工作，以实现组织目标的过程。
- ●领导是一个人通过其影响力影响其他人的行为或行动的关系。

约翰·科特在其《变革的力量：领导与管理的差异》一书中对领导力和管理也作了区分，他认为管理包括以下 3 个方面的内容。

- ●规划和预算编制：制定目标，编制流程和程序，并分配所需的资源。

●组织和人员配置：设计任务结构，雇用人员，分配任务，建立奖励和激励机制。

●解决问题：根据计划监测结果，识别问题，评估选择和执行决策。

管理职能是按逻辑、结构、分析和控制要求办事。管理可以通过过程、项目、资源、时间等来实施。

2）领导不同于管理

领导就是创造和应对变化，它表现在以下3个方面。

●创造方向感。

●传达愿景。

●鼓舞和激励人心。

知名学者的论述如下。

●加里·尤克尔（Gary Yukl）在《组织中的领导力》一书中称："尽管管理者是由组织层级中的正式角色和职位定义的，但领导者的角色是由他人的看法和选择决定的。""管理者有下属，他们之间是权威关系，而领导者有追随者，他们之间是影响关系。"

●梅雷迪思·贝尔宾（Meredith Belbin）在《改变我们的工作方式》一书中指出："领导力不是工作的一部分，而是可以带到工作中的一种品质。"换句话说，领导者可能没有明确的定义或分配，而是通过行使领导素质和技巧来实现的。

●亚伯拉罕·扎莱兹尼克（Abraham Zaleznik）强调："尽管管理者主要关心的是秩序和维持现状，但领导者更关心的是引入新的想法。"（摘自《经理和领导者》，哈佛商业评论，1997。）

●戴维·卡茨（David Katz）和罗伯特·卡恩（Robert L. Kahn）在《组织的社会心理学》一书中指出："尽管管理者的目标是确保完成常规的组织目标，但领导者的目标是确保有意愿、热情和承诺。"

●戴维·鲍迪（David Boddy）在《管理学导论》一书中总结了管理者和领导者之间的差异。大多数评论人士认为，"有效率的管理者"是那些能够"把事情做好"以确保秩序和连续性的人。他们保持稳定状态，使已建立的系统保持良好状态并逐步改进。人们通常用"有效的领导者"来指代那些带来创新，将一项活动从麻烦转化为成功，带来有价值的不同的人。他们看到了做新事物的机会，主动提出这个问题，并对此做出评价。

为了厘清领导与管理之间的关系，《论成为领导者》的作者沃伦·本尼斯（Warren Bennis）归纳了管理者与领导者的12项不同之处，如表1-1所示。

表 1-1 管理者与领导者的区别

序号	管理者	领导者
1	执行管理	实施创新
2	会问"如何做""什么时候完成"	会问"为什么我们要这么做"
3	关注系统	关注人
4	正确地做事	做正确的事
5	维持现状	开发未来
6	仰仗控制	营造信任
7	只有短期的愿景规划	有长期的愿景规划
8	接受现状	挑战现状
9	着眼于底线	关注地平线
10	模仿	创新
11	效仿杰出优秀的"士兵"	拥有他们各自的特性
12	复制	展示创意

倘若我们能成功地将这些理论与实践应用于供应链管理,将会有利于加强和改善内外部利益相关者之间的关系,为客户创造更多的价值。

4.领导力的重要性

随着供应链管理被越来越广泛地视为一项战略职能,许多优秀企业期望供应链管理者能在以下方面发挥作用。

●缩短采购周期。

●在确保质量的前提下持续降本。

●防范和规避供应链风险,为利益相关者创造价值。

●推动 ESG 可持续发展和体系建设。

由于产品生命周期缩短,频繁的产品创新和改进亟待具有韧性的供应链管理战略配合,并提供保障。

领导力可以在支持供应链创新方面发挥关键作用,激励和鼓舞人们尝试变革和创新;设计和开发一个能够使人们创新的组织环境,包括构建合理的组织结构,推动多维度、跨职能的沟通与协作;创造一个开放的组织环境,促进知识和信息的收集与分享,不断审视内外部环境,以寻找更佳的创意和创新的机会;调动组织资源,支持并鼓励员工变革创新与践行;敢于容错并勇于承担风险,强调并重视不断学习和改善,开发并培养员工创新的技能和能力。

此外，供应链管理者还应发挥领导作用，支持并推动新技术运用、管理模式创新，以及绿色、环保、合规等供应链的建设等；支持供应市场创新，例如技术转让和供应商开发，在供应商资格预审和选择中优先考虑创新能力，以长期伙伴关系和共同投资、创新奖励、收益分享等方式奖励供应商创新与合规。

托马斯·彼得斯（Thomas J. Peters）和小罗伯特·沃特曼（Robert H. Waterman）设计的组织 7 要素（简称麦肯锡 7S 模型）如下。

- 战略（Strategy）。
- 结构（Structure）。
- 制度（System）。
- 风格（Style）。
- 员工（Staff）。
- 技能（Skill）。
- 共同的价值观（Shared Values）。

其中，1~3 为"硬件"，4~7 为"软件"。彼得斯和沃特曼认为硬件与软件同等重要，仅有深思熟虑的战略和行动计划是远远不够的，因为战略只是 7 要素中的一个要素而已，其他 6 个要素也绝不能忽略。因此，供应链管理者在参与组织的战略决策时可借鉴麦肯锡 7S 模型扫描组织的整体环境，全面设计和落实供应链整体规划。

| 第 4 节 | 领导风格

1. 领导风格理论

领导者处理各种事务的行为方式的多样性及他们各自拥有的个性鲜明的特质构成了各种不同的领导风格。为了有效影响别人并达成共识，领导者时常会因人、因事、因环境而采用多种不同的行为方式，或偏重于亲力亲为，或偏重于授权放权，或强化监督和控制，或耐心规劝和解释。为此，库尔特·勒温（Kurt Lewin）和他的同事们经过多年的研究和分析提出了领导风格理论。

勒温等人发现，团队成员的工作绩效和工作满意度与领导风格息息相关，团队的领导者通常擅长因地制宜地展现不同的领导风格。为了发现和揭示最有效的领导风格，勒温挑选了专制型、民主型和放任型领导者进行重点研究。结果发现，民主型领导者的团队工作质量和满意度最高，专制型次之，放任型最低。

但是，领导风格理论也存在一定的局限。这一理论过于关注领导者本身的行为方式，而忽略了领导者所处的情境因素，因为领导者的行为是否有效还会受领导者的周边环境因素影响。

在实际的管理中，很少有领导者只持有一种风格，大多数领导者会根据不同的环境需要展现多种不同的混合型风格。

《最初的领导力》的作者丹尼尔·戈尔曼（Daniel Goleman）在书中详细地描述了 6 种不同的领导风格（见图 1-1 和图 1-2）。优秀的领导者能够在这 6 种风格中不断灵活转换。但凡能掌握 4 种或者更多领导风格的人，往往会营造出良好的工作氛围并取得优异的成绩。

图 1-1　领导风格类型

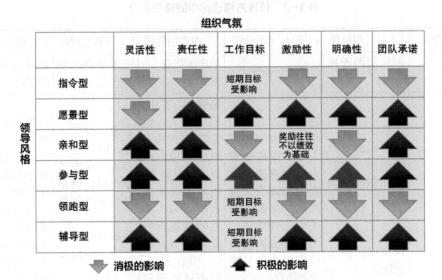

组织气氛

领导风格	灵活性	责任性	工作目标	激励性	明确性	团队承诺
指令型	↓	↓	短期目标受影响	↓	↓	↓
愿景型	↓	↑	↑	↑	↑	↑
亲和型	↑	↑	↓	奖励往往不以绩效为基础	↓	↑
参与型	↑	↑	↑	↑	↑	↑
领跑型	↓	↓	短期目标受影响	↓	↓	↓
辅导型	↑	↑	短期目标受影响	↑	↑	↑

↓ 消极的影响　　↑ 积极的影响

图 1-2　领导风格与组织气氛的关系

2.管理方格理论

布莱克－莫顿管理方格理论（Blake-Mouton's Management Grid Theory）是由美国行为科学家罗伯特·布莱克（Robert R. Blake）和简·莫顿（Jane S. Mouton）开发的研究企业领导方式及其有效性的理论，该理论倡导用方格图表示和研究领导方式。布莱克和莫顿认为以往各种理论过于绝对化，不是以工作为中心就是以人为中心。他们认为在这两者之间存在多种组合，并将管理分割为5种不同的类型，如图1-3和表1-2所示。

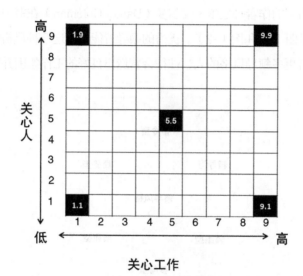

图1-3 管理方格理论

表1-2 管理方格理论中的管理类型

管理类型	1.1 贫乏型管理	1.9 俱乐部型管理	5.5 中庸型管理	9.1 专制型管理	9.9 团队型管理
定位	不称职的管理方式	轻松的管理方式	中庸的管理方式	任务导向的管理方式	协调配合的管理方式
具体表现	不关心人，也不关心工作。期盼以最低限度的投入就能轻松完成组织的目标。实际上，他们已放弃自己的职责，只想保住自己的地位	在关心人方面的投入远多于关心工作。管理者努力尝试营造一种宽松和谐的工作环境，但因不甚关心工作效率，所以对协同努力以实现企业目标并不热心	虽然关心工作，也关心人，但专注度适中，风格中庸，所以不会很努力，也不会设定过高的目标，虽然能够赢得一定的士气，获得一定的业绩，但不可能表现卓越	非常专注于工作，但鲜少关心人。在安排工作时，会尽力把人的因素干扰减小到最低限度。目标坚定，作风专制	对工作和人都很关心、很投入。在管理过程中擅长将工作目标与员工的需要紧密结合起来，既能赢得高绩效，又能使员工有成就感

3.权变理论

弗雷德·菲德勒（Fred Fiedler）认为任何领导方式都可能有效，没有普遍适用的领导方式，管理的有效性完全取决于领导方式与环境是否匹配。

权变理论又被称为应变理论、情境理论，它强调管理者需具备随机应变的能力，应适时根据组织所处的环境和内部条件的发展变化相应调整领导方式。管理者必须确定哪些技术将在特定情况下发挥作用，为实现管理目标做出最佳贡献。换言之，它告诉管理者，如果他们能很好地分析自己的处境，那么他们就能够确定自己应该采取的行动。

●如果技术复杂，那么员工必须技术精湛。

●如果员工技术精湛，则他们将要求对其活动有一些控制权。

●如果组织的结构允许员工做决策，那么管理者必须学会从指挥或控制风格转变为顾问或教练风格。

4.领导生命周期理论

领导生命周期理论（Life Cycle Theory of Leadership）是科曼（A. R. Korman）率先提出的，后由保罗·赫塞（Paul Hersey）和肯尼斯·布兰查德（Kenneth Blanchard）在科曼的理论基础上发展而成，该理论又被称为情景领导理论，是一个重视下属成熟度的权变理论。他们从工作行为和关系行为两个维度入手分析，并认为每一维度会有高低之分，从而构成 4 种不同的领导风格。管理者若能根据员工的成熟度选择恰当的领导风格，就易于获得成功。

这里的成熟度是指员工的个人能力和意愿，它包括两项要素，分别是工作成熟度与心理成熟度。前者指的是一个人的知识和技能，后者指的是一个人做某事的意愿和动机。

赫塞和布兰查德在《组织行为学》一书中提出的领导生命周期理论，被业界称为"赫塞－布兰查德模型"。领导生命周期理论中的领导风格类型如图 1-4 所示。

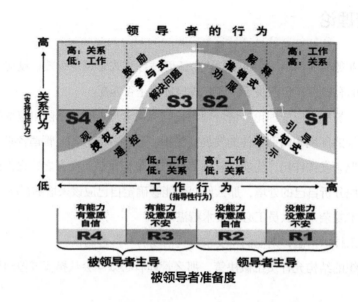

图1-4 领导生命周期理论中的领导风格类型

领导生命周期理论有别于管理方格理论，赫塞认为领导风格与情境息息相关，不存在在任何情境下都最有效的领导风格，所以在不同的情境下应采取不同的领导风格。

领导生命周期理论的基本思想可概括为如下公式。

$$E = f\ (L \times F \times S)$$

式中：E——领导有效性；

　　　L——领导者；

　　　F——追随者；

　　　S——情境。

5.魅力领导力

魅力领导力又称魅力型领导理论（Charismatic Leadership Theory），它是由马克斯·韦伯于20世纪初提出的概念。魅力是领导者自身呈现出的与众不同的，对下属极具吸引力、感染力和影响力的品质和气质。具有超凡魅力的人能够激发信心、获得信任，具有化繁为简的高超能力。

沃伦·本尼斯研究发现魅力型领导者通常都具备以下4种特质。

● 有远大目标和理想。

● 明确阐述目标和理想并获得员工认同。

● 对理想的追求和贯彻始终如一。

● 有自知之明并善用自身具备的资源。

如若魅力型领导者完全以自我为中心，强调个人崇拜和绝对服从，或利用其高超的说服能力误导或操纵下属，就可能产生不良效果。

6.领导者性格理论

领导者的性格与领导风格息息相关。传统特性理论认为，领导者的特性来源于生理遗传，是与生俱来的；现代学者则认为，领导者的特性和品质并非全是天生具备的，而是可以在管理实践中逐步形成的，是可以通过训练和培养的方式造就的。无论是传统还是现代特性理论的学者都纷纷强调，领导者应该具备较多的适合领导工作的人格特性。

1）领导者人格

拉尔夫·斯托格迪尔（Ralph M. Stogdill）研究发现了与领导能力有关的 5 种身体特征、4 种智能特征、16 种个性特征和 2 项社会特征。

5 种身体特征如下。

● 精力。

● 外表。

● 身高。

● 年龄。

● 体重。

4 种智能特征如下。

● 果断。

● 能言善辩。

● 知识渊博。

● 判断分析能力强。

16 种个性特征如下。

● 适应性强。

● 进取心强。

● 热情。

● 自信。

● 独立。

● 外向。

- 机警。

- 支配性强。

- 有主见。

- 急性。

- 慢性。

- 见解独到。

- 情绪稳定。

- 作风民主。

- 不随波逐流。

- 智慧。

2项社会特征如下。

- 社会经济地位高低。

- 学历高低。

《气质和发展》的作者亚历山大·托马斯（Alexander Thomas）和斯特拉·切斯（Stella Chess）在书中称：我们可以在出生2~3个月的婴儿身上辨认出9种不同的气质，它们如下所述。

- 活跃程度。

- 规律性。

- 主动性。

- 适应性。

- 感兴趣的范围。

- 反应的强度。

- 心理素质。

- 分心程度。

- 专注力范围 / 持久性。

戴维·丹尼尔斯（David Daniels）则发现这9种不同的气质刚好和9种不同的人格相匹配，即九型人格，如图1-5所示。

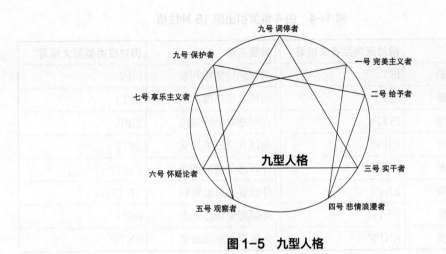

图 1-5　九型人格

丹尼尔斯的九型人格揭示了人们内心深处的价值观，它不会受外在表面行为的变化所影响。它可以帮助人们了解自己的个性，真正做到了解自己，从而做到扬长避短，从容地与不同的人交往沟通并和谐相处，与他人建立真挚和谐的伙伴关系。

2）MBTI 性格模型

美国的凯瑟琳·布里格斯·迈尔斯（Katharine Briggs Myers）和她的女儿伊莎贝尔·布里格斯·迈尔斯（Isabel Briggs Myers）在卡尔·荣格（Carl Gustav Jung）划分的 8 种人格类型的基础上，从纷繁复杂的个性特征中归纳出 4 维度 16 种性格作为职业经理人的人格评估工具，该工具被称为迈尔斯 - 布里格斯模型（Myers - Briggs Type Indicator，MBTI）。该模型是当今国际上最为流行的人格评估工具。荣格的 8 种人格类型如表 1-3 所示。

表 1-3　荣格的 8 种人格类型

人格类型	相对应类型英文缩写	人格类型	相对应类型英文缩写
外倾	E	内倾	I
感觉	S	直觉	N
思维	T	情感	F
判断	J	知觉	P

由 4 维度引出的 16 种性格如表 1-4 所示。

表 1-4　由 4 维度引出的 16 种性格

类型名称	相对应类型英文缩写	类型名称	相对应类型英文缩写
内倾感觉思维判断	ISTJ	内倾感觉情感判断	ISFJ
内倾直觉情感判断	INFJ	内倾直觉思维判断	INTJ
内倾感觉思维知觉	ISTP	内倾感觉情感知觉	ISFP
内倾直觉情感知觉	INFP	内倾直觉思维知觉	INTP
外倾感觉思维判断	ESTJ	外倾感觉情感判断	ESFJ
外倾直觉情感判断	ENFJ	外倾直觉思维判断	ENTJ
外倾感觉思维知觉	ESTP	外倾感觉情感知觉	ESFP
外倾直觉情感知觉	ENFP	外倾直觉思维知觉	ENTP

　　领导者性格理论单纯地从性格的特质来解释领导者的行为，这本身就具有局限性和片面性。因为某种恰当的特质能为领导者助力，但无论是哪种性格都有显著的优点和缺点，所以领导者必须扬长避短，采取恰当的领导行为才能真正奏效。因此在组织不同的发展阶段以及在不同的环境下，领导者需要采用不同的领导风格。

3）PADI 框架

　　约翰·加托纳（John Gattorna）强调，战略响应是组织领导风格所形成的结果。领导者的导向和姿态偏好将决定经理的思维和行为方式。加托纳将荣格的心理类型理论与群体情境结合，创建了 PADI 框架，之后又将 PADI 框架与 MBTI 框架结合在一起，更新了对 PADI 的描述，以便助力采购专业人员理解思维和行为偏好对领导者行为力的影响。PADI 模型如图 1-6 所示。MBTI 与 PADI 框架叠加如图 1-7 所示。

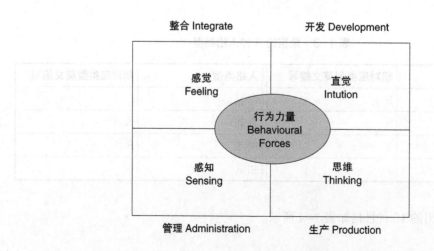

图 1-6　PADI 模型（来源：加托纳，1998）

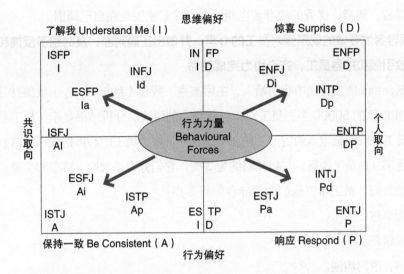

图 1-7　MBTI 与 PADI 框架叠加（来源：加托纳，1998）

加托纳于 2006 年更新了他对 PADI 中 4 个主要行为力的描述，具体如下。

●响应（P）。客户服务是组织以客户满意为导向的价值观，是对客户需求的响应态度。

●保持一致（A）。基于市场的稳定性，需要保持所提供产品和服务的可靠性、可预测性和一致性。此时产品和服务已商品化，并且价格敏感度很高，所以需要从效率的角度管理供应链，特别强调程序、标准和结构。

●惊喜（D）。通常在新兴市场中会发现，优秀的客户服务应具备基于创新和对客户独特需求做出创造性响应的能力。因为是采取创新性措施响应客户需求，所以价格敏感度相对较低。

●了解我（I）。客户服务基于同理心以及相互理解和长期关系的发展，关注质量与服务，维护客户黏合度和忠诚度，但是此时市场可能已经成熟，并且可能正处于发生颠覆性变化的风口浪尖。

｜第 5 节｜ 供应链管理与领导力

1. 供应链管理中的领导力

俗话说："一将无能，累死三军。"古人云："士为知己者死。"员工都很乐意跟随优秀的领导者，同样，优秀的领导者也能够让人才紧密围绕在自己周围。

1）领导者需要做的就是倾听员工的心声，并做出正确判断，及时给予反馈和回应，这样才能有效引领和指导员工，齐心协力完成使命

IBM Kenexa 绩效研究中心创始人、主席杰克·威利（Jack Wiley）收集并分析了来自 22 个国家和地区的 50000 多名员工对卓越领导力的建议。分析结果显示，员工希望领导者不再把"员工是我们最重要的资产"挂在嘴边，而是根据员工的心声把领导力落到实处。威利研究发现了 9 种员工期望，并将其归纳为 3 类，它们分别是激励、尊重和奖励。

在激励方面，员工希望他们的领导者做到 3 点：

● 才能卓越。

● 高屋建瓴。

● 诚实、透明沟通。

在尊重方面，员工希望他们的领导者：

● 认可和尊重员工。

● 关心和理解员工。

● 公平公正。

在奖励方面，员工希望他们的领导者：

● 提供公正适合的薪酬。

● 支持员工的职业发展。

● 提供工作保障。

通过比较那些员工需求被满足和没被满足的企业，威利得出了以下结论：

● 前者的员工敬业度要比后者高 3 倍。

● 前者的员工对企业绩效的信心要比后者高 3 倍。

● 前者在客户满意度方面明显胜出。

● 前者的资产回报率比后者高 4 倍。

● 前者的 3 年股东总回报明显更高。

2）领导者要关注利益相关者，化解冲突，并推进变革

领导者应尝试将有关领导力的通用理论和实践与供应链管理情景有机结合，并将其灵活应用于特定的供应链管理环境中。领导者应关心并影响参与供应链管理的内外部利益相关者，化解冲突，引领变革，不断完善供应链管理体系，应对供应链管理人员所面临的共同挑战，充分利用领导力的独特属性。

（1）支持供应链中的创新

● 阐明并说服利益相关者接受具有挑战性的战略目标。

● 授权并激励利益相关者为实现目标而主动奉献创意、做出承诺并践行。

● 推动持续改善、变革和颠覆式创新，例如进行数字化、智慧化供应链再造等。

● 营造持续学习和善变乐变的柔性文化。

（2）支持能力培养和授权

● 开发和培养员工的人际沟通与交往能力，以及关系管理和协同工作的能力。

● 激励和授权供应链合作伙伴为持续改善质量与服务、降低成本和创造客户价值的可持续性做出有意义的贡献。

● 提供最佳实践和标杆，以推动变革。

● 运用权力和影响力来克服障碍并解决问题。

● 进行绩效管理，而非仅仅只是进行绩效考核。

（3）关注可持续性、社会责任、风险与合规，以及职业道德

● 为供应链管理确立明确的目标和标准。

● 对标最佳实践，找出差距，推动持续改善与变革。

● 制定激励和奖励措施。

● 运用权力和影响力，通过提高透明度、进行供应商开发与管理和共享最佳实践，强化供应链的执行及合规能力。

2. 供应链管理中的领导角色和定位

1）领导的 14 种角色

采购团队的任何成员都可以行使领导职能，或表现出领导才能，就像约翰·科特或劳里·穆林斯所描述的那样。就供应链管理中的领导角色和定位而言，他们可能是变革或改善项目的召集人，供应链管理团队的各级领导，跨职能会议联络人或召集人，应急项目的召集人或管理者，商品委员会的牵头人，资源分配者（选择供应商或授权团队），谈判团队的协调人等。《管理和组织行为》的作者劳里·穆林斯在书中引用并总结了领导的 14 种角色，具体如下。

● 执行者。

● 规划师。

● 政策制定者。

● 某领域的专家。

● 外部团队的代表。

● 内部关系协调人。

- 决定奖惩者。

- 仲裁和调解人。

- 模范或榜样。

- 团体的象征。

- 代理。

- 理想的思想家。

- 家长。

- 替罪羊。

2）角色和定位

（1）岗位职能划分

在采购和供应链职能方面都可能会有指定的领导角色，如在战略层级有首席供应链官（Chief Supply Chain Officer，CSCO）、首席采购官（Chief Purchasing Officer，CPO）或副总裁，下设采购总监、供应商质量管理总监、物料计划总监、物流与仓储运营总监等，负责各业务层面的工作，另外还有负责日常运作的各级经理和主管，具体的组织结构和职能划分将在第 3 章"组织结构规划与重组"中详述。

（2）战略重心转移

长期以来，降低成本一直是首席采购官的首要职责，但《德勤 2021 年全球采购官调查》报告显示，提高运营效率首次成为首席采购官的首要工作目标，而降低成本已移至第二位了。

（3）在战略层面的角色和定位

在战略层面，首席供应链官或副总裁将负责确定供应链管理团队的愿景、使命、战略方针及目标，并做到以下内容。

- 协调利益相关者，制定政策为供应链管理团队及利益相关者提供战略指导，明确行动方向，构建健康的供应链组织文化和价值观；确立目标，明确优先权，确定绩效考核标准，建立激励机制。

- 优化组织结构，整合资源，并挖掘潜力，为整个组织的战略管理运营提供有效支持。

- 在战略供应链开发、供给结构变革（通过外包或离岸）、制造或购买、质量持续改善、供应链管理创新、社会责任、可持续性等方面做出决策，为组织创收，为利益相关者创造价值。

（4）在业务层面的角色和定位

在业务层面，可能由总监或高级供应链管理经理领导一个专业团队（或跨职能采购委员会）在组织高层制定的战略框架内执行相关工作，例如领导采购团队负责市场评估、寻源、开发评估和选择供应商、商务洽谈、授予合同、维护供应商关系、管理供应商等方面的广泛决策；也可能是领导物料计划团队并负责预测物料需求、建立协同预测机制、选择并确定库存补给方式等，例如持续补货、周期补货、准时制（Just In Time，JIT）生产、寄售、供应商管理库存（Vendor Managed Inventory，VMI）等；还可能负责落实绩效考核，并管理供应链绩效。

（5）在日常运作层面的角色和定位

在日常运作层面，不同的采购活动领域可能由一名商品采购经理、供应商质量管理经理或物流经理领导并负责合同管理，监督、评估和管理供应，规划物流储运，安排并处理进出口事宜，与其他部门联络；由领导采购和供应链职能方面的业务或专项工作小组管理、监督工作流程，确保任务完成等。

3. 供应链管理中的领导者胜任素质

供应链各职能方面都可能会有指定的领导角色，且这些角色因组织的规模和类型，以及在供应链管理范畴内的地位和作用的不同而有所不同。无论是在正式或非正式的团队中，他们总会以领导者的角色出现，并起到领导的关键作用。当然他们无论以何种角色出现，都必须拥有某些品德和本领。

1）5 种品德和素养

首先，领导者应是一个可以信赖的、受人尊重的人。其次，领导者应是一个心胸宽阔的、能容忍各种观点的、能倾听不同意见的、正直公正的人。再次，领导者应是具有敏锐的洞察力、能洞察周围形势的人。同时，领导者还应是善于激励员工、在关键时能起表率作用的人。最后，领导者要具备判断力，能迅速果断地做出正确的抉择。即供应链领导者必须要具备 5 种素质，智、信、仁、勇、严，缺一不可。

宋代王皙为《孙子兵法》作注时解释："智者，先见而不惑，能谋虑，通权变也。"领导者应能够预见供应链改善与发展的机会，以及未来在供应链各个环节中可能出现的风险与挑战。领导者应明确方向，为供应链可持续发展建立崭新的愿景，并以一种可信和引人注目的方式来传递这种愿景，激励并鼓舞员工，将愿景转化为成就。

"信"指两个方面：自信和诚信。一个人若想成为优秀的供应链领导者，必须要有自信和诚信，因为有了自信和诚信，才能有机会让他人相信你。诚信乃做人之本，不能轻视。孔子曰："民无信不立。"《论语·学而》也有言："与朋友交，言而有信。"管理大师杰克·韦尔奇（Jack Welch）也曾明确指出："真实、信任是领导者的两大底线；领导者想要持续获得成功，就必须遵从商业的规则，回归商业的本质。"诚信是一种承诺，是做人做事的根本，所以供应链领导者需要具备言出必行、言行一致的品德，这样才能赢得利益相关者的尊敬、信赖与支持，才能赢得有效的执行力。在合同履约、员工激励，以及在可持续性、社会责任、风险与合规、道德方面，"信"尤为重要。

这里的"仁"指多激励，少责备。一个只知苛责且无仁爱之心的领导者是不会赢得别人的支持和拥护的。供应链领导者要对人真诚、宽容、仁爱，需要注重人才培养，通过提供指导、支持、培训、授权和容错，构建组织的长期执行能力，创造性地阐述、维护或改变组织文化和价值观，使供应链中的利益相关者愿意并义无反顾地跟随和拥护自己。

优秀的领导者必须勇于面对供应链风险的挑战。在面对困难和挑战，以及进行战略抉择时，领导者要杀伐果断。

这里的"严"指令行禁止，使命必达。仁与严并非反义词，领导者既要真诚地关心员工，也要在供应链管理过程中严格要求他们，培养他们勤奋和奋发向上的品德，还需要培养他们一丝不苟的工匠精神和雷厉风行的执行力。

综上所述，有智有助于形成谋略，守信能够确保赏罚分明，仁义能够实现众望所归，勇敢能确保遇事果断，严明能确立自己的威信。智、信、仁、勇、严是优秀领导者必备的5种品德和素养，也是领导者提升自身素养的努力方向。

2）供应链管理成熟度

领导者素质同时也是企业高级管理人员的管理能力、领导力等综合素质的体现。针对供应链专业领导力的胜任能力，美国供应管理协会开发了 ISM 精通模型。该模型通过 16 项主能力和 69 项子能力，把职业水平按照基本型、经验型、领导力型和高级管理者型划分为学徒、专业、高级、精通 4 个不同的等级。具体来说，这 16 项主要能力如下。

- 商业敏锐度。
- 品类管理。
- 企业社会责任（Corporate Social Responsibility，CSR）和道德规范。
- 成本和价格管理。
- 财务分析。
- 法律。
- 物流管理。
- 谈判。
- 项目管理。
- 质量管理。
- 风险。
- 销售和运营规划。

- 寻源。

- 供应商关系管理。

- 供应链计划。

- 系统能力和技术。

3）供应链管理的四大关键支柱、11 个流程体系及 5 个层次划分

英国皇家采购与供应学会以基础建设、业务流程、绩效管理和员工发展这四大关键支柱为基础，围绕供应链管理的定位和影响力、组织外部环境、技术开发与应用、采购支出管理、合同管理、寻源采购管理、交付管理、考核指标及评估、员工及团队能力提升、自身及个人技能提升，以及职业道德这 11 个具体流程体系建设逐层地循序渐进地展开，针对战术、运营、管理、专业人员及高级专业人员，确定胜任能力标准，即《采购与供应全球标准》。

该标准为供应链管理的专业人士提供了一个综合和客观的框架（见表 1-5），供其在评估个人和组织在供应链管理方面的发展需求时加以参考，以便甄别个人在进行供应链管理活动时应该具备的 5 个等级的知识和能力。

表 1-5　《采购与供应全球标准》的结构框架

四大支柱	流程体系	战术	运营	管理	专业人员	高级专业人员
基础建设	（1）定位和影响力					
	（2）组织外部环境					
	（3）技术开发与应用					
业务流程	（4）采购支出管理					
	（5）合同管理					
	（6）寻源采购管理					
绩效管理	（7）交付管理					
	（8）考核指标及评估					
员工发展	（9）员工及团队能力提升					
	（10）自身及个人技能提升					
	（11）职业道德					

这 5 个等级如下。

- 战术：执行供应链管理过程中的关键任务。典型职位：采购助理、库存控制人员、库存计划人员、行政助理和合同管理人员。

- 运营：向关键利益相关者提供与供应链管理相关的组织流程程序及绩效方面的建议

和指导。典型职位：采购人员、采购执行人员、采购专家、合同管理人员、供应链分析师、物流分析师和供应链规划师。

●管理：制定并持续改善和实现供应链的组织和职能部门目标。典型职位：高级采购人员、首席采购代表、品类经理、合同经理、物流经理和供应链执行人员。

●专业人员：编制指导和建议细则、管理变革、领导并影响供应链的内部和外部利益相关者。典型职位：战略采购经理、高级类别经理、供应链经理、物流负责人和运营经理。

●高级专业人员：领导组织内部的供应链管理团队，影响董事会采纳具有前瞻性的供应链战略并确立最佳实践，通过崭新的供应链管理解决方案来影响供应市场。典型职位：采购总监、供应链总监、商务总监、采购负责人、副总裁、首席采购官或首席供应链官。

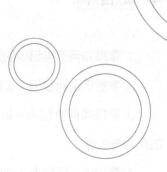

第 2 章

组织和供应链的战略 与目标

组织的战略目标是多种多样的，有时它关乎价值观，有时它更关乎价值，但最终还是需要将价值观和价值有机结合在一起，让组织的行为反映高层领导的价值观，让高层领导的价值管理、指导组织的行为，让组织的社会价值提升带动客户价值和股东价值的提升。

彼得·德鲁克在分析战略目标时指出："如果没有一定的目标指导每个人的工作，则组织越庞大，发生冲突和浪费的可能性就越大。"

中松义郎在其《人际关系方程式》一书中指出："处于群体中的个人，只有在个体方向与群体方向一致的时候，个体的能力才会得到充分发挥，群体的整体功能水平也才会最高。"

所以在承接组织的愿景、使命、战略和目标的前提下，制定供应链管理的战略和目标是供应链管理者的首要任务。它包括阐明组织的核心价值观，甄别未来发展的机遇、风险和社会责任，并设计一系列有关供应链管理发展的具有前瞻性又承接愿景、使命和价值观的战略和目标。

本章目标

1. 掌握如何承接组织的愿景、使命和战略。

2. 掌握识别利益相关者需求的方式和方法。

3. 掌握如何发现和分析组织的机遇与挑战，如何应对和把握面临的风险与机会。

4. 掌握供应链管理战略制定的工具和模型。

5. 掌握供应链战略实施的方式和方法。

|第1节| 承接组织的愿景、使命和战略

1. 组织的愿景、使命、战略和目标

1）组织愿景

吉姆·柯林斯（Jim Collins）指出，卓越的组织都有一个共同特征，那就是强调愿景的重要性，因为清晰的愿景能为员工在做出重大决策时提供指导，激发员工潜能，唤起员工的激情。

共同愿景是建立在组织共同的价值观基础之上的，它将愿景、使命、价值观和目标融为一体，代表着全体员工发自内心的对组织未来的共同愿望和追求。彼得·圣吉（Peter Senge）在阐述愿景时曾说：“组织愿景的力量源自共同的关切，是由员工个人愿景汇集而成的。”

共同愿景的构建需要具备以下内容。

● 培养共同的语言。

● 组织团队学习。

● 展开深度交流和会谈。

● 超越自我。

前瞻性计划或具有开创性目标的组织愿景，必须能保持清晰、持久，并具有独特性和服务精神。它是组织战略发展的重要组成部分，是组织对自身长足发展和终极目标的规划和描述。它主要由核心理念和未来展望两部分组成。

● 核心理念：是组织的灵魂和精神的表述和体现，是凝聚员工和激励员工积极进取的永恒的力量，是组织凝聚人心、指引方向、迈向卓越的共同信念和行为准则。如宝洁曾提出的核心理念：“世界一流产品”。

● 未来展望：是组织奋斗和追求的目标，它将随着组织经营环境的变化而改变。未来展望必须用简洁、生动、通俗易懂的语言加以概述，这样才易于获得员工的认同，才能激发员工的热情和激情，使员工为目标的实现而努力奋进。如宜家曾提出的未来展望：“为更多的人创造更美好的日常生活”。

2）组织使命

（1）使命比绩效考核指标更重要

使命是组织存在的目的和理由，是对信念的坚守、对理想的诠释，是指组织在社会环境和经济发展过程中所承诺和承担的社会责任和义务，是组织为谋求自身发展所确定的任务和定位。它既反映了外界社会对本组织的要求，又体现了组织的创始人和高层领导的追求和抱负，为组织目标的确立和战略的制定提供了依据。

领导者应当将坚持正确信念和以诚为本的价值观放在首位，切莫为了短期利益片面追求某些数字上的指标或绩效，而放弃最基本的道德与良知。因为唯有正确的信念才能维持组织的可持续发展。

（2）确定组织使命所需解答的问题

彼得·德鲁克认为，确定组织的使命，需要清晰地回答以下问题。

●我们的主营业务是什么？

●我们的顾客群是谁？

●顾客的需求是什么？

●我们需要具备怎样的特殊能力来满足顾客的需求？

●如何看待股东、客户、员工、社会的利益？

弗朗西斯·赫塞尔本（Frances Heselbein）认为："组织必须要靠使命驱动。使命宣言需简短、有力、让人敬从，让每一位董事和每一位员工都了然于胸，并为使命的实现而努力。"

3）组织战略

关于战略，《中国大百科全书》中的解释是："战略是指导战争全局的方略。"在管理学中，组织战略是指组织高层管理者对有关全局性、长远性、纲领性目标的谋划和决策，是表明组织决定如何实现目标、完成使命、实现愿景的整体谋划，包括从事怎样的业务、如何赢得竞争、如何吸引和满足客户等，以实现组织的目标。

组织战略是组织为实现愿景和完成使命根据自身发展环境、资源与实力、整体经营战略而进行的整体谋划和决策。

组织战略是由公司层战略、业务层战略和职能层战略紧密配合、相互支持而构成的，因此组织必须将这3个层次的战略有机地结合起来，方能确保组织整体战略目标的实现。

组织战略纷杂多样，例如以下类别。

●差异化竞争战略。

●成本领先战略。

●集中化战略。

●多元化战略。

●技术领先战略。

- 全球化战略。
- 低成本资源开发战略。
- 纵向一体化战略。
- 横向一体化战略。
- 轻资产战略。

战略即决定做什么、不做什么的抉择。组织如若选择了一种战略，即表明组织决定做什么。当组织的战略实施能够获得成功，并能同时构建有效的竞争壁垒（即让竞争对手无法复制，或因成本太高而无法模仿），组织就能因此获得相对的竞争优势。该竞争优势能够维持多久取决于竞争对手能成功模仿和复制的速度。例如，当年戴尔能维持零库存直销模式的长期战略优势，是因为曾经有许多知名企业试图模仿戴尔但都以失败告终。

此外，管理者也必须清醒地意识到，因科技创新以及消费习惯和商业环境的不断突变，没有任何竞争优势是持续永恒的。

4）组织目标

彼得·德鲁克认为："不是因为有了工作才有目标，而是有了目标才能确定每个人的工作。如若一个领域没有特定目标，则这个领域必然会被忽视，所以愿景和使命必须转化为目标。"

组织目标是指组织在努力实现共同愿望的过程中制定的短期目标，这种短期目标可以说是总的愿望实现的阶段性具体目标，代表了组织成员承诺的将在未来几年或若干个月内一定要完成的事件。它们通常是由董事会或高层管理者确定的，但也可由上下级共同商讨决定。组织目标是组织在努力实现愿景和完成使命的过程中对预期关键成果的期望值，是组织使命的具体化。组织目标可能包括以下内容。

- 市场份额。
- 利润率。
- 成本结构优化。
- 完美订单满足率。
- 创新。

组织目标需要逐层分解，并按 SMART（Specific，具体的；Measurable，可衡量的；Attainable，可达到的；Relevant，相关的；Time-bound，有明确截止期限的）原则设定各级员工的绩效目标，以作为考评员工的依据，从而确保各级员工的目标与组织目标保持一致。

目标管理的典型步骤如下。

- 确定组织的整体战略和目标。

- 在各职能部门间分配关键目标。
- 设定部门具体目标。
- 设定员工具体目标。
- 商定实现目标的行动计划。
- 实施行动计划。
- 定期检查目标的进展情况。
- 绩效管理。

供应链管理部门在组织中通常扮演的是支持性角色，支持组织及各事业部的愿景、使命的达成，贯彻落实组织的战略规划，支持各事业部战略目标的达成。

哈佛大学教授罗伯特·卡普兰（Robert Kaplan）和复兴全球战略集团总裁大卫·诺顿（David Norton）研究发现，如若组织无法完整清晰地描述战略，组织内部将无法有效沟通，也难以达成共识。为有效解决这一常见的问题，他们建议采用平衡计分卡和战略地图的方式将组织战略目标自上而下逐层分解，即以价值链为基础，以财务层面、客户层面、内部层面、学习与成长层面这 4 个维度为核心，将组织的战略目标有条理地层层向下展开，形成战略地图，确保组织内部所有成员目标一致。

2. 如何承接组织的愿景、使命和战略

战略的目的并不是制定和获得一个战略，而是决定做什么、怎么做才能获得预期成果。战略本身并不产生价值，它的价值在于能围绕组织目标进行转化分解并形成一个个具体的项目和行动，因为战略必须落地才能产生成果。

制订并实施战略计划的整体步骤可以借鉴战略选择阶梯（即 5 步战略模型），它是由宝洁公司的首席执行官雷富礼（A. G. Lafley）和罗特曼管理学院（Rotman School of Management）的院长罗杰·马丁（Roger Martin）联合开发的。根据雷富礼和马丁的说法，战略是"一套完整的选择，使公司在行业中处于独特的地位，从而创造出相对于竞争对手的可持续优势和优越价值"。他们认为，为了制定一个制胜的战略，需要回答以下 5 个问题。

- 我们追求成功是为了什么？——制定组织的愿景和使命。
- 我们将在哪个领域竞赛？——识别特定的市场和细分客户群。
- 我们将如何取胜？——提出清晰的、制胜的和可持续的价值主张。
- 我们必须具备哪些制胜的能力？——确定组织成功所必需的有形的和无形的资源。
- 我们需要什么样的管理制度来支持我们的选择？——确定实现所需能力的基础

设施。

组织战略通常涵盖以下 3 个层次。

1）公司战略

公司战略又称企业战略，它主要由组织的高层管理者制定。它是指根据环境、自身资源和实力，以及总体经营战略的要求，确定经营领域和产品以及组织结构的长期规划。

公司战略主要强调以下两个方面的问题。

●应该做什么业务？

●怎样管理这些业务？即如何将资源合理配置到不同的业务领域中。

2）业务战略

业务战略主要是由各业务部门的高层管理者制定，是组织为谋求长期发展，实现其经营目标而制订的经营管理规划。它关注以下 3 个问题。

●如何在业务领域里有效竞争？

●应该提供哪些产品或服务？

●为哪些客户提供产品或服务？

业务战略关系着企业的长远利益，以及企业的成功和失败，业务战略必须与组织战略保持一致。

3）职能战略

职能战略源自组织的整体经营战略，是在承接公司战略和业务战略的基础上，由各职能部门的高层管理者针对组织内各职能部门如何有效运营而制订的规划。职能战略通常可分为以下 3 个类别。

●生产运营战略。

●资源保障职能战略。

●战略支持职能战略。

供应链管理战略同时属于资源保障职能战略和战略支持职能战略。因为职能战略必须承接公司战略和业务战略并确保与之一致，所以职能战略会将它们进一步分解细化，会涉及更为具体的执行和规划。供应链管理的高层领导在制定供应链管理战略时应深刻领会、承接并有效支持公司战略、业务战略，以及其他职能战略的战略意图。

当组织战略关注环境（Environmental）、社会（Social）和公司治理（Governance）（简称 ESG）时，则供应链战略就得细分至供应链的各个环节，具体内容如下。

●推行绿色环保政策，对有害有毒物质实施 7R 策略：拒绝使用、减少使用、重复利用、循环利用、翻新再利用、再制造利用、自然风化。

●减少碳排放，减少水污染，减少噪声和光污染等。

● 合规治理。

● 反贿赂，反腐败。

● 禁止使用童工或强制劳工，不超时工作，保证工作场所安全和用工无歧视等。

当组织向轻资产转型时，供应链战略就应侧重以下内容。

● 提高采购水准，即由购买零部件转向购买组件或成品。

● 业务外包（包括生产／制造外包、物流仓储外包等）。

● 推行 VMI、寄售、JIT、协同预测与补给等运作模式，尽可能降低库存等。

若组织战略关注现金流，供应链战略就应侧重以下内容。

● 延长付款期。

● 推行协同预测与补给、VMI、寄售、JIT 等运营和补给模式，尽可能减少库存。

● 实施精益供应链管理。

● 改善预测，提高存货准确率（即尽可能减少库存盘盈及盘亏）。

● 仓储外包、物流外包等。

当组织拓展全球市场或产业回迁时，供应链战略就应重新设计规划，具体包括以下内容。

● 组织结构。

● 供应商库及供应商网络。

● 进向与出向物流网络。

● 仓储网络。

若组织战略侧重成本领先战略时，供应链管理战略就应偏向于推行以下内容。

● VA／VE（价格分析／价格工程）。

● 标准化。

● 电子竞标（或称反向拍卖）。

● 减少供应商数量。

● 集中采购。

● 战略采购。

● 低成本国家寻源和开发。

● 协同并协助供应商植入总价值观，持续优化和改善作业成本等。

|第 2 节| 了解内外部利益相关者的需求

我们的顾客群是谁？要想准确回答这个问题，供应链领导者首先得从利益相关者入手。

利益相关者通常包括企业的股东、债权人、雇员、消费者、供应商等交易伙伴，也包括政府部门、周边社区居民、媒体、环保主义者等压力集团。他们与组织的生存和发展息息相关。他们有的为组织的经营活动提供了物资保障或分担了经营风险，有的对组织进行监督和制约，所以组织在经营决策时必须要综合平衡各个利益相关者的利益和诉求。

"利益相关者"一词是《战略管理：利益相关者方法》的作者爱德华·弗里曼（R. Edward Freeman）率先提出的。之后，众多学者纷纷从不同的视角尝试对利益相关者进行定义，目前它已有 30 多种定义。

1. 利益相关者的分类

1）多锥细分法

这是 20 世纪 90 年代中期较为通用的分类方法。迈克尔·惠勒（Michael Wheeler）从是否具备社会性和人是否参与两个角度入手，将利益相关者划分为以下 4 个类别。

● 主要的社会利益相关者：它 / 他们同时具备社会性和直接参与性两个特征。

● 次要的社会利益相关者：它 / 他们通过社会性的活动与企业形成间接关系，如政府、社会团体、竞争对手等。

● 主要的非社会利益相关者：它 / 他们对企业有直接的影响，但不作用于具体的人，如自然环境等。

● 次要的非社会利益相关者：它 / 他们不与企业有直接的联系，也不作用于具体的人，如环境压力集团、动物利益集团等。

2）米切尔评分法

罗纳德·米切尔（Ronald Mitchell）和唐娜·伍德（Donna Wood）将利益相关者的界定与分类有机关联起来，从合法性、权力性及紧迫性这 3 个属性入手划分利益相关者，并认为利益相关者至少必须具备一种属性。米切尔和伍德将利益相关者分为以下 3 类。

● 确定型利益相关者：它 / 他们同时具备 3 种属性，是组织最重要的群体，包括股东、员工和客户。

● 预期型利益相关者：它 / 他们拥有其中任何两种属性。拥有合法性和权力性：如投资者、雇员和政府部门等。拥有合法性和紧迫性：如媒体、社会组织等。拥有紧迫性和权力性：如政治和宗教个人或团体等。

●潜在型利益相关者：它／他们拥有其中一种属性。

2.美国供应管理协会的观点

利益相关者是对某事有既得利益的人，包括受决策过程影响和能影响决策过程的人。在组织层面，利益相关者包括管理层、员工、股东、客户、供应商，以及可能因某一特定决策而获益或蒙受损失的其他人。

美国供应管理协会认为供应链管理的利益相关者可分为以下3类。

●内部利益相关者：包括组织的管理人员、组织内各个部门的决策人员，如综合管理人员、供应管理人员、市场营销人员、运营人员和内部安全管理人员等。

●外部利益相关者：包括供应商、客户、政府、运输和物流服务提供商等。

●紧急响应者：包括在发生安全事故时的应急服务提供商等。

如果发生供应中断，这些利益相关者中的每一方都会有损失。那些服务于减弱受供应中断影响的计划（如业务连续性计划等）必须能够解决每个利益相关者关心的问题。

3.英国皇家采购与供应学会的观点

英国皇家采购与供应学会认为，利益相关者可分为以下3类。

●内部利益相关者：指组织内部的成员。

●相连的利益相关者：指在法律、合同或商业方面与组织有直接关联的成员，包括股东、银行、客户、供应商等。

●外部利益相关者：指与组织没有直接合同或商业关系，但在组织的活动中有利益关系的群体，如政府和监管机构、专业团体和工会、各种利益和压力集团、当地社区等。

供应链管理者必须深入了解利益相关者的需求，以确保供应链管理的战略和目标始终与组织的内外部目标一致，并为利益相关者创造价值。

4.典型的供应链环境分析工具

不同的行业及组织各自所处的环境迥异，所以需要结合自身特点和经营需要选择适合的模型进行分析。

1）STEEPLED 分析模型

STEEPLED 分析模型是经由 PEST、SLEPT、PESTEL、STEEPLE 逐步发展演进而成的宏观环境分析的有效工具，又被称作大环境分析模型，如表 2-1 所示。

表 2-1　STEEPLED 分析模型

STEEPLED 分析	涉及的范畴 – 范例
社会（Social）	宗教、文化、就业水平、收入分配、生活方式、生活条件、流动性、工作与生活的平衡、总体幸福感
技术（Technology）	能源、信息和通信技术、工业活动、创新、产品的生命周期、科研和开发、技术转让、云计算、大数据
经济（Economic）	利率、汇率、税收、消费者需求变化、政府财政支出、经济增速、通货膨胀、失业率
环境（Environmental）	建造基础设施、碳足迹、气候、自然灾害、自然资源、可持续发展、废物的回收和利用
政治（Political）	政治派别、稳定性、贸易政策、廉政程度、政府的类型、海外直接投资
法律（Legal）	合同、治理、法律法规（包括税收法、就业法、安全法规、竞争法规、知识产权保护法等）、工会
伦理道德（Ethical）	腐败和贿赂、行为规范、商业道德规范
人口结构（Demographic）	人口结构与社会结构的变化有关，它包括平均年龄、预计寿命、受教育程度、婚姻状况等

2）波特五力模型

波特五力模型是迈克尔·波特用来描述竞争的模型，包含直接竞争的强度、进入者的威胁、替代品的威胁、买方的力量，以及供应商的力量。迈克尔·波特认为企业竞争优势是由产业结构决定的，在各行各业中都存在 5 种力量左右着市场竞争规模和程度，这 5 种力量如下所述。

- 新进入者的威胁。
- 替代品的威胁。
- 采购方（买方）的议价能力。
- 供应商（卖方）的议价能力。
- 同行业竞争者之间的竞争程度。

波特五力模型如图 2-1 所示。

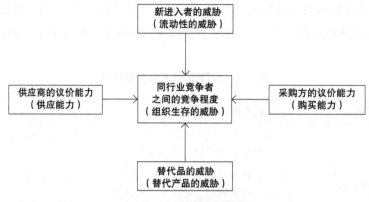

图 2-1　波特五力模型

所有组织都必须面对和应对各种外部力量构成的威胁，通常组织会采用设置进入壁垒或强化其他战略来维护自己的竞争优势，但若认为自己已处于优势地位，也可采取正面交锋的方式阻击对手。

在采用波特五力模型时，可以结合波特三大战略展开分析和定位。

波特的三大战略如下所述。

● 总成本领先战略。

● 产品差异化战略。

● 集中（专业化）战略。

波特五力模型与波特三大战略的关系如表 2-2 所示。

表 2-2　波特五力模型与波特三大战略的关系

行业内的 5 种力量	总成本领先战略	产品差异化战略	集中（专业化）战略
新进入者的威胁	运用价格优势，阻止潜在对手的进入	利用差异化优势提高顾客的忠诚度和黏合度，打击潜在进入者的信心	通过集中战略建立核心优势，阻止潜在对手的进入
替代品的威胁	能够利用低价抵御替代品	利用差异化使顾客习惯某一种独特的产品或服务，因而降低替代品的威胁	利用集中差异化的特殊性优势防御替代品的威胁
采购方的议价能力	具备向大型采购方给出更低价格的能力	利用差异化优势削弱大型采购方的谈判能力	因为没有选择范围，所以大型采购方丧失了谈判能力
供应商的议价能力	运用规模效应和寻源战略，抑制大型供应商的议价能力	将溢出的成本转嫁给顾客	利用集中差异化，更有机会将溢出成本转嫁出去

行业内的5种力量	总成本领先战略	产品差异化战略	集中（专业化）战略
同行业竞争者之间的竞争程度	能更好地进行价格竞争	利用差异化提高顾客的忠诚度和黏合度，使顾客不理睬竞争对手	利用集中差异化优势使竞争对手无法满足顾客的需求

3）麦克米兰企业生存模型

在《战略管理：过程、内容和实施》（*Strategic Management ： Process, Content and Implementation*）一书中，休·麦克米兰（Hugh Macmillan）与玛汉·坦姆仆（Mahen Tampoe）在波特五力模型的基础上引入政府干预、游说和压力集团的干预、互补组织的消失，以及时尚和智能产品需求的变化对企业生存的影响，提出了新的企业生存模型，被称作麦克米兰企业生存模型，如图 2-2 所示。

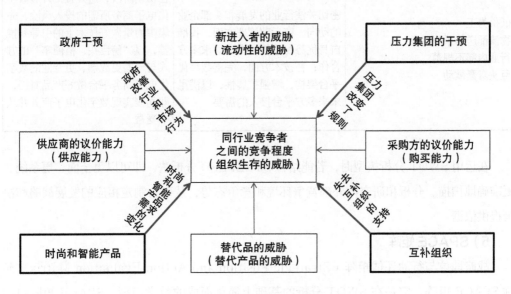

图 2-2　麦克米兰企业生存模型

供应链管理者应扬长避短，努力维持并建立新的供应链竞争优势，巩固并强化组织的市场地位与竞争实力。

4）SWOT 分析模型

在制定组织或供应链发展战略时，SWOT 是最为常用的分析工具。它从优势、劣势、威胁和机会这 4 个维度入手，用系统分析的思维方式把各种因素相互关联起来，分析组织内外部竞争环境和竞争态势。SWOT 分析模型范例如表 2-3 所示。

表 2-3　SWOT 分析模型范例

内部能力 / 外部因素	优势（Strengths）	劣势（Weaknesses）
	精通 ICT 技术应用 技术上有把握 有良好的核心团队	缺乏行业经验 缺乏实际操作经验 没有强大的资金支持 人员配置不完善
机会（Opportunities）	利用这些（SO）	改进这些（WO）
市场前景巨大 没有领头羊 需要模式创新	把握数字化发展趋势和机会，利用自身技术优势实现供应链运营模式创新；借助提供良好的客户体验，建立口碑并积累人气，逐渐抢占市场份额	通过搭建数字化平台，加强供应商管理与沟通，深入了解客户需求，积累行业经验。同时，在实际操作过程中逐步增强团队成员的能力，弥补能力缺陷
威胁（Threats）	监视这些（ST）	消除这些（WT）
低价为王 物流配送体系不完善 行业内部不规范 巨头蠢蠢欲动	密切关注行业的发展和头部企业的动向。在运营管理方面，找准自身优势和价值所在，寻求多方合作；在技术方面，完善数字化平台架构，增强扩展性，以满足未来多方平台接入的需要	在初期阶段，避免直接开展数字化电子商务所需的投入风险，先集中力量做好技术上的引导和推荐，以"傍巨头，搭便车"的方式与一些更成熟、更专业的数字化电子商务平台做好产品对接，即间接实现数字化电子商务并从中受益

在运用 SWOT 分析模型时，若能结合 STEEPLED 分析法，即可以更全面、更系统、更准确地扫描、分析和研究内外部竞争环境和竞争态势，从而为制定相应的发展战略和决策提供依据。

5）SPACE 矩阵

战略地位与行动评估矩阵（Strategic Position and Action Evaluation Matrix）简称 SPACE 矩阵，它是在 SWOT 分析的基础上简化而成的数学模型。SPACE 矩阵包括竞争优势（Competitive Position，CP）、财务实力（Financial Position，FP）、产业实力（Industry Position，IP）和环境稳定性（Stability Position，SP）这 4 个维度，以及防御、进攻、保守和竞争这 4 种战略构成分析企业外部环境及应该采取的战略组合，如图 2-3 所示。

其中竞争优势和财务实力属于内部因素，产业实力和环境稳定性属于外部因素。

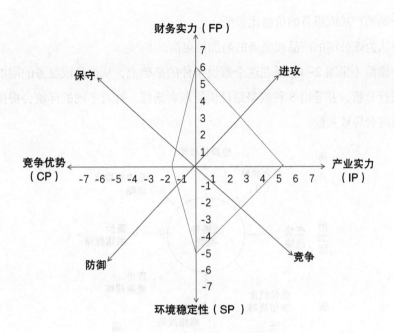

图 2-3　SPACE 矩阵分析框架

6）SCP 模型

乔·贝恩（Joe Bain）与谢勒（F. M. Scherer）创建的，由结构（Structure）、行为（Conduct）和绩效（Performance）组成的产业分析模型，简称 SCP 模型。

这个模型主要用来分析当行业或组织受到外部冲击时，可能采取的战略调整和应对措施。外部冲击主要是指政治环境、经济环境、技术环境，以及文化和消费习惯等因素的变化而造成的冲击，例如网络电商对实体店的冲击等。

下面分别从行业结构、组织行为和经营绩效的视角来分析外部冲击造成的影响。

●行业结构：主要分析外部冲击造成的行业竞争格局的变化、产品需求的变化、细分市场的变化、营销模式的变化等。

●组织行为：主要分析组织在受到外部冲击时可能采取的应对措施，包括业务的扩张与收缩、营运模式的转变、变革创新等。

●经营绩效：主要分析组织在受到外部冲击时，市场份额和经营业绩等方面的变化和趋势。

7）战略钟模型

克利夫·鲍曼（Cliff Bowman）开发了战略钟模型（Strategic Clock Model，SCM）。它是一种分析组织竞争战略选择的工具。首先假设所有组织的产品或服务基本类似，那么客户购买时选择其中一家可能出自以下原因。

● 该公司的产品或服务的价格比较低。

● 客户认为该公司的产品或服务的附加值更高。

战略钟模型（见图2-4）是在这个假设条件的基础上，从产品或服务的附加值和价格两个维度进行分析，并导出8种战略路径供管理者选择，针对不同的环境会提供不同的选择，若选错将会导致失败。

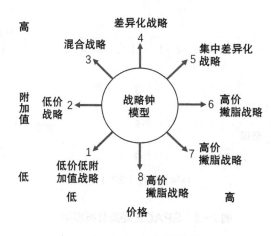

图2-4　战略钟模型

路径1，低价低附加值战略：适合对价格非常敏感的细分市场。

路径2，低价战略：这是组织建立竞争优势的典型途径，但若想获得成功，必须拥有成本优势。

路径3，混合战略：在为客户提供可感知的附加值的同时保持低价格。然而此战略成功与否取决于以下5个方面。

● 组织是否理解客户需求。

● 组织是否能满足客户需求。

● 客户是否能感知附加值。

● 产品或服务是否具备价格优势。

● 商业模式是否难以被模仿。

若上述问题的答案出现"否"的话，贸然采取混合战略可能会得不偿失。

路径4，差异化战略：通过采取有形的差异化战略，支持实现以相同和略高于竞争对手的价格向客户提供可感知的附加值。

路径5，集中差异化战略：在为客户提供可感知的附加值的同时维持高价格。但若采用这一战略，就意味着组织只能在特定的细分市场中参与竞争。

路径6、7、8都属于高价撇脂战略：采用此战略的组织通常处于垄断经营地位，因为稀缺，所以它们通常无须考虑成本和附加值。

8）波特价值链

迈克尔·波特认为企业的价值创造活动是通过内部物流、生产作业、外部物流、市场营销、售后服务等一系列基本活动，以及采购、技术开发、人力资源管理和企业基础设施建设等辅助活动构成的，这些相互关联的生产经营活动构成了一个创造价值的动态过程，即价值链。波特根据组织的基本活动和支持性活动勾勒出了企业价值链（见图2-5）。波特认为应系统地从结构和价值链分析和发掘真正创造价值的环节，组织若想形成和巩固其在行业内的竞争优势，就得特别关注和培养这些特定环节上的优势。

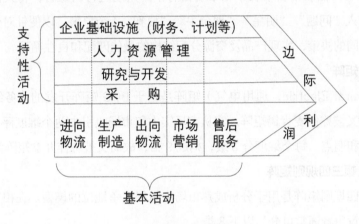

图2-5 企业价值链

9）开支分析（开支矩阵）

开支分析是对组织历史支出模式的分析，通常按商品或品类进行分析。该分析提供有关采购物品的类型及其累计价值的信息，成为未来战略和运营采购计划的基础。开支分析是制定寻源采购策略的基本工具，它通常是以矩阵形式展现的，具体范例如表2-4所示。

表2-4 开支矩阵范例

物料或服务代码	物料或服务名称	年采购额/万元	料号数	供应商代码	供应商名称	...
包材 S-QQ307	包装－塑料袋	35.41	18	S93146	××市 YL 塑业制品有限公司	
包材 S-QQ307	包装－塑料袋	40.91	45	S93149	××市 XMT 塑料有限公司	
包材 S-QQ307	包装－塑料袋	6.98	14	S93347	××市 WDP 塑料制品厂	
包材 S-27302	包装－打包带	339.28	35	B82989	××WALF 包材有限公司	
包材 S-27302	包装－打包带	12.65	4	B33341	××MNLJ 塑胶有限公司	
包材 F-62730	包装－膜	0.46	3	TB2869	××MM 塑胶有限公司	

续表

物料或服务代码	物料或服务名称	年采购额 / 万元	料号数	供应商代码	供应商名称	…
包材 F-62731	包装 - 膜	0.91	3	TB8696	××市 WAQJ 包装材料厂	
包材 F-62732	包装 - 膜	27.83	17	MB8486	××LJ 工程塑料制品股份有限公司	

10）波士顿分析矩阵

波士顿分析矩阵又称作 BCG（Boston Consulting Group，波士顿咨询集团）矩阵，它将组织的所有产品从销售增长率和市场占有率的角度进行再组合，将其标注在坐标图上，将产品归入"问题""明星""现金牛""瘦狗"4 个象限，以便针对位于不同象限的产品做出不同的决策，实现产品及资源分配结构的最佳匹配和良性循环。

11）GE 矩阵

GE（General Electric，通用电气）矩阵是基于 BCG 矩阵开发的业务组合分析的管理模型，通常又被称作麦肯锡矩阵。它从市场实力和市场吸引力两个维度评估判断组织经营业务的强项和弱点。每个维度分 3 级，构成 9 格，故而又被称作九盒矩阵法。

12）波士顿三四规则矩阵

波士顿三四规则矩阵是用于分析成熟市场中组织竞争地位的模型。在相对稳定的竞争市场中，市场竞争者通常可分为以下 3 类。

●领先者：通常拥有 15% 以上的市场占有率，足以左右市场的变化。

●参与者：通常拥有 5%~15% 的市场占有率，虽然他们不足以对市场产生重大影响，但是他们是市场的参与者和竞争者。

●生存者：通常其市场占有率小于 5%，他们通常是局部细分市场的填补者。

波士顿咨询集团研究分析指出，具有影响力的头部组织不会超过 3 个，并且在这三者之中，第一名的市场份额不会超过第三名的 4 倍，所以该分析模型被称为三四规则矩阵分析模型。这个模型是由下面两个条件决定的。

●在任何两个竞争者之间，2 : 1 的市场份额似乎是个均衡点。在这个均衡点上，无论哪个竞争者要增加或减少市场份额，都显得不切实际而且得不偿失。

●若组织的市场份额小于最大市场份额的 1/4，就不可能有效参与竞争。

13）卡拉杰克矩阵

卡拉杰克矩阵（Kraljic Matrix）又称卡拉杰克模型，它最早出现在彼得·卡拉杰克（Peter Kraljic）的《采购必须纳入供应管理》（*Purchasing Must Become Supply Managemeng*）一文中，它是基于市场风险（x 轴）相对于收益影响（y 轴）的价值评估建立的一个 2×2 的矩阵，矩阵包括 4 个象限，即非关键 – 低风险、低价值项目，关键或瓶颈 – 高风险、低价值项目，杠杆 – 低风险、高价值项目，战略 – 高风险、高价值项目。卡拉杰克矩阵将采购支出项目划分为四大类别，并提出应对措施。

这 4 个类别及其应对措施如下。

（1）杠杆类项目

采购额大，且可选的供应商较多，替换供应商较为容易。

● 买卖双方地位：买方主动，双方相互的依赖性一般。

● 适合的采购策略：集采，招标，目标定价；与首选供应商签订一揽子协议，然后按供给需要通知发货等。

（2）战略类项目

采购额大，且购买的产品或服务至关重要，但货源只能由极少数特定供应商提供。这类物资往往因稀缺而具有较高的供应风险。

● 买卖双方地位：双方相互依赖性较高。

● 适合的采购策略：建立伙伴、协同、战略联盟等紧密联系。

（3）非关键类项目

采购额小，且可选供应商较多，替换供应商较为容易。

● 买卖双方地位：双方相互的依赖性较低。

● 适合的采购战略：简化流程或下放采购权力，推行采购卡制，或外包等。

（4）瓶颈类项目

采购额小，且购买的产品或服务至关重要，但只能由极少数特定供应商提供。这类物资往往因稀缺而具有较高的供应风险。

● 买卖双方地位：卖方主动，双方相互的依赖性一般。

● 适合的采购战略：签订保供合同、增大采购量（如合并多月的量一次性采购等）、联合采购等；寻找并开发潜在供应商、考虑自制。

14）供应商偏好矩阵

供应商偏好矩阵（Supplier Preferencing Matrix）又称供应商敏感度模型，它是由保罗·史蒂尔（Paul Steele）和布莱恩·考特（Brian Court）在理论结合实践中开发的一套站在供应市场和特定供应商的角度来看待采购方的分析工具，它有时也被称作供应商供应动力模型。供应商偏好矩阵如图 2-6 所示。

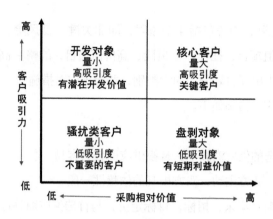

图 2-6　供应商偏好矩阵

15）供给关系分析矩阵

卡拉杰克矩阵与供应商偏好矩阵分别从采购方和供应商的角度分析供给市场，所以它们各自都具有局限性。供应链管理者需要充分利用这两个矩阵分析模型，更需要将两者糅合起来分析供给市场的供给风险和博弈能力，以便及时调整策略，确保有效供给。供给关系分析矩阵如表 2-5 所示。

表 2-5　供给关系分析矩阵

类型	非关键	瓶颈	杠杆	战略	项目
回避	失去业务也无所谓 不稳定，有风险 增压，常变	不愿意，低关注度 高风险 希望创造价值	"愿景"不同，目标冲突 冲突，极不稳定 试图增加业务的诱惑力	在别处获取竞争优势 高风险 寻找新资源或解决方案	供方态度 供给态势 需方态度
开发	寻求相互依赖 不稳定，但无大风险 利用权力优势	培育客户 不稳定，有风险 提高价值，寻求替换选择	寻找承诺 相对稳定，低风险 通过长期合约创造价值	与客户共同发展 有风险，不稳定 "理想状态"	供方态度 供给态势 需方态度
盘剥	试图盘剥 相对稳定，可能被盘剥 维护底线	推诿、试图延迟改进 受盘剥，相对稳定 尝试开发价值	维持利润，合作冲突，不稳定 监控价值和绩效	为了获得最低的价格稳定，受盘剥 通过长期合约创建价值	供方态度 供给态势 需方态度
核心	让步小，但时常让步 稳定，低风险 利用优势，增加价值	努力维护客户 稳定 改善你的底线	主动开发价值 稳定，低风险 提供支持，但保持警惕	关照客户，但可能沾沾自喜 稳定 不断刷新核心价值	供方态度 供给态势 需方态度

供应链管理者应具备综合运用多种分析工具的能力，分析供给市场的机会与风险，及时制定应对策略或调整策略，方能把握机会，有效维持和构建组织的竞争优势。

第 3 节　供应链管理战略的制定

　　供应链是以客户需求为导向，以提高质量和效率为目标，以整合资源为手段，实现产品设计、采购、生产、销售、服务等全过程高效协同的组织形态。所谓供应链战略，就是要以合规和为组织增加竞争优势为基础，以价值创造为目标，从组织战略的高度来对供应链网络进行全局性的规划和布局。

　　除了承接组织的战略之外，供应链管理者在制定愿景、使命和做出战略决策时，需要了解组织的总体目标、预算、人力资源配置、流程等相关政策，方能有效地将组织的使命、政策和流程转变为供应链管理特有的流程和能力，从而确保供应链管理职能和行动与整个组织保持一致。同时，供应链管理者必须充分了解供应管理职能的使命、能力和相关流程，并在充分了解内外部利益相关者的需求的基础上，制定明确的供应链管理目标及相关政策，为确保实现组织的总体目标提供有效供给保障。

　　供应链管理者需要从超越传统的角度去看待供应链的主要作用，实现由响应式运营模式向主动式运营模式转换。供应链管理者需要运用多种方法论和分析工具从社会文化、科技、经济、环境、政治、法律、职业道德和人口统计的视角去审视周边当前和未来的商业环境、利益相关者的需求和潜在的风险。

1. 制定战略的工具和模型

　　对于多数组织来说，没有拿来即用的供应链管理模式，尤其在新创行业，但供应链管理者可借鉴和利用一些通用的战略管理模型，并针对组织及行业的特性，创建组织特有的供应链运作和管理战略。

1）五步战略模型

　　就如本章第 1 节中所述的雷富礼 5 步战略模型，供应链管理者在制定战略时必须考虑以下 5 个问题。

- 我们追求成功是为了什么？
- 我们将在哪个领域竞赛？

● 我们将如何取胜？

● 我们必须具备哪些制胜的能力？

● 我们需要什么样的管理制度来支持我们的选择？

2）麦肯锡 7 步分析法

麦肯锡顾问公司提出的解决问题的 7 个步骤，具体如下。

● 定义问题。

● 分解问题。

● 优先级排序。

● 计划分析。

● 执行分析。

● 整理分析结果。

● 提出解决方案。

3）约束理论

约束理论（Theory of Constraint，TOC）又称瓶颈理论，它是艾利·高德拉特（Eliyahu Goldratt）开发的管理模式。高德拉特认为，任何系统都存在一种限制产出的约束，系统中的每个实体都是一种约束，但只有一个实体可以被定义为关键约束资源，所有其他实体都是非关键约束资源。约束理论既是一种管理理念，又是一套管理工具。组织在实现其目标的过程中或多或少会遭遇一些制约因素或存在一些潜在的制约因素，这些制约因素被称为"约束"。而约束管理是逐个发现并识别这些约束，然后设法清除这些约束的过程，从而更为顺利且高效地助力组织实现其战略目标。

任何管理系统，尤其是供应链，都是由一连串环环相扣的链环衔接构成的，系统的强度就取决于其最薄弱的那一环。如果我们想顺利地推进战略并实现预期的目标，就必须从最弱的一环入手，以控制全局。

供应链管理者在制定战略时必须能够清晰地回答以下 3 个问题。

● 改变什么？

● 改变成什么？

● 怎样改变？

TOC 的 6 种思考工具如下。

● 现状树。

● 消云图（又称冲突图）。

● 未来树。

● 负效应枝条。

● 条件树（又称条件图）。

● 转变树。

TOC 的五大核心步骤如下。

● 找出系统中存在哪些瓶颈约束。

● 寻找突破瓶颈约束的办法。

● 调动资源，使组织的所有相关活动服从第 2 步中提出的各种解决方案并展开工作，不得偏离。

● 打破瓶颈约束，即清除第 1 步中已找出的瓶颈约束事项。

● 回到第 1 步，持续不断地改善，别让惰性转变成瓶颈约束。

4）费希尔模型

费希尔模型（见图 2-7）是米歇尔·费希尔（Marshall Fisher）开发创建的供应链管理模型。费希尔认为供应链战略规划应以产品为中心，首先要明白客户的需求是什么。

根据产品的需求模式，费希尔将供应链战略划分为以下两类。

● 有效性供应链战略：指能够实现以最低成本将原材料转化成零部件、半成品或成品，以及能够以最低成本运输等的供应链战略。

● 反应性供应链战略：强调对需求快速做出反应的供应链战略。通常这些产品或服务都具备创新性。

根据产品的需求模式，费希尔将产品分为以下两类。

● 功能性产品：指可以从许多厂商处购买的并能满足客户的基本需求的产品。这些产品生命周期长，且需求稳定、易于预测。然而，因为需求稳定且供给充沛，所以竞争较激烈，进而导致利润较低。

● 创新性产品：指按客户特定需求研发定制的产品。虽然创新性产品利润高，但是，因需求不可预测，且这类产品的生命周期往往较短，所以存在一定的风险。

	功能性产品	创新性产品
有效性供应链	相配	不相配
反应性供应链	不相配	相配

图 2-7　费希尔模型

5）新 7S 原则

新 7S 原则和超强竞争理论（Hypercompetition）是理查德·达维尼（Richard. A. D'Aveni）提出的。达维尼明确地指出，制定战略目标不是为了建立稳定和平衡，而是必须打破现状。他强调组织只有及时发现机会打破现状，才能掌握主动权，才有机会建立一系列短暂的竞争优势。因为任何企业都无法建立或维持永恒的竞争优势，所以管理者需要针对竞争对手的特点，通过实施一连串短暂的有效行动，创建一系列暂时的竞争优势。

麦肯锡 7S 模型包括结构（Structure）、制度（System）、风格（Style）、员工（Staff）、技能（Skill）、战略（Strategy）、共同的价值观（Shared Values），强调的是企业在制定战略和实施战略的过程中，需要全面考虑七大要素以及各要素之间静态的战略搭配，而新 7S 原则强调的是要以一系列动态战略互动为基础，实现以下 4 个主要目的。

● 破坏现状。

● 创造短暂的优势。

● 掌握先机。

● 维持优势。

新 7S 原则的战略思维架构包括以下 7 个方面。

● 利益相关者满意度（Stakeholder Satisfaction）：供应链管理者在制定供应链战略时需关注利益相关者的利益，尤其是股东的利益。

● 战略预测（Strategic Soothsaying）：预测、分析市场和技术的未来发展方向，预判下一个优势可能会在哪儿出现，从而率先创造出新的机会。

● 速度定位（Speed）：在日趋白热化的竞争环境下，组织是否能获得竞争优势取决于其是否能快速创造出一系列的暂时优势，是否能顺利并快速切换，即从一个优势转移到另一个优势。敏捷的速度有助于组织迅速识别需求、捕捉机会、破坏现状，并瓦解竞争对手的优势，确保在竞争对手采取行动之前就创造出新的优势。

● 出其不意（Surprise）：高管应集中精力探寻价值创新的路径，不要在控制和管理现有的业务运作上花费太多时间。

● 改变竞争规则（Shifting the Rules Against the Competition）：不受行业中既有观念和商业模式的约束，善于打破陈规。

● 公示战略意图（Signaling Strategic Intent）：向公众和社会公示组织的战略意图和将采取的行动，将有助于告诫和恫吓竞争对手不要侵入你的市场领域；同时，这也有助于在客户中有效地形成"占位效应"，即有购买意图的目标客户群体可能会按告示等待该产品研制上市后再购买，并因此不去购买市场上已有的其他公司的同类或类似产品。

● 同时的、一连串的战略出击（Simultaneous and Sequential Strategic Thrusts）：

仅拥有静态能力，或仅拥有优良的资源是远远不够的。组织战略成功的关键在于对资源的妥善、有效运用，以一连串的行之有效的行动获取竞争优势，并能顺利地将优势迅速地运用到不同的市场中。

新 7S 原则是通过破坏性的快速制胜方式来呈现的，远见、能力和战术是有效破坏的三大要素，彼此循序渐进又相辅相成。当今供应链已迈入了数字化、智慧化赋能阶段，再加上国际政治环境因素等的影响，供应链管理者亟须考虑先立后破的颠覆式、迭代式、循环递进的创新发展战略，拥抱大数据、元宇宙、新能源、清洁能源等，将其转化为组织特有的竞争优势。

6）供应链战略框架

约翰·加托纳基于支持供应链运作战略所需的全新能力，以及控制战略的能力，提出了 4 种可行的行动方案，构成了供应链战略框架，如图 2-8 所示。

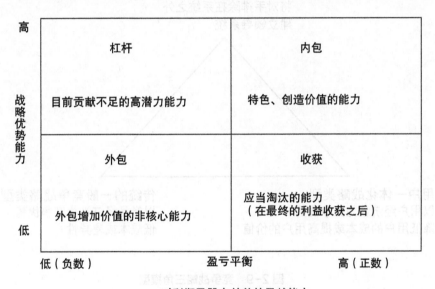

图 2-8　供应链战略框架

2.典型的战略模型

1）3C 战略三角模型

大前研一（Kenichi Ohmae）提出了 3C 战略三角模型，强调在制定任何经营战略时，都必须考虑以下 3 个因素。

● 公司（Corporation）。

●顾客（Customer）。

●竞争者（Competition）。

大前研一认为，若组织需维持或创造可持续的竞争优势，必须将公司、顾客与竞争者整合在同一个战略框架内。

2）竞争战略三角模型

阿莫尔多·哈克斯（Amoldo Hax）与迪安·怀尔德（Dean Wilde）在波特竞争理论的基础上加入了用户一体化和系统一体化这两种基本的竞争战略类型，由此创建了竞争战略三角模型，如图2-9所示。

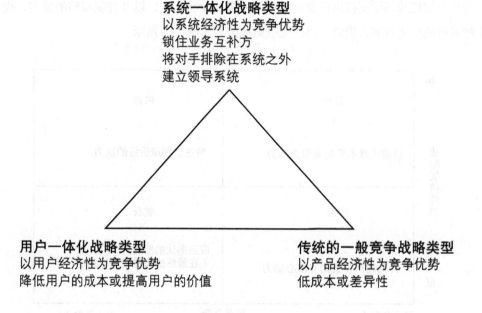

图2-9 竞争战略三角模型

3.典型的供应链管理战略

供应链管理者在选择或制定供应链管理战略时，需要以支持组织创收与创新、成本控制与价值创造、风险与合规管控、可持续发展与社会责任等为基础，针对整体供应链中的组织角色与定位进行不断的调整及再定位，并在恰当的时候推动变革，重组供应链网络的结构，强化网络内的竞争与合作，实现由总拥有成本转向总拥有价值的观念转变。其范例如表2-6所示。

表 2-6　总价值观范例

成本			机会	
总成本	外部成本	购买价格	感知的机会	总价值观
		包装费用		
		运输费用		
		关税		
		保险费用		
		资金利息		
		仓储费用		
	生命周期成本	行政管理成本	隐藏的机会	
		检测成本		
		操作成本		
		质保成本		
		需求管理成本		
		库存持有成本		
		仓储成本		
		催货加急成本		
		失效成本		
	内部成本	处置成本		
		研发成本		
		供应商管理成本		
		制造支持成本		
		产能管理成本		
		信息和通信技术成本		
		其他服务费用		
		合规成本		
价值创造		职业健康与安全	价值创造的机会	
		可持续发展		
		创新		
		产品安全		
		社区支持		
		社会责任		
		节能		
		风险管理		

因为商业环境千变万化，所以在企业内只实施某一种供应链管理战略是行不通的。这就需要供应链管理者审时度势，因地制宜地将多种甚至相悖的供应链管理战略结合起来并融入供应链的各个具体环节。例如，敏捷供应链和精益供应链、推式供应链和拉式供应链、自制与外包、远岸与近岸、集中与分散、差异化与标准化等战略并存。

典型的供应链管理战略如下。

1）精益供应链战略

精益供应链源自精益管理，其核心思想就是在为客户提供满意的产品和服务的同时，对供应链上下游各个环节进行优化并尽可能地将非创造价值的活动减少到最低限度，实现以最小的资源投入创造更多的价值。

精益供应链强调客户价值创造，其终极目标是要建立一个能及时响应客户需求变化的高效供应链。所以在制定战略时，建议考虑将精益与六西格玛管理模式有机地结合在一起，并由此构成精益—六西格玛供应链管理模式。

2）敏捷供应链战略

关于敏捷供应链，美国运营管理协会（The Association for Operations Management, APICS）的定义是："通过重新配置业务，增强对客户需求中不可预测的变化做出快速反应的能力。"

敏捷供应链，顾名思义就是能够在不确定且持续变化的环境下，以核心企业为中心，通过基于一体化的动态联盟和协同，迅速将供应链上各利益相关者整合成一个统一的、无缝链接的供给网络，快速响应需求或规格的突然变化。

敏捷供应链的关键特征就是对市场敏感和灵活性强。它可以根据需求和环境的变化，快速重构和调整，并在多边共赢的基础上，迅速响应客户多样化的需求。敏捷供应链战略更关注合规性与流程的一致性，以及迅速应对市场需求变化的能力，确保能够在需求和商业环境极不稳定的前提下，迅速协同和整合内外部供应链相关资源，应对市场环境和客户需求的急速变化，并在激烈的市场竞争中为利益相关者创造最大的价值。

3）精敏供应链战略

精敏供应链是指在需求和供给都不确定、持续变化的环境下，能够快速变化并对客户需求、技术进步、危机、商品组合等变化快速响应的供应链。

马丁·克里斯托夫（Martin Christopher）和丹尼斯·多维尔（Denis Towill）在《在供应链管理中，供应链从精益和功能性向敏捷和定制性的转变》一书中提出，组织不应该只考虑精益或敏捷管理模式，而应该将这两种模式有机结合起来，以适应其特定的供应链环境。

本·内勒（Ben Naylor）认为在同一个供应链体系中可以同时实现精益和敏捷管理，且二者不互相排斥，关键在于如何根据市场的状况和产业运营的特点来规划和执行。他率先提出了精敏供应链（Leagile Supply Chain）的概念，要求在不确定性日益突出的市场环境下，通过有效地将企业各项职能与企业外部供应商进行对接，来提高供应链的响应速度和系统柔性。

通常，品类少、需求量大且稳定的产品适合采用精益供应链战略；而品类多，需求波动大又难以预测且交货期短的特殊产品适合采用敏捷供应链战略；但针对品类多，交货期长且需求不稳定的产品则适合采用精敏供应链战略。

4）其他供应链战略

供应链战略可能来源于组织的不同层次，即企业层、业务层和职能层。常见的其他供应链战略如下。

- 以速度为重心的供应链战略；拉式供应链。
- 供应链个性化定制。
- 供应链协同管理：战略层协同，策略层协同，技术层协同。
- 客户差异化供应链战略。
- 渠道聚焦战略。
- 差异化供应商管理战略。
- 集中采购战略。
- 全球化供应链网络战略：离岸（On Shore）及低成本国家寻源供给战略，近岸（Near Shore）寻源供给战略，供应链回迁（Reshoring）战略，仓储物流网络规划。
- 组织结构规划。
- 通信与信息技术规划。
- 战略外包（轻资产）战略。
- 供应链联盟战略：纵向联盟，横向联盟。
- 数字化及智慧化赋能战略。
- 可视化赋能战略。
- 供应链韧性战略。

| 第4节 | 供应链战略实施

弗雷德·考夫曼（Fred Kofman）在《高效能人士的七项修炼》一书中提到了一个好习惯：以终为始。俗话说："三分战略定天下，七分执行决输赢。"再好的决策不被执行，也是空谈。

战略实施就是需要将战略制定阶段所确定的意图性战略转化为具体的行动，它是一个复杂的、自上而下的、动态的、闭环管理的系统工程。

供应链战略实施通常涉及多个职能部门或外部利益相关者，它们需要不定期互动。然而，许多经理、高管和其他利益相关者会试图影响战略项目的实施，这往往会给执行团队带来极大的困惑和冲突。因此，与大多数运营或改善项目相比，此刻更需要供应链管理者灵活运用不同的领导风格展现其具有复杂性的领导力和执行力。

供应链战略实施的 5 项基本原则如下。

●高层管理者营造协同的实施环境并推动战略执行。

●围绕战略创建跨职能团队并创建协同团队。

●将战略转化为可操作的行动。

●使战略行动成为每个人的日常工作。

●使战略执行成为持续性的流程。

1. 推动战略执行，营造协同的实施环境

在战略实施阶段，供应链管理者需要缜密构思并制订详细的实施规划，运用项目管理的方式推进并管理变革。供应链管理者需要研究如何将战略转变为实际行动，需要调动起利益相关者实现新战略的积极性和主动性，也需要对他们进行宣传和培训，灌输新的思想、新的观念。必要时，供应链管理者还需制造危机感和紧迫感，消除一些不利于战略实施的旧观念和旧思想，以使大多数人逐步接受新战略，并达成共识。

1）战略执行启动阶段的主要任务

●明确供应链战略的目标。

●进行战略的合理性说明。

●明确阐述项目范围。

●确定项目可交付的成果。

●预计项目的持续时间及所需要的资源。

●若需要高层管理者参与项目，就需要确定他们在项目中的角色和义务。

●若需要，可考虑建立跨职能团队和指导委员会。

2）实施战略时，供应链管理者的角色

供应链管理者往往是战略项目的发起者和推动者，所以理应积极参与项目，为战略实施团队提供支持，并最终推动取得项目成果，同时还需履行下列职责。

- 向利益相关者阐明愿景、目标和期望。

- 促使高层管理者做出决策。

- 获得战略实施所需的资源。

- 确保供应链战略与公司战略、业务战略及目标保持一致。

- 清除障碍。

- 让高层管理人员意识到并关注战略项目中出现的机会。

- 确保实现预期的目标。

供应链管理者根据其在组织中的地位和看待问题的视角，能在以下方面向战略实施团队提供有效支持。

- 愿景：制定并阐述项目的愿景和目标。

- 商业价值：确保供应链战略与公司战略、业务战略及目标的一致性。

- 适应变化：当市场、竞争环境和战略急剧波动且不断演变时，需要与利益相关者频繁互动，调整战略，以适应不断的变化与干扰。

- 关注客户：平衡各利益相关者的需求和优先级。

- 授权：向下放权，并向其提供资源保障。

- 决策：当决策超出战略实施团队的职权范围时，应做出决策，或协调相关职能部门做出决策。

- 承担责任：对战略实施后的成果承担责任。

供应链管理者展现以下行为可以帮助战略实施团队有效地开展工作。

- 资源：确保战略实施团队获得所需的必要技能组合和相应的资源，包括授权。

- 指南：提供一个激励人心的，让战略实施团队能够团结起来的愿景。

- 目标一致：使供应链战略目标与公司战略、业务战略及目标保持高度一致。

- 重组：与战略实施团队共同努力，对结构、文化、流程和程序、角色和工作进行必要的重组。

- 影响力：与利益相关者保持持续良好的信息交流和沟通，消除误解和障碍，促进共识达成与承诺兑现。

- 合作伙伴：与战略实施团队结成合作伙伴。

- 检查：通过提问、质疑、鼓励创新，与战略实施团队互动，激发批判性思维。

- 清除障碍：消除战略实施过程中的障碍，解决团队职权或能力之外的问题。

3）创建跨职能团队与协同

战略能否顺利有效地实施还取决于组织资源和环境是否很好地匹配，二者与组织的管理过程（即组织活动）是否相匹配。供应链战略的有效实施通常都具有以下特点。

- 目标明确。

- 可执行性良好。

- 组织人事落实。

- 合理授权。

- 灵活性强。

2.将战略转化为可操作的行动

制定战略后，需进行分解，也就是按企业组织结构自上而下地对任务进行垂直分解，以及按业务流程对任务进行横向分解，将战略意图和目标落实到各职能部门及个人。

战略目标和任务分解没有统一和固定的方法，但它与因数分解原理相同，就是将项目按一定的原则分解、再分解，直到分解不下去为止。

1）任务分解6阶段

- 基于战略项目行动计划列出任务分解明细。

- 列出每个任务的负责人或部门。

- 与责任人一起复核。

- 估算每个任务所需的资源。

- 将所有信息整合到项目主计划中。

- 在战略项目实施过程中持续检查任务分解中列明的资源运用状况。

2）任务分解原则

- 确保将职责明确地赋予责任人或部门。

- 控制的粒度不能太细，否则会降低战略执行人员的积极性。

- 可以将战略实施分解为多个阶段，确定里程碑，以及每个阶段的考核标准。

- 战略管理本身也是工作任务范围的一部分，所以在项目分解时，可将其单独作为一个细目并实施管理。

- 可以将项目各个阶段中存在的一些共性工作提取出来，单独设立一个细目，例如员工培训等。

- 确保能够进行进度和成本估算。

3）确定里程碑

项目里程碑的划分通常都是围绕事件、项目活动、检查点或决策点，以及可交付成果这些概念展开的，没有统一固定的定义或模式。

管理者通常习惯使用甘特图的方式，通过活动列表和时间刻度形象地展示项目的活动顺序与持续时间，并确定关键时间节点及检查内容。运用甘特图可直观地检查、对比项目计划和实际工作进展，便利地掌握项目任务的进度，及时发现问题并予以纠偏或调整。

3.权变，顺应环境的变化

战略本身就是应对需求和环境不断变化的管理实践，唯有加强对战略执行过程的评估、控制与调整，才能适应环境变化并有效完成战略任务。

战略通常是在一定的假设环境的基础上制定的，所以在战略实施过程中，原先的假设环境随着需求和环境的变化发展产生偏离是不可避免的。战略实施过程就是解决问题的过程，所以当组织内外环境发生重大的变化时，供应链管理者就需要对原定的既定战略做出相应的调整，否则将会导致战略无法执行或失去意义，这就是战略实施的权变问题。但如若环境发生并不重要的变化时就修改原定的战略，极容易对相关参与者产生消极后果，造成人心浮动，并最终导致战略偏离方向或失去意义。当环境确实已经突发很大的变化，若不立即修改原定的战略，依然坚持执行的话，最终也将导致战略失败，因此准确衡量企业环境的变化至关重要。

在战略制定到战略实施过程中，供应链管理者随时都应准备相应的备选方案。供应链管理者应具备权变的观念，并将权变灵活运用于战略管理的全过程之中。供应链管理者需要及时鉴别战略实施中的关键变量，并运用敏感分析辅助决策。当关键变量的变化超过一定的预设范围时，原定的战略就应当调整。

4.运用戴明环推进持续改善

供应链管理者可借助戴明环将供应链战略分为四大阶段和八大步骤（见表 2-7），并按大环套小环的方式循序推进战略落地。

表 2-7　戴明环

四大阶段	八大步骤
计划（Plan）	（1）现状调查：确定存在的主要问题
	（2）原因分析：针对主要问题，找出全部的可能原因
	（3）要因确定：从上述可能的原因中确定主要原因
	（4）制定对策：针对主要原因制订措施计划
实施（Do）	（5）实施对策：实施措施计划

续表

四大阶段	八大步骤
检查（Check）	（6）检查效果：检查实施效果
行动（Act）	（7）巩固措施：对有效的措施进行标准化
	（8）遗留问题：找出还存在的问题，回到步骤（1）重新循环

5.总结与回顾

项目结束需要验收，战略实施也应如此。项目结束阶段的收尾工作和项目其他阶段的任务一样，也有助于战略落地，需要将其纳入战略计划并按计划予以落实。

战略往往是一项长期的工作，但可按一个个逐层分解的项目进行分项核查验收。项目结束阶段是与利益相关者进行沟通的良好时机，同时也是收集、整理、保存记录的好时机。项目结束阶段提供的数据越真实、越准确，越能客观评价战略的成果和有效性，总结出的经验教训才有更大的借鉴价值和意义。

美国供应管理协会总结的变革失败的主要缘由，可供供应链管理者借鉴并引以为戒。

●管理层没有做到言行一致。

●没有一个有效系统来评估变革，以及变革所要实现的目标。

●在薪酬、绩效评估、信息方面，或在组织体系上没有进行相应改变。

●变革时间表不切实际。

●认为通过培训就可实现变革所需要的一切。

●缺乏沟通的一致性。

第 3 章

组织结构规划与重组

早在 19 世纪 60 年代，著名管理学家钱德勒就提出了"企业战略和组织结构关系"的观点：企业环境决定企业战略，组织结构需要适配企业战略，即组织结构应该随着组织战略的转变而转变。当组织战略调整为"供应链重点发展战略"时，组织必须重新审视原有的组织结构、职能划分和岗位设置等是否仍适应并支持这一新战略的实施。因为组织结构在经营活动中起着非常重要的作用，包括促进高效地决策与执行，保证内部沟通顺畅和有效等；此外，组织结构也在一定程度上决定了员工的绩效考核机制，为组织有效达成目标奠定了基础。

本章将重点介绍，当组织重组（如收购和兼并、剥离和外包）时，供应链管理者可以运用丰富的供应市场经验和资源，在重组的供应链风险分析、项目估值、供应链整合等方面发挥更大的价值。

本章目标

1. 掌握常见的供应链组织形式及其适用性。

2. 掌握供应链组织的职能划分、岗位设置及相应职责。

3. 了解供应链管理在组织重组的各个阶段的价值，以及如何进行风险管理。

|第 1 节| 供应链组织规划

为了有效组织人员、激励人员，促使人员发挥最大价值，供应链管理者需要从长远角度出发，按照组织战略及供应链战略的要求来规划供应链组织，包括理顺组织架构、创新组织形式、划分组织职能、界定相应的岗位及职责。

根据 2017 年《国务院办公厅关于积极推进供应链创新与应用的指导意见》（国发办〔2017〕84 号），供应链的定义是：供应链是以客户需求为导向，以提高质量和效率为目标，以整合资源为手段，实现产品设计、采购、生产、销售、服务等全过程高效协同的组织形态。该定义强调了供应链的组织形式要以横穿各职能部门的价值流和商流为线索来进行设计，形成跨越职能的协同机制来服务客户。

这种 "横向" 跨越职能的供应链组织形式与"纵向"深入的职能型组织形式不同，但两者相互补充。"纵向"职能型组织形式是指相同的专业和职能被归到同一部门，便于部门内部的专业发展。但随着组织经营规模和领域的不断扩大，各部门可能会更注重本部门利益而忽略客户需求，容易出现"部门墙"而影响部门间的交流。因此，组织非常需要"横向"协同工作机制来靠近和快速响应客户需求，并延伸到上、下游组织范围，从而提高整体供应链的效率和效益。因此，"横向"跨越职能的供应链组织形式应运而生。

然而回顾供应链的发展历史，从"纵向"发展到"横向"并非是一蹴而就的，这通常与适应环境的进化过程、认知的觉悟过程相关，是一个持续演进的过程，并在过程中扩大了供应链管理的职能范围，其影响力也得到了提升。

1. 供应链管理职能划分

下面参考供应链运作参考模型（见图 3-1）来界定供应链管理的职能。SCOR 模型是国际供应链管理协会（ASCM，由美国运营管理协会 APICS 和早期的供应链协会 SCC 合并而成）的供应链运作参考模型（Supply Chain Operations Reference）。SCOR 模型作为供应链管理的跨行业标准诊断工具，包含计划、采购、生产、配送、退货和赋能六大业务流程活动。其中，关于供应链的跨度包括以下 3 个方面（出自国际供应链管理协会）。

● 所有的客户交互：以结算发票的输入订单为依据。
● 所有实物的交易：从供应商的供应商到客户的客户，包括设备、供应品、备件、大宗产品、软件等。

●所有市场互动：从对总需求的理解到每笔订单的完成。

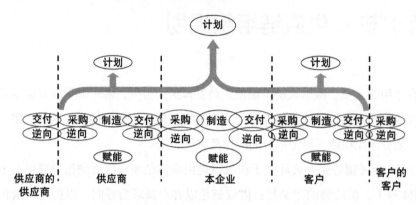

图 3-1　供应链运作参考模型（出自 SCOR 模型 V.12）

因此，供应链管理职能的范围应该覆盖并贯穿"端到端"五大业务流程，常见的供应链管理职能通常包含采购、采购订单管理、计划、物流这几项内容。

除了以上常见的供应链管理职能外，也有一些组织增加了采购项目管理、流程与内审、生产运营、客户订单管理与售后服务这几项职能，如表 3-1 所示。

表 3-1　供应链管理职能划分

职能分类		职能细类
常见的 供应链管理职能	采购	直接采购
		间接采购
		供应商管理与开发
		供应商质量管理
	采购订单管理	采购订单执行与管理
	计划	需求计划
		供应计划
	物流	仓储
		运输
		进出口
其他 供应链管理职能	采购项目管理	
	流程与内审	
	生产运营	
	客户订单管理与售后服务	

1）常见的供应链管理职能

（1）采购

采购团队在供应链战略及各项策略的指导下，与利益相关者协同工作，明确当前和未来需要购买哪些资源、使用哪些供应商等，并推动供应商的选择。通常来说，采购具体包括直接采购、间接采购、供应商管理与开发、供应商质量管理这几项职能。

●直接采购。直接采购是指购买直接物料或服务的采购活动，以购买生产性材料为主要内容，包括原材料、半成品和产品包装材料等。

●间接采购。间接采购是指支持产品生产及销售，以及维持企业正常运营的物料或服务的购买，主要包括维持企业生产活动持续运行的维护、修理、装配等间接物料及维持企业运作所需的行政性日用品的购买。间接采购也可以理解成企业从外部采购获得的、但不直接包含在交付给最终客户的产品或服务中的产品或服务。随着供应链管理职责范围的不断扩展，采购的影响力逐步扩展到更多的间接采购领域，如与营销相关的广告、媒体服务，与信息化相关的信息与通信科技和咨询服务等。众多知名跨国组织已将所有支出纳入采购的职能范围，如表3-2所示。

表3-2 间接采购包含的内容及分类的范例（以某企业为例）

大类	中类	小类	间接采购包含的内容
产品	资本品及维护	设备/仪器/其他固定资产	设备类：生产设备、设施（如风机）、仓储及运输设备（如电动地牛、叉车）等，含维护/维修 大型仪器类：生产或实验用大型仪器等，含维护/维修 办公设备：复印机/打印机、碎纸机、保险箱、小型电器（如饮水机、加湿器）等不含信息产品的设备，含维护/维修 办公家具：办公桌椅、文件柜、屏风等，含维护/维修 信息化硬件类：计算机、笔记本电脑、交换机、服务器等，含信息产品和送外维修 办公车辆：办公车辆，含车辆保养和维修
			土地、厂房、仓库、办公场地等资产的购置
			专利、商标、研发或实验成果的购置
		备品/备件	工艺装备：磨具配件、夹具配件、工位器具、工具道具、维修配件等 生产辅料：化学品、生产易耗品，以及加工用的刀具、研磨材料、油漆、电料、过滤换热器材、大/小五金件、工控产品、硅胶制品等消耗品

大类	中类	小类	间接采购包含的内容
产品	资本品及维护	备品/备件	器材/器具/工具：消防器材、计量器具、钻头、扳手、量具、工具车、仓储用品等
	经营消耗	实验耗材	对照品、一般化学试剂、玻璃器具等
		资源消耗	煤、水、电、气等
		信息化相关消耗品	硒鼓、墨盒、网线、内存、硬盘、鼠标、键盘、水晶头等
		办公文具和用品、印刷品、标识牌	通常指低值易耗类办公文具和用品；各类印刷表单、卡片等；标识牌、门牌、幅标等
		综合杂品、劳保/防护用品	综合杂品：各类日用杂品，如消毒剂、小型塑料制品等 劳保用品：口罩、手套、耳塞、眼镜、无尘擦拭布、白环方巾等 防护用品：防毒面具、呼吸器、滤盒、危险物品存放柜（罐）等
		防汛物资	用于防汛的沙子、麻袋、铁锹等
		市场宣传及促销品	市场营销的促销品/礼品/宣传品
服务	工程相关	大型工程服务	土建工程：楼梯建造、修葺、拆改 园林绿化：园林草坪铺设、绿植栽种 安装工程：大型机电安装、管路连接
		小型维修	电机维修、小型工程改造、小型机电安装等
	运输/仓储服务	第三方仓储服务/承运商	
	其他	检测/验证/评价等服务	如外部检测、仪器校正、结果或成果鉴定/验证、环境评价报告、节能报告、可研报告等
		营销/广告/媒体服务	广告和媒体服务、文化传播服务、活动策划服务等
		信息化相关服务	软件及升级、日常维护和保养等；技术服务，包括数字信号处理、开源的语言服务器协定、数据处理系统、驾驶员监控系统等
		咨询/专家评审服务	税务咨询、审计服务、专家评审、设计服务、方案咨询、法务服务、专利/商标/项目等申请服务，以及其他咨询服务
		物业/置业服务	第三方物业服务，保安、食堂等服务
		人力资源服务	招聘/猎头服务、临时工招聘、人力资源外包服务、外部培训、体检、保险

大类	中类	小类	间接采购包含的内容
服务	其他	一般外包服务	清洁服务、防虫害服务等
		研发／技术服务	新工艺开发、新产品开发等
租用／租赁	土地、厂房、办公场所等的租用		
	生产及非生产设备／仪器等的租用和租赁		
	物业用品（如花卉）、办公家具、会议用品等的租用		

●供应商管理与开发。供应商管理主要包括供应商的评估与准入、供应商交付过程中的变更管理、与供应商可能发生的冲突管理，以及供应商的交付绩效管理、供应商分级和优化管理；供应商开发包括对现有和潜在供应商提供技术和财政支持，以提高其供货质量和／或交付能力（出自 APICS 术语第 6 版），通常还包含供应商辅导。

●供应商质量管理。供应商质量管理包括供应商提供产品的日常质量问题的解决与管理，对供应商开展各类评审、检查工作，协助供应商进行新产品开发。

（2）采购订单管理

采购订单管理是采购合同或订单签订后的系列跟踪、交付保障工作，包括按需下达（或分批发送）采购订单、监督与催单、货物接收、支付供应商的货款等工作。

（3）计划

计划的基本职能是整合客户的需求，优化供应和制造，从而有效实现计划，这里的计划包括需求计划、供应计划两部分。供应链管理者需要将预测和专业经验结合起来预估供应链各个环节的需求并制订补货计划。为此，供应链管理者需要与组织内外多个相关利益者进行沟通与协作，并给予答复和承诺。供应计划包括综合生产计划、主生产计划、物料需求计划、销售与运营计划、发运计划几部分。

（4）物流

物流职能包括仓储、运输及进出口 3 个部分。仓储职能主要包括仓库选址规划，以及出入库、分拣、盘点、理货等日常仓储职能；运输职能主要包括运输与线路规划，以及运输车辆调度、车辆管理、人员管理等内容；进出口职能针对有进出口业务的组织，主要包括进出口清关、许可证等证书的办理、国际单据及配载等职能。

2）其他常见的供应链管理职能

（1）采购项目管理

组织在开展新产品开发、新产品线建设等需要综合技能的活动时，通常采用项目管理的方式进行组织。在组建项目团队时，供应链管理人员常常是成员之一，或是项目负责人，为团队提供供应市场知识和经验。

（2）流程与内审

流程与内审职能主要包括对内部流程和管理体系的执行情况进行检查，并指出其中的问题、提出改进建议。流程与内审负责人往往还是流程和管理体系建设的骨干。

（3）生产运营

生产运营职能主要包括日常生产计划的跟进、过程监督、资源协调及工艺管理等职能，以及对新产品的制造可行性和质量控制进行分析，以确保研发成果能够顺利地实现产业化。

（4）客户订单管理与售后服务

客户订单管理与售后服务职能主要包括销售订单的跟踪管理和售后服务，并及时将市场和客户的需求信息、备件需求、技术支持等问题共享给研发、生产、供应链、品牌等部门，以便组织掌握、应对客户的需求／服务的变化，共同提高供应链的效率。

2. 常见的供应链组织形式

组织形式，或称组织架构／组织结构，通常是指为了实现组织目标，经过组织设计形成的内部各部门、各层级之间固定的排列方式，即组织内部的构成方式。一个正式的组织形式通常有着明确的授权。

常见的供应链组织形式可以从 3 个角度进行分类：组织结构的职能影响，产品／品牌、地理位置、采购品类、项目角度，以及组织结构的类型及含义。

1）从组织结构的职能影响角度划分

供应链组织能够管理或控制的组织支出的比例多少，是集中化程度的表现。这种"集中"是指决策权的集中，而该组织内的员工并不一定都处于同一个办公地点或地理位置。根据该决策权集中的程度，供应链的组织形式可分为 3 种：集中型、分散型、混合型。

（1）集中型

集中型供应链组织（见图 3-2）将供应链管理的决策职权和责任统一集中在中央组织。然而，供应链管理的每一项职能都各有特点和目标，有的适合集权管理，但有的更适合分权或混合管理。

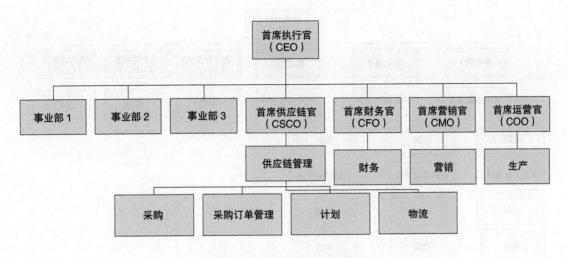

图 3-2　集中型供应链组织

　　采购职能通常适合集权管理。集中采购是一种组织策略和组织结构，其中大多数与供应相关的功能和决策的权限和职责都分配给中央组织。其优势是：能够集中组织整体需求并形成杠杆效应，获得更低的价格、更好的服务，减少供应商的销售费用；统一与供应商沟通，更清晰和高效；有利于集中管理和控制，提高人员的专业水平；可能成为从事务性职能向战略性职能转变的好机会。其劣势是：不适合复杂的多地区的组织或者生产的产品迥异的情况，因为集中决策反而可能使灵活性降低。

　　采购订单管理职能、计划职能通常是不适合集权管理的，需要灵活地贴近和快速响应一线的实际情况。

　　物流职能可以采取集权管理方式来提高流程和作业的标准化水平，发挥资源整合优势和提高资源利用率；也可以采取分权管理的方式以增加管理的灵活性和及时响应性，从而适应各事业部和口岸的广泛分布；或者采取混合管理方式以扬长避短；甚至可以将物流职能集中后进行外包。

　　（2）分散型

　　分散型供应链是指划分不同的区域及产品线的各事业部，完全授权其管理的供应链。其中的分权式即分散型，分散型供应链组织如图 3-3 所示。

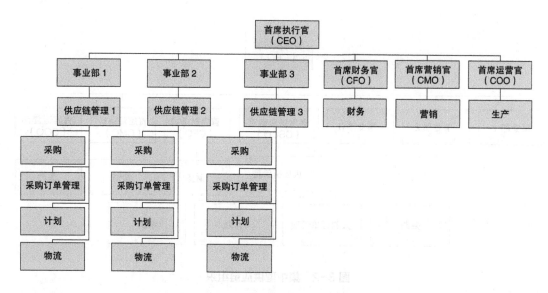

图3-3　分散型供应链组织

以供应链管理中的采购职能为例，分散型采购鼓励事业部自主决策，使事业部有一定的灵活性，能更好地理解内部客户需求和快速响应，并能有效地利用好当地供应商。分散型采购虽然优化了个体地区层面，但是很难全面利用整体的规模效应，从而削弱了面对供应商时的话语权；同时重复性工作较多、信息分散且很难共享，从而产生了更高的成本。通常来说，分散型供应链适合高度独立运营的多职能组织、复杂的分布于多地区的企业，或者生产的产品迥异等情况。

采购订单管理职能、计划职能通常比较适合这种分散型管理。

对于供应链管理者来说，如何克服分散型的不足，力争实现合并杠杆效应是最关键的。例如，通过尝试临时的项目小组形式来对支出进行合并分析和运作，或者争取建立新的流程、政策来促进合并，从而在组织决策分散的情况下，也能在供应市场上获得话语权。

（3）混合型

混合型是集中型与分散型的组合，在实际中更为常见。根据ISM术语表第6版，其定义是：混合型供应链组织在中央供应链管理部门与事业部、部门或工厂之间共享采购管理的权利和责任。供应链管理人员受集团总部和事业部双重领导。这种混合型供应链到底更倾向于集权还是分权，取决于决策权的划分方式。

以供应链管理职能的采购职能为例，混合型采购组织首先要确定供应链组织方式。混合型供应链通常有两种组织方式：中心战略主导式和中心网络主导式。

●中心战略主导式：这是一种相对集权化的组织方式。集团总部负责采购战略、政策的制定，以及人员培训及绩效管理；同时，还设置一些集权化的商品经理，使其负责整个组织内特定货物与服务的采购，以发挥专业性及合并杠杆规模效应。各事业部采购人员的主要领导是集团总部的采购中心领导（“实线”汇报），次要领导是事业部领导（“虚线”汇报）。

●中心网络主导式：这是一种相对分权化的组织方式。集团总部制定总体采购政策与标准，并协调分散在各事业部的采购人员。各事业部采购人员的主要领导是事业部领导（“实线”汇报），次要领导是集团总部的小型采购中心领导（“虚线”汇报）。由于集团总部处于次要领导地位，需要与各事业部的采购人员进行积极而紧密的沟通与协调，以便贴近需求一线并迅速做出反应，但这种次要领导地位不利于专业发展和形成杠杆效应，并有可能失去控制，因此集团总部需要不断给各事业部采购人员赋能，以推动各项协作活动顺利进行。

很明显，混合型采购组织本身是一种二维矩阵式结构，在集团总部和各事业部都有人员设置，形成了人员与岗位的重叠，并可能出现重视“实线”汇报、轻视“虚线”汇报的情况。那么，供应链管理者就需要进一步进行组织形式设计，以便将混合型供应链的优势充分发挥出来，具体可以借鉴如下方式。

●主导部门负责制采购：在混合型采购组织中，集团总部安排设置由商品经理组成的采购团队来主导合并品项的集中采购工作，而将采购执行工作分散到各事业部。

●成立采购委员会或商品委员会：在集团总部成立采购委员会或商品委员会（见图 3-4），该委员会由来自集团总部采购部门的商品经理组成，或者由各事业部中经验丰富、有市场影响力的商品经理来牵头组织。针对较大采购金额或通用物料，商品经理作为主买手，集中各事业部或产品线的需求来进行采购，以实现杠杆规模效应，同时还可以促进专业发展。

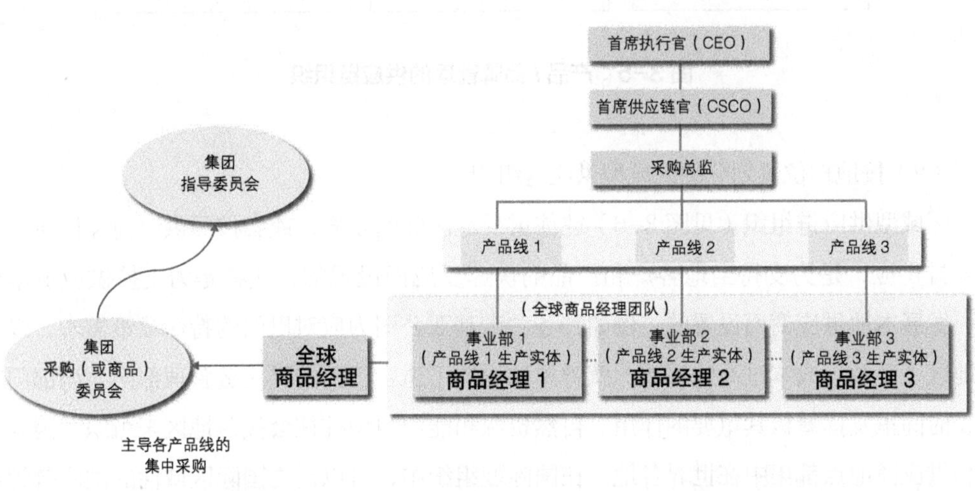

图 3-4　集团采购（或商品）委员会 / 集团指导委员会

●成立集团指导委员会：上述采购委员会或商品委员会中的主买手有可能出现协调各事业部困难且低效的情况。为此，有必要邀请集团各事业部的高层领导或者更高级的集团领导或集团内专家，组建集团指导委员会（见图3-4），来直接领导上述采购委员会或商品委员会，提升主买手的汇报级别，以支持集中采购工作的顺利进行。

●成立地区或区域性采购团队：在地区或区域范围内组建商品委员会，以便获取集中采购的杠杆效应。

2）从产品／品牌、地理位置、采购品类、项目角度划分

（1）产品／品牌管理的供应链组织

产品／品牌管理的供应链组织（见图3-5）按照组织成品角度（输出端角度）的不同产品线或品牌线来设计组织结构，成立不同的独立运营的"事业部"，并在各个事业部中都设立产品开发、供应链管理、营销等部门。其中，所设置的供应链管理部门负责支持保障所属事业部的生产和客户交付，促进产品快速上市和服务客户。针对多种产品线或品牌通用的物料，供应链管理者可以通过商品委员会这一混合型组织，来制订和实施联合战略供应计划，提升杠杆效应。这种组织类型在消费品组织中比较常见。

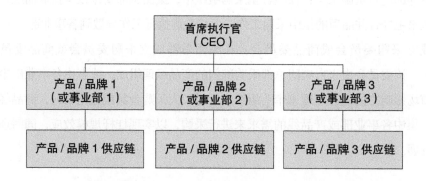

图3-5　产品／品牌管理的供应链组织

（2）按地理位置划分的区域型供应链组织

区域型供应链组织（见图3-6）往往重视地区间的差异，或者按照供应商集群所在地来安排供应，是为支持当地客户和产品的快速反应而设置的，或者是为支持供应链本地化、发展本地供应商而设置的。例如，芬兰诺基亚公司为应对巴西的特殊政策需求，以及该地区（芬兰）成本过高的挑战，就曾单独设置了适合巴西的供应链管理部门，该部门在很长时间里发挥着极其重要的作用。自然资源和能源组织往往会按照地区来组织，因为业务和供应商地点都集中在世界各地。在国际型组织中，可以设立国际区域性的供应链管理组织或办公室，以协调区域内所需物料的供应。

图 3-6 区域型供应链组织

（3）根据品类 / 大宗商品类别进行管理的供应链组织

以采购为例，大型组织通常会根据组织所需的各种大宗商品、服务或组件的类别（输入端角度）来分配人员或团队，由不同的品类经理来负责采购工作，这种组织形式可以叠加在任何其他组织形式上。在集中型组织中，品类经理往往集中在集团总部；在分散型组织中，则按照地理位置或产品线来划分。通常来说，品类经理专门从事一组类似的产品、服务或组件的采购。

一些具有高度专业性的品类（不一定大批量），需要在物品性质或者市场上具有高度专业知识，与组织的战略意图紧密相关，组织通常会安排战略采购经理来负责，例如，在购买钢材、铜材这些大宗商品时，除了商品本身的专业性，还会用到一些其他专业知识和经验，例如，采用套期保值的方式来对冲价格波动。

（4）项目型供应链组织

项目型供应链组织围绕特定的项目组建，如图 3-7 所示。为每个新项目组建一个新的、独立的项目型供应链组织，并于项目完成后将其解散，其中的人员会被分配到新项目或非项目型工作中。项目可以是供应链管理的内部项目，例如为特定产品或服务制定供应战略；也可以是外部项目，例如一项大型的工程建设，其团队中有专职的供应链管理人员。根据项目的类型、范围和时间长度，供应链管理专业人员可以作为全职或兼职的参与者被分配到项目中去。以项目为核心形式的组织，如工程和建筑公司等，通常按重大项目或合同来组建新的组织并独立运作；咨询服务业可能按照项目来组织包含咨询顾问的新公司等。其优点是能够将资源集中在特定项目上，因此决策的质量和速度都得到了提高，同时在盈利或损失方面的责任也较明确。其缺点是减少了供应杠杆和协同作用的机会，或至少是增加了其难度。

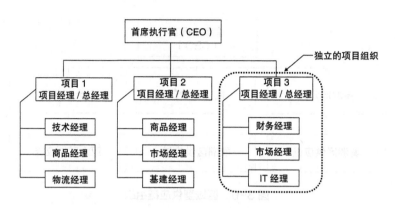

图 3-7　项目型供应链组织

3）从组织结构的类型及含义角度划分

以上是不同的供应链组织结构形式，以及如何利用组织设计来加强供应链管理的职能影响。在此，还要进一步了解通常的组织结构类型及含义，以便根据不同的行业、组织及供应链发展情况来进行阶段性的组织优化。

（1）职能型

职能型组织结构主要是按其专业知识领域划分的，通常设置营销、财务、供应链管理等部门。其优势是能有效地利用专门资源，且每个经理都是拥有少数几种技能的专家，通常最适合提供有限产品或服务的小型组织，或者处于稳定环境中、很少需要内部协调的组织。其劣势是：在大型组织中，响应时间有可能很长；可能会在产品优先级方面存在矛盾；可能分散对任务的整体责任。一般来说，当一个组织随着其在产品／服务类型方面的不断增加、地理分布上的不断扩展，组织职能很可能逐渐变得效率低下。职能型组织结构如图 3-8 所示。

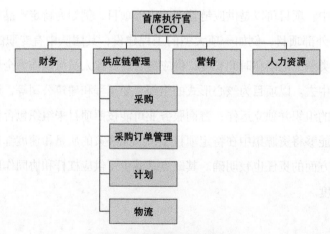

图 3-8　职能型组织结构

（2）事业部型

事业部型组织结构主要是按照业务单位进行设计的。前文提及的按照产品 / 品牌管理、地理位置、品类 / 大宗商品类别、项目设置的组织结构，都属于事业部型组织结构。

（3）矩阵型

矩阵型组织结构是职能型与事业部型组织结构的组合，如图 3-9 所示。来自不同部门的、具有类似技能的人员被集中在一起形成跨职能团队，来负责一个项目并对项目结果负责，项目的归属权属于项目经理，项目经理负责及时、成功地完成项目。因此，每个项目成员都向两个主管领导双线汇报，一个是所在部门的领导，一个是项目经理。例如，供应链管理人员可能都在供应管理部门，并向供应链管理专业人员报告，但这些人员也可能会被指派去支持不同的事业部、部门或者项目，同时也可能会向该事业部、部门或项目的经理汇报。

成功的矩阵型组织结构有助于增强组织的灵活性，促进跨职能间的协作，这是职能型组织结构难以达到的，同时也可以培养员工的技能；但它会降低员工的忠诚度，要求员工具有良好的人际沟通技巧和才能，管理成本通常也高于职能型组织结构。

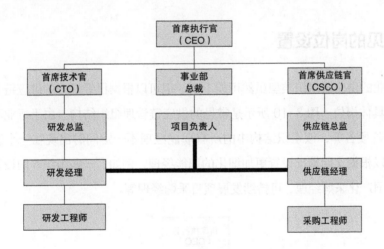

图 3-9　矩阵型组织结构

| 第 2 节 | 供应链组织的岗位设置

组织设计通常要遵循一定的原则，在进行供应链组织设计时也是如此，需要按照职责分离的原则来规划、设置各岗位及其职责。

1. 职责分离原则

职责分离原则是指不相容职责相分离，以实现合理的组织分工。例如一个公司的授权、签发、核准、执行、记录等工作，不应该由一个人担任。职责分离原则在企业的风险控制领域得到了广泛应用。

由财政部牵头制定的《企业内部控制基本规范》已于 2009 年 7 月 1 日起在上市公司范围内实施，它提出了制衡性原则，包括不相容职务分离控制、授权审批控制、预算控制、运营分析控制和绩效考评控制等；COSO（美国反虚假财务报告委员会下属发起人委员会，Committee of Sponsoring Organizations of the National Commission of Fraudulent Financial Reporting）在其颁布的《内部控制整合框架》中也提出了"相互牵制原则"。

供应链管理的组织设计和流程建立需要考虑职责分离原则。因为供应链组织的职能领域广泛，其流程涵盖供应商的供应商到客户的客户，原则上各环节的决策、执行、监督都应分离；同时，各职能部门，包括供应链管理、财务、法务、审计等相关部门应定期（每年）对职责分离情况进行审阅，并形成相应的审阅记录。

2. 常见的岗位设置

不同企业的供应链组织类型虽然可能不同，但可以根据已经划分的供应链管理职能来界定需要的具体岗位。图 3-10 所示是常见的供应链管理组织结构。由于行业不同，组织规模及发展阶段各异，该组织结构中的所有职能经理不一定同时出现在一个组织中。此外，组织可以根据实际情况设置更加细化的职能经理，例如，一些组织专门设置的供应链优化经理、国产化采购经理、可持续发展项目采购经理等。

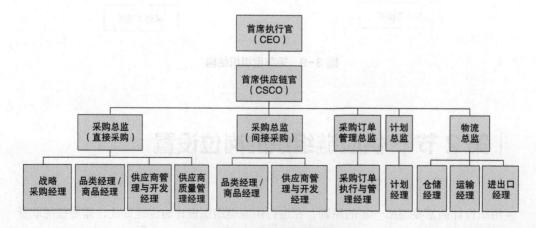

图 3-10　供应链管理组织结构

首席供应链官是供应链组织的最高领导，直接向首席执行官汇报，其下属包括采购总监两名，分别负责直接和间接采购，还包括采购订单管理总监、计划总监、物流总监。

1）采购总监（直接 / 间接采购）

以大型制造业采购部为例，它通常设置直接采购和间接采购两个部门，每个部门有一个采购总监，其下属包括品类经理 / 商品经理、供应商管理与开发经理，以及直接采购情况下的战略采购经理、供应商质量管理经理。寻源采购是这两个部门的主要工作，他们不负责采购订单的执行与跟踪工作，这主要是由职责分离的合规性要求决定的。

品类经理是在品类划分的基础上，专门从事一组类似的产品、服务或组件的采购，便于深入学习和积累经验，逐渐成长为品类专家，并可在集团范围内（可能是全球范围内）进行集中采购来获取杠杆效益。直接采购的品类包括电子元器件、化工品等；间接采购的品类包括法律服务、办公用品等。商品经理主要负责一些非关键的直接或间接物料的日常寻源采购工作，多数是一些重复性、多品种的采购工作。有些组织可能会将这些物料作为品类的一种，归属给品类经理负责。

供应商管理与开发职能的独立设置，主要是出于职责分离的合规性要求，但在一般的非大型企业，该职能有可能由供应商质量管理经理与各寻源采购经理共同承担，但同样也要符合职责分离的合规性要求。供应商管理与开发经理需要具备项目管理与控制的知识和经验，熟悉本行业的物料及产品的制造工艺和流程，熟悉质量管理体系，能够使用过程控制的要求和方式方法来建立或指导改进生产流程；当然，良好的沟通及谈判技能也是非常必要的。

供应商质量管理经理专门负责供应商的质量管理工作。这一职能可能在质量管理体系下，也可能在供应链管理体系下。供应商质量管理经理需要有组织所属行业的专业背景，熟悉组织产品及相关工艺知识，并掌握供应商质量问题的评价分析方法（如 8D、PDCA）等专业知识和能力；具备 ISO 9001、IATF 16949 等质量管理体系知识，具有质量体系审核的能力和经验；工作主动严谨，团队协作意识强，沟通能力良好，对事项优先性有合理的判断和安排。

表 3-3 所示是采购部主要岗位及其职责的参考范例。

表 3-3　采购部主要岗位及其职责的参考范例

岗位	职责描述
采购总监 （直接 / 间接 采购）	（1）按照公司战略、业务战略及供应链战略要求，制定组织的采购战略，进行采购战略实施过程中的各项决策 （2）带领采购团队，开展以"实现既定财务目标、按时和按质量要求保障供应、协助新品开发，以及保障量产供应等"为目标的各项职能活动和跨职能活动 （3）建立完善的采购规章制度和流程体系，并行使监督职责，管理采购团队，培养高素质的采购人才，建设专业的采购团队
战略采购 经理	（1）以采购品类策略为抓手，开发所负责品类的外部供应资源，监控市场趋势、竞争对手策略，优化战略采购流程 （2）与供应商就合同进行谈判，优化价格和业务条款，采用最佳实践工具和方法，准备并提出采购订单要求和订单时间表 （3）建立、管理和维护与供应商的关系，并与其保持良好的关系 （4）主导或参与各项跨职能团队活动 （5）在早期与供应商一起参与到产品开发过程中，目标是实现成本和风险的最小化，并推动标准化及模块化
品类经理 / 商品经理	（1）拓展采购渠道，确保物料 / 服务质量，缩短采购周期，通过商务谈判降低采购成本 （2）制定和实施采购品类策略，开发外部供应资源，实施整体寻源流程 （3）确保供应商在质量、成本、交付、服务等方面的供应市场竞争力 （4）管理供应商的关系，优化供应商资源；管理供应商的质量和供应能力 （5）与研发和运营部门紧密沟通，以实现新产品的成本目标 （6）与内部用户、外部客户及最终用户协作，提升影响力 如果职能扩展到全球范围，其职能更偏重管理、协调和控制： （1）制定和维护全球品类策略，以及管理供应商关系 （2）领导和带领跨职能战略管理团队 （3）谈判并签订全球协议，管理总成本 （4）管理供应商的质量和能力 （5）推动团队成员与研发部门、运营部门进行有效联系
供应商质量 管理经理	（1）建立供应商各品类质量标准，完善质量管理体系 （2）负责供应商准入的质量认证，确保引入的供应商符合业务发展的需求 （3）负责供应商制造过程的质量督导和控制，并定期收集供应商质量报告及数据 （4）负责供应商质量问题的处理，识别根本原因，辅导供应商优化改进，输出解决方案，并确保方案落地执行
供应商管理 与开发经理	（1）制定并实施供应商管理与开发策略 （2）在供应商准入阶段，组织供应商的评估与选择 （3）在供应商交付阶段，监控供应商在系列生产过程中的质量表现，支持质量部门解决供应商质量问题的措施的实施，并定期培训供应商 （4）在供应商绩效阶段，负责组织供应商的绩效考核及分级管理 （5）组建跨职能团队，开展对目标供应商的辅导与支持，以促进其改进和提升绩效

2）采购订单管理总监

采购订单管理总监需要学习并熟悉供应商的关键业务流程和项目管理技术，熟悉组织生产计划、采购计划的衔接，了解所跟踪物料或零部件的质量标准和质量闸，并具备结构化工作设计能力及良好的人际交往能力。采购订单管理总监下设相应的经理及跟单员。表 3-4 所示是采购订单管理部主要岗位及其职责的参考范例。

表 3-4　采购订单管理部主要岗位及其职责的参考范例

岗位	职责描述
采购订单管理总监	（1）按照公司战略、业务战略及供应链战略要求，并结合组织采购战略，制定采购订单分配、跟踪等采购订单管理策略和标准，进行该策略实施中的各项决策 （2）建立完善的采购订单管理规章制度和流程体系，并行使监督职责；搭建部门沟通与协作的桥梁 （3）参与供应链的交付保障体系的建设与发展
采购订单执行与管理经理	（1）进行采购订单的数量分配，并负责管理和实施采购计划，参与供应商的评估过程 （2）协调、维护与供应商的关系，特别是良好的合作伙伴关系 （3）带领团队成员做好业务全流程沟通协调工作，并配合生产用户需求，与采购团队合作，解读生产用户业务需求，组织设计系统解决方案

3）计划总监

计划总监下设计划经理，主要负责制订组织成品的需求计划及供应计划。在制订需求计划时，计划总监需要与提供需求信息的销售、市场、产品管理相关需求计划的部门代表协同工作；在制订供应计划时，需要首先根据战略业务计划的目标来制订综合生产计划，接下来制订主生产计划、物料需求计划、出厂计划等，还需要制订销售与运营计划，协调供需之间的平衡，进行把握总体物料控制。

计划总监和计划经理需要具备很好的沟通与协调能力，熟悉各产品的经营模式、各产品线的生产情况、过程控制、供应链管理和精益改善；掌握产品生命周期信息和产品销售信息；具备数据分析和预判能力，对企业资源计划（Enterprise Resource Planning，ERP）或者制造资源计划（Manufacturing Resource Planning，MRP Ⅱ）有很深的理解；理解销售预测的方法和流程、需求计划的制订流程，具备一定的项目管理技能，并对组织的营销、品牌和渠道管理等有一定程度的理解。表 3-5 所示是计划部主要岗位及其职责的参考范例。

表 3-5　计划部主要岗位及其职责的参考范例

岗位	职责描述
计划总监	（1）参与公司战略规划、业务战略规划、供应链战略规划的制定与分解，根据组织存量与潜在客户的需求及市场动态，结合公司产品布局、各产品线产能，提前做出预判、预警与调整，并进行关键活动决策 （2）建立集团需求计划和交付计划体系，制定产品计划模式，利用信息化手段保障供需平衡 （3）对总体目标和阶段目标进行滚动分析和复盘，根据目标差异推动持续改进 （4）员工培训及团队的梯队建设
计划经理	（1）制订和落实成品需求计划，促进该需求计划与需求预测偏差率的降低 （2）主导计划数据的搜集、整理、分析、总结，进行生产及物料控制（Product Material Control，PMC），提升计划合理性，提高计划效率 （3）制订和落实产品的交付计划，缩短供应周期，提高订单交付及时率 （4）制订和落实产品的生产计划，包括综合生产计划、主生产计划、交付计划和发运计划，其间要组织和实施销售与运营计划，提高各类计划的准确率 （5）制订和落实产品的物料计划，降低急单率，提高物料齐套率 （6）制订和落实库存周转控制计划，提高库存周转率，降低库存呆滞比

4）物流总监

物流总监是供应链管理组织中很重要的职位，是物流中心的带头人。物流总监不仅要制定该部门物流长、中、短期战略，还要对公司物流、供应链及物流配送进行规划与设计。

物流总监通常下设仓储经理、运输经理及进出口经理。

仓储经理需要根据组织未来数年的业务发展，在战略层面进行仓库的选择和功能定位；在日常管理方面，不断优化仓储运作管理，以及对组织的延迟、精益等战略提供支持；解决仓间利用率和作业效率之间的矛盾，提升作业时效，提升服务水平等级。为此，仓储经理需要具备仓储规划、仓储运作及协同管理能力，并熟悉行业法规要求。

运输经理需要对市场和客户要求迅速做出反应，保证运输质量，减少误差，并缩短运输时间以降低库存水平。为此，运输经理需要分析运输成本的影响因素，选择合理的运输方式，结合整体物流需求进行规划、确认，联合仓储或进出口进行协同创新；同时，还需要做好运输线路规划、车辆管理，以便充分利用运载能力，运输管理系统（Transportation Management System，TMS）可以为此提供有效的帮助。运输经理还需要具备运输规划及运作管理能力，并掌握所属行业的管制要求；需要与营销部门、生产部门、外部客户紧密沟通和配合并不断创新。

进出口经理主要负责海外供应商货物的进口物流，或组织销售成品的出口物流，需要具备一定的国际物流规划能力及运作管理能力。国际物流具有交货期长、汇率和关务等专业复杂的特点，进出口经理需要熟悉并掌握不同国家与地区的法律法规、不同的标准与文化、国际贸易惯例，以及国际单证和关务要求、航线与风险、汇率风险与国际支付等国际物流规范及关联性操作，并具备一定的实践经验。

此外，物流总监及以上各职能经理还需要协同考虑和筹划仓储、运输、进出口这3项紧密相关的职能，在日常工作中要经常沟通与协调。因此，物流总监及以上各职能经理还需要具备项目管理、数据分析及信息化处理能力、风险管控能力，并需要具备或锻炼出一定的沟通能力。当前，仓储、运输、进出口的自动化和智能化硬软件的有效应用，为物流的创新发展和更好的客户服务提供了众多机会和空间。在组织物流外包或与第三方物流合作的情况下，物流总监及以上各职能经理还需要与采购、财务等部门一起做好物流外包商或第三方物流的评估及准入、跟踪及绩效管理等工作，在这方面的技能准备也是非常有必要的。表3-6所示是物流部主要岗位及其职责的参考范例。

表 3-6　物流部主要岗位及其职责的参考范例

岗位	职责描述
物流总监	（1）按照公司战略、业务战略及供应链战略要求，制定物流战略，进行采购战略实施过程中的各项决策 （2）制定和完善部门的规章制度，规范作业标准，提高效率，降低物流成本 （3）建立和管理组织的物流管理体系，培养物流人才，建设专业的物流团队 （4）带领物流团队，开展以"实现物流运行的财务指标、安全指标、货物准确率、运输按时保量等各项绩效指标"为目标的活动和跨职能活动
仓储经理	（1）在组织供应链战略指导下，制定总体仓储规划方案，并进行执行过程中的各项关键决策 （2）建立健全组织仓储管理体系，制定合理、高效的操作流程，合理的库存政策和库存水平，规范作业标准并持续优化改进，降低成本 （3）负责仓储营运管理，加快库存周转，确保库存和出入库安全、准确，确保信息系统数据处理的准确性和可靠性 （4）配合采购、计划、质量管理、财务、运输、销售、客服等部门进行物料控制和成品发运，以及出具相应的库存总结报告 （5）参与或配合月度供应商关键绩效指标评定及费用审核并持续改进，参与各项跨职能团队活动 （6）负责部门安全管理，提高安全意识，确保仓储营运安全 （7）通过培训提升部门员工的技能，加强团队建设

岗位	职责描述
运输经理	（1）在组织供应链战略指导下，制定运输规划方案，进行执行过程中的各项关键决策 （2）制定和完善运输的规章制度，规范作业标准，提高效率，降低成本 （3）协调并确保运输现场工作的高效有序进行 （4）优化运输路线，提升运输时效，降低运输成本，以及出具相应的运输情况总结报告 （5）监控运输团队操作品质情况，实时进行奖罚及错误纠正，及时协调处理事故和差错 （6）监管承运商日常操作品质，参与月度承运商关键绩效指标评定及运费审核，审核支付给承运商的费用，确保费用符合报价标准 （7）通过培训提升部门员工的技能，加强团队建设
进出口经理	（1）在组织总体供应链战略下，制定总体进出口业务规划方案，并进行执行过程中的各项关键决策 （2）带领团队完成公司进出口项目的相关报关、配送、协调操作等工作 （3）为客户提供进出口相关法律法规、操作流程、证书申请等方面的咨询和资讯 （4）对公司进出口项目的全过程进行跟踪和控制，确保合规运营并持续改善 （5）管理提供进出口业务的服务商，协调并解决在进出口项目中出现的各种突发问题 （6）对进出口业务的数据进行统计与核对管理，做好成本控制与项目结算工作

此外，也有一些组织根据物料或成品的流向来设计物流岗位。一类是进向物流岗位，主要负责原料的物流管理，包括供应商提供的物料的物流管理；一类是出向物流岗位，主要负责成品的物流管理，包括成品向客户端发货的物流环节管理；还有一类是进出口岗位。

针对以上供应链管理中的各个岗位，通常要求所有员工在《环境、健康、安全管理责任书》中承诺各项责任和义务，确保遵守国家或地区、地方政府、组织以及 EHS［环境（Environment）、健康（Health）、安全（Safety）的缩写］法律法规和相关要求，还包括遵守所属行业规范的要求。

近年来，为了减少或避免货物的物流损失，"损失预防经理"岗位应运而生。当然，如果是第三方物流组织，岗位设置会更加细化，包括物流方案经理、航线经理、贸易与合规经理、国际货代经理、海运/空运经理、物流计划经理、仓储经理、运输经理、分拨经理、客服经理等。

3. 其他岗位设置

1）采购项目经理

采购项目经理不仅要具备采购与供应链的专业知识与经验，具备较强的沟通与协调能力，具备项目管理的知识和经验，还需要灵活应变并认真负责。采购项目经理的主要职责包括：挖掘和建议新项目，以促进整体供应链改善；在项目实施过程中发挥供应链职能专长，合理配置供应市场资源；协助管理和控制项目的进度、质量、成本。

2）流程与内审经理

流程与内审经理需要熟悉法律、法规、规章、行业规范等方面的知识，以及组织的各项政策和流程；掌握相关的标准和指南，以及综合管理体系中审核员应具备的通用知识和技能；熟练掌握流程及流程图的编制标准和工具。流程与内审经理的主要职责包括：编制内审计划，实施内审并提出纠正建议；纠正与预防措施的执行跟进；组织学习供应链管理部门的管理手册、流程文件及作业文件。

3）生产运营总监

生产运营总监需要具备多年的工厂管理经验，最好具备丰富的工程工艺部门的实际任职经验，精通精益生产、持续改善，熟练掌握各类质量控制和成本控制工具的使用，熟悉安全法律法规，并具备较强的组织指挥能力、统筹规划能力、管理能力等。生产运营总监的主要职责包括：完善生产体系的管理流程，监督并确保安全生产；按照生产质量管理规范与相关要求设置人流、物流与生产环境，保证生产正常进行；指导和协调生产过程，保证正常生产；根据生产技术革新要求，组织有效的生产技术改进团队，提高生产线的生产率和质量；主导和推动车间现场改善项目等。通常情况下，生产运营部门的岗位设置包括工艺和技术经理、设备经理、质量经理（工程师）、车间主任、项目经理（工程师）等。

4）客户订单管理与售后服务经理

客户订单管理与售后服经理是指定客户账户的单点联系人，负责管理整个订单生命周期，以确保按时处理订单；同时也是组织客户、零部件配送中心和／或制造工厂的单点联系人，以及跨职能部门处理和完成客户订单的单点联系人，在整个过程中给客户提供准确的文件和持续的沟通；在质量问题上，是客户与售后市场和／或制造地之间的联络人。因此，客户订单管理与售后服经理需要熟悉组织的政策、流程及质量管理体系，以及客户订单管理政策、程序和标准；时刻以客户为中心来建立稳固的客户关系，提供以客户为中心的解决方案。

客户订单管理与售后服务经理需要通过专门培训并具备一定的工作经验，最好具备客户管理或供应链领域的工作经验；了解组织的闭环质量管理系统，并掌握销售及客户关系技术、售后技术和培训技术；能胜任相关的经营分析工作，为各业务部门提供数据支持，包括客户细分及相应的服务方式、售后物料储备意见等。

4. 组织层级与管理幅度

组织层级是指从最高的直接领导到最低的基层工作人员之间所形成的层次。

管理幅度是指管理者能够有效指挥的下属的人数，大多数组织都倾向于设置较小的管理幅度（通常不超过6人），以便对下属保持密切管理。为快速响应市场和客户的需求，并在信息技术的支持下，组织层级正在逐渐减少，管理幅度正在逐渐扩大。

按照组织层级与管理幅度两个维度，组织结构包括以下两类。

●扁平结构指组织层级少而管理幅度大的结构。扁平结构有利于上下级之间形成密切的关系，信息纵向流动快，管理费用低，被管理者有较大的创造性、满足感，有利于选择和培训下属；但由于管理幅度较大，权力分散，不易实施严密管理，加重了对下属组织及人员的协调负担。

●直式结构具有管理严密、分工细致而明确的特点，但组织层级增多带来的问题也较多：管理人员之间的协调工作急剧增加，互相推诿的事件不断发生；管理费用增加；上下级的意见沟通和交流受阻；对下的管理变得困难；管理严密影响了下属的积极性与创造性。一般来说，为了达到有效管理，组织应尽可能地减少组织层级。

│第3节│ 组织重组——收购和兼并

收购和兼并（合称"并购"）是组织成长的手段之一。随着我国经济实力的增强和"走出去"战略、"一带一路"倡议的提出，以及一系列有利因素的促进，我国企业的并购及跨国并购如火如荼。然而相关数据显示，排除国外监管政策，在已知的并购失败原因中，整合不当占60%，估计不当占17%，战略不当占17%，其他原因占6%。也就是说，整合能力不足往往是大多数企业在国际并购时所面临的严峻挑战，甚至直接导致并购的最终失败；此外，双方在文化和制度方面存在差异，将很有可能进一步削弱并购后组织的整合能力。

一些组织在早期谈判中，可能过于相信被并购组织的数据，未能充分评估风险，为以后的并购整合增加了不少压力。通常来说，并购项目早期由财务或投资部门主导，少数高管参与。供应链管理者拥有最新、最准确的供应市场和供应商信息、相关的横纵信息网，对并购项目的前期分析、并购决策及并购后的整合、协同增值、风险规避等是非常有价值的，如果供应链管理者能在早期介入，就可以在早期发现一些本可以消减估值的供应链问题（如供应库问题、不合规行为等），避免造成并购价值的虚增，并以此为基础，在并购后的融合过程中发挥供应链整合优势，促进并购后的价值增长。

1. 供应链管理者在并购中扮演的角色

1）横向整合

横向整合是指在价值链的同一层级进行收购或兼并活动的过程，有可能产生在竞争对手之间，即同行之间的整合。其中，"收购"是指一家企业用现金、股票或者债券等支付方式购买另一家企业的股票或者资产，以获得该企业的控制权的行为，其目的是丰富产品的供应范围，并为其市场客户提供更具价值的多系列产品或服务组合；"兼并"是指通过产权的有偿转让，把其他企业并入本企业或企业集团中，使被兼并的企业失去法人资格或改变法人实体的经济行为，目的是在兼并后获得更大的市场影响力或竞争力，例如规模经济、降低成本、提高产品价值或扩大产品供应范围等。人们一般习惯把收购和兼并合称为并购，而合并是并购后的结果。

通常，两个互补的组织希望在合并之后可以增强产品的竞争力，例如微软曾收购诺基亚，使其受限的软件业务得以扩展，依托诺基亚的硬件平台扩大其服务类产品的市场；两个竞争的组织通过合并可以扩大规模从而提高市场份额，例如德国的戴姆勒 – 奔驰公司和美国的克莱斯勒公司合并后成为世界第二大汽车公司；还有一些组织希望通过并购获得知识产权，或者海外战略市场通路，例如谷歌曾通过收购获得摩托罗拉巨大的知识产权；联想集团在收购了 IBM 个人计算机业务之后，又从谷歌手中收购了其旗下的摩托罗拉，为的是打开美国和欧洲市场。

2）纵向整合

纵向整合是指一个组织在其供应链上向上游或下游扩张。收购供应商就是上游纵向整合的一个例子，下游纵向整合涉及收购分销组织或独立零售店。例如钢铁公司通过纵向整合而拥有自己的矿山和炼焦设施，戴尔收购易安信（EMC）。

然而，许多国家或地区都会有对组织并购进行控制的规定。这种控制的目的不是限制企业的绝对规模，而是保证市场的竞争性。例如，美国的联邦贸易委员会（Federal Trade Commission，FTC）或国际政府实体会审查拟议的并购案是否会改变竞争格局，如果认为其将减少或消除竞争，联邦贸易委员会可以对其追加条件，要求其剥离某些资产作为并购交易批准的前提条件。我国《反垄断法》也有类似的规定。此外，我国对外资并购境内企业或者以其他方式参与经营者集中，涉及国家安全的，除依照本法规定进行经营者集中审查外，还应当按照国家有关规定进行国家安全审查。

一般来讲，供应链管理者可以在两个阶段对企业的并购产生影响：并购前的尽职调查阶段及并购后的融合阶段。

2. 并购前的尽职调查

尽职调查是指在交易或投资决策制定前，在被并购组织的配合下，并购发起组织对被并购组织详细的财务和运营状况进行调查，包括对账务、内部及外部利益相关者、供应商和客户等的调查，以评估并购项目的相关风险、倾向性、潜在利益，并判断其是否符合并购发起组织的战略性长短期商业目标。一般来讲，尽职调查在双方初步达成合作意向之后进行，需要重点关注以下内容：协同效应，即预期的成本节约、收入增加、资源共享、规模效应等是否有可能实现；当前或潜在的关联公司的冲突；腐败；文化冲突；信息技术的整合。此外，并购发起组织力争发现并确定每一个供应链的制约问题，并制定解决方案。如果遇到难以解决的问题并担心可能阻碍组织的盈利增长时，并购发起组织就应该提出并购是否可行的问题。尽职调查主要包括以下 3 个部分。

首先是确定调查内容，包括当前的供应链战略、供应商的战略潜力；当前合同情况，包括具体条款、条件和期限等，主要供应商的财务状况；供应商的管理和评估系统，供应商关系管理情况；供应商的可持续性、可获得性、波动性等。

其次是具体分析，包括：供应商产品或服务的外部环境分析，如市场需求、竞争对手、市场份额、市场增长趋势、监管问题以及法律和政治环境；供应商产品或服务的内部环境分析，如产品线、客户群、制造系统和流程、分销系统、技术人才、质量系统和认证；关键指标分析，如利润率和增长率、盈亏平衡点，流动比率、库存、长期负债、债务比率和净值、销售历史和销售增长率，以及此类增长率的可持续性，通过分析关键指标可确定组织的财务实力和状况；竞争市场分析，如关键竞争优势、市场细分、促销、客户群等。

最后是针对存在的相关制约问题制定解决方案。

3. 并购后的融合——供应链融合的 7 个关键维度

并购后供应链融合的重心包括以下 7 个关键维度。

1）供应链资源整合

当供应链存在资源稀缺问题时，并购双方容易产生资源分配的不同意见。并购后的资源重组应该列为组织的重要整合项目之一，否则会引起供应链矛盾与冲突。

2）供应链战略整合

在并购之后，只有双方各自的战略能够有效协同并产生新的有效战略，才会产生真正的协同效应，从而降低产生供应链冲突的可能性。

3）供应链运营整合

并购双方可能都有其独特的供应链运营方式、偏好与权利，因此需要在并购后进行运营整合。供应链运营整合包括明确运营关系及整合范围，整合双方重叠的职能，以实现协同效益。

4）供应链成员管理整合

客户和供应商的整合极为重要。在客户整合方面，目标是给客户带来更好的体验和满意度。因此，在并购整合时要密切照顾客户，传递正面信息，让客户理解整合的意图及好处，让客户相信整合会让双方成为最佳的合作伙伴。同样，在供应商整合方面，要消除供应商由于合并所带来的紧张感，使其理解合并会使组织的前景更加光明，以更加紧密地进行合作。

5）供应链结构整合

在并购后，当供应链成员因为不信任彼此以及对各自角色难以达成协议时，就必须对供应链结构进行整合，并确定双方的权利关系以明确权利范围，使组织背后的运营逻辑明确化，以实现管理协同和运营协同的效果。

6）供应链人力资源整合

人员流失所造成的影响往往会使并购的预期效果缩水，重要人才的流失会让组织的运营能力下降、竞争力下降。在并购后的整合阶段，组织要加强对人员的安抚，以消除其对可能被替代或利益受损的顾虑，以便促进创新，创造出更好的服务与产品。人才流失是众多企业并购案例高发的问题。

7）供应链文化整合

每一个组织的供应链都有不同的价值观和企业文化，并购后，如果企业文化的差距过大，很容易形成沟通上的障碍。因此在并购后，组织应该努力消除文化上的差异，以使彼此的作风和行为方式一致，减少不必要的内部损耗。

4. 并购中的供应链风险管理

并购中的供应链风险管理可以从以下几方面着手。

1）并购前的风险管理

分析并购活动是否存在一些供应链制约问题和风险，并制定解决方案，它们可能消减并购的估值、影响并购后的协同效应。这一过程在尽职调查时完成。

2）并购前的资产和价值风险评估

（1）合同事项

●同意转让：指在双方意见达成一致的情况下，以书面形式把某些权利或事物转让给特定的一方，即签订"合同转让协议"。需要同法律部门一起检查合同是否有限制（限制权益转让），以及相关风险的程度，判断其是否会导致合同失效。另外，了解被并购组织的供应商网络也是合同管理的重要环节，要确保在并购后其能够保障供应。在国际并购情况下，要咨询了解当地的法律法规。

●保密性：获取机密资料是了解被并购组织业务及进行估值的必要流程，为此双方要签订保密协议，严守秘密。

●尽职调查流程：尽职调查小组需与法律部门一起对合同相关的风险进行评估，如知识产权、专利、品牌，以及对供应商网络现有合同风险进行评估。

●现有的合同义务：并购容易使被并购组织及其供应商产生一种不安感，从而影响采购与供应工作绩效。供应链管理者必须审查所有合同的义务并制订应急计划，以确保采购组织在整个尽职调查过程中的供应。组织应向供应商签署一份声明，表明所有未履行的合同都将得到全部兑现。此外，组织还要明确哪些流程、哪些供应商和采购品类等可以聚类与合并，从而实现协同并降本。

●保护供应能力：需要确保一些关键合同和协议的可持续性。组织需要与法律部门合作，逐条审核合同条款，判断是否存在限制性条款，是否存在对所有权进行变更或与新的所有者进行业务往来的限制。此外，如果存在相同合同、不同条款的情况，组织需要将其合并以充分利用两者的优势。

●财务评估：指评估一些关键指标，包括利润水平、利润率、流动比率、库存统计、长期负债、负债率和净值等，审查被并购组织的财务实力和状况；同时，应分析历史销售量和销售增长率，以及这种增长率的可持续性。

（2）管理复杂性

并购后的组织可能会增加新的管理技能及新的复杂组织，或因此介入不同行业、不同类型业务，并面对组织规模或地域文化等的差异，其管理具有复杂性，此时需要用不同的管理风格来应对，或允许其短期保持独立。

（3）责任敞口

责任指并购发起组织在法律上具有的约束和义务，且它会对被并购组织产生连带负责，包括资产的使用、源头及有害物质情况等。在收购破产或濒临破产的组织时，供应链管理者需要帮助其制定索赔方案，保证其在破产期间继续供货、在破产后与供应商继续合作，还要尽量减少债务敞口。同时，供应链管理者还必须评估其现有供应合同和服务合同（特别是长期合同）中是否有不利条款，并设法以最低成本终止合同。

（4）全球经济考量

如果是跨国并购，供应链管理者需要从全球经济的角度进行供应链方面的相关风险评估，包括供应网络能否支持新的全球市场的需求，供应库是否具有竞争性；文化和地域差异的风险；物流、贸易和关税壁垒方面的影响；汇率风险、当地法律法规和知识产权政策等。

（5）对组织结构的影响

在并购过程中，组织会在资产、运营和人员方面产生重复和冗余。组织可能会出现总部搬迁、资产出售和裁员的情况，要谨慎处理，这也是并购成功与否的关键所在。

（6）对估值的影响

以上所有问题都会影响对被并购组织的估值。供应链管理者的早期参与和对潜在风险的规避，会为并购活动带来很大的价值。

3）并购后活动

（1）对供应库的影响和保护供应能力

在并购后，并购发起组织与被并购组织存在两套供应库，需要通过支出管理来整合，寻求杠杆机会来降低成本。如果两个组织业务领域相同或相似，并且供应商也相同或相似，则合并支出的杠杆机会和成本降低的空间都是巨大的；但如若不然，一般只能针对运营类品项或项目进行整合，如耗材和服务等。因此，情况不同，则整合的难度不同、持续时间不同，供应链管理者需要制订优先级计划来实施。优先级设定框架如图 3-11 所示。

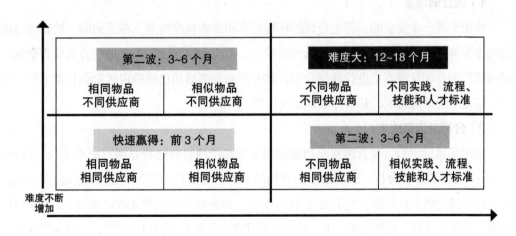

图 3-11 优先级设定框架（Rogers，2010，出自 CPSM M3）

（2）对信息系统和技术的影响

两个组织一般不会拥有相同的信息系统，并购发起组织需要在并购交易结束前制订初步的整合计划。然而，实践表明，这是一个漫长而痛苦的过程，不可操之过急。针对专门或专有技术，必须事先达成协议以保留和保护这项技术以及相应的关键人才。

（3）供应链的整合

在并购后，组织需要合并供应商和供应链以发挥杠杆作用，寻找优化供应库的机会。组织应关注关键的经营业务，并从3个方面考虑：统一采购价格，即根据最低采购价格进行供应商谈判；发挥规模效应，获取更大的价格优势或更好的合同条款；找到双方供应链管理的最佳实践，取长补短，这是合并后最大的机会，例如计算机巨头康柏和惠普合并时，最为迫切的就是将双方原有的最佳实践方法引入新的供应组织中。

为确保并购后融合的顺利进行，组织的首席执行官应该与首席供应链官共同制订供应链合并的预案计划。

5. 案例：微软收购诺基亚手机业务

微软曾宣布以37.9亿欧元（约合50亿美元）的价格收购诺基亚旗下的大部分手机业务。并购一开始，微软即聘请了埃森哲咨询公司协助其供应链整合的工作，并从微软和诺基亚的供应链管理部门分别任命数十名管理人员，成立了整合项目小组，从采购、流程、沟通等方面进行了详细的规划与执行，并采取了一系列的方法获取并购所带来的供应链收益。

1）设立清洁室

首先安排一个安全的、完全合规的环境分享和审查机密信息。在此期间，埃森哲咨询公司作为第三方顾问与两家公司精选的决策者，以充分遵守反垄断法规的方式检查数据。埃森哲咨询公司从根本上进行详细分析，其开展的重要活动包括确定风险和长期节约的机会，构建新的采购组织，并制订系统集成计划。

2）分析总拥有成本

设定了目标之后，整合项目小组需要对关键高价值材料进行总拥有成本（Total Cost Ownership，TCO）分析。这有助于为并购结束时将要发生的谈判（主要是供应商合同讨论）打下坚实的数据基础。为了完成TCO分析，整合项目小组要先收集项目/组件/材料数据并将其合并到"数据仓库"中，然后分析并确定合并的"保留机会"，包括主供应商参考、合同开始和终止日期、关键供应商参考，以及可以影响未来讨论的循环和独特的交易。

3）评估和协调两家公司的供应商合同

在保密和安全的基础上，整合项目小组对关键的合同进行收集整理。根据广泛的定性和定量标准（如供应商条款、条件和定价策略）对合同进行分析是特别重要的，因为这有助于整合项目小组发现速赢（Quick-Win）的机会。通过这些互动，整合项目小组成员能了解更多关于合同的细节，并能更好地处理对组织来说重要的合同改进。

4）识别协同杠杆并创建行动方案

整合项目小组通过识别每种产品的协同杠杆来参与实际规划，将协同杠杆视为"可捕捉"的机会。表 3-7 列出了 10 个常见的协同杠杆及其行动方案（源自埃森哲咨询公司）。

表 3-7　10 个常见的协同杠杆及其行动方案

杠杆	行动方案
供应商合理化	减少供应商数量，重新分配供应商采购量，采用电子竞标
战略供应商关系	开发共同的成本节约行动，发展关键供应商，捆绑原材料采购，评估自制或外包方案，评估纵向整合的机会
产品和流程的一致化	识别成本节约的产品设计或流程改进
物流	重新设计物流路线以节约成本，重新设计分销网络模式
需求管理	识别可能的成本节约的方法，整合物流政策，共享信息
全球采购	结合和利用双方的"低成本国家"采购经验，扩大供应库的区域范围，发展新的供应商，发掘供应不平衡的利润点
付款条款	识别双方供应商付款条款的优势，考虑延长非共有供应商的付款时间
价格折扣	决定共有供应商的最低价格，执行共有供应商的最优价格
集中采购	重新谈判共有供应商捆绑采购量之后的价格，捆绑不同产品品类的共有供应商采购量，集中跨事业部的采购量
价值工程	简化复杂产品的设计，采取标准化，减少定制化

5）流程再造

评估双方两个供应链组织的现有流程，并找出适合新组织的流程和系统图，工作重点集中在合理化的机会、潜在共有优势的发掘，以及应用双方的最佳实践等方面。

6）价值跟踪

设计一个可以跟踪并记录并购前后价值创造或成本节约的数据库。这样的工具可以帮助组织识别、量化并购前后的成本节约和价值创造，最大化并购所带来的收益。

| 第 4 节 | 组织重组——剥离与外包

组织将精力集中在发展核心技术、能够最大限度增加附加值的环节，而将自己不具备优势的业务剥离或外包出去，体现了组织在新的竞争形势下，通过不断发掘来强化自身的核心竞争力。

1. 剥离与外包概述

与并购这一组织扩展战略相反，剥离与外包是组织实现业务目标的两种收缩战略。

1）剥离

剥离指组织通过销售、清算或其他手段处置或减少资产或投资，从而达到财政或社会方面的目标。一般来讲，组织会将在战略上不再具有竞争优势和增值价值的某个特定业务或业务线进行出售，通常会出售给出价最高的投标人。被剥离的可能是组织重复或多余的产能，或与组织战略不一致的产品或服务，或过时设备，或可降低组织负债或遗留资产的成本。

剥离可能是组织自愿的，但也可能是被迫的。例如在组织并购时，美国联邦贸易委员会对并购的批准是以剥离为条件的，这便是被迫剥离。

2）外包

以下是与外包相关的一些术语（见图3-12），它们分别有着不同的定义和内涵，需要正确理解并避免产生误解和歧义。

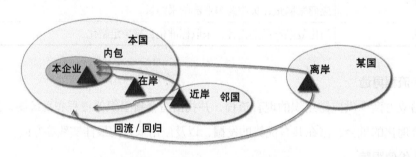

图 3-12　关于外包的几个术语图示

● 外包（Outsourcing）：组织将之前内部制造或执行的一项产品或者服务转为外部采购。外包可能需要组织寻源或者使用一个供应商来提供一项完整的产品或服务。组织通常将自己不具备优势的非核心业务进行外包，从而能够将精力集中在发展核心技术、能够最大限度增加附加值的环节。

● 内包（Insourcing）：将之前在组织外部执行的职能（外包）转回到组织内部的行为。

● 近岸（Nearshoring）：是外包的一种，业务过程会被转移到距离采购组织地理位置较近的非国内地点，是一种用邻国的人工完成工作和服务的形式，而不是做距离更远、成本更低的供应选择，也被称作近岸外包。

●离岸（Offshore）：是外包的一种，也称离岸外包，将业务流程（如生产和制造）转移到一个非国内地点的行为（在某国家的边界上或边界外）。

●在岸（Onshoring）：是外包的一种，工作和职位仍然在国内，但转移到经济性更佳的地点。

●回流 / 回归（Reshoring）：将工作和职位带回到最早存在的国家。

供应链管理者可以在外包的外部资源获取、外包商的成熟度分析方面发挥重要作用；同时，与组织自制相比较，分析外包商在规模、成本和技术等方面是否具备足够的行业优势，并管理外包过程以保障正常供应。外包决策是组织供应链战略的重要内容之一，当提出一个新战略时，供应链管理者应与主要利益相关者、董事会或管理团队，甚至是组织法人密切沟通并取得一致意见，使内外部利益相关者都能够接受。

2. 外包中的供应链风险管理

1）保障供应能力

组织在剥离 / 外包后，会使原有的材料采购合同减少或取消，这可能会使组织不被重视，或影响组织的议价能力，甚至造成违约罚款，曾经的优惠、承诺也可能变化。组织需要事先预见并认清：以前自制时的各种便利及有效性已经不存在了，并尽快启动寻源来替代，以确保剥离 / 外包后的供应能力。

（1）在外包情况下的外包商管理

●外包商选择方面：必须以尽职调查的方式选择外包商。评估指标不仅包括成本，还包括质量、可靠性、合作意愿、道德和社会责任等。

●创造关系资本：在外包供应链管理中，组织常常需要与外包商结成战略联盟，这是一种无成本获取供应链上游纵向整合优势的方法之一。

●预见监管难度并事先做准备：对于外包的监管是有难度的，例如对质量一致性的监管、社会责任的监管等；也有可能出现外包成本更高的情况，特别是近岸 / 离岸外包。因此，组织要对外包商进行绩效管理并掌握绩效控制权，还要避免外包商可能利用组织对其依赖性而大做文章，导致被"绑架"的局面。

●关于跨国与区域外包：组织需要进行全面的国家与区域分析，除了要分析劳动力和制造成本外，还要分析供应链的长度、一些低效率的流程、知识产权等法律薄弱而缺少对专利、设计的保护风险等，并需要明确总获取成本及具体细节内容。在进行跨国与区域风险评估时，组织还需要考虑以下几个典型的风险领域：能力、管理、道德和市场，以及需要特别注意的知识转移、技术转移、制造竞争者、廉价模仿可能损害声誉、优质模仿可能窃取市场份额等。

（2）在外包情况下的供应过程保障

●外包合同的签署过程要严密，并制定合规的激励和惩罚机制等，以争取与外包商持续合作并促进其绩效改进。为此，组织要建设性地处理争端。

●实现连贯而严格的绩效监管和绩效评估，并将其作为外包合同续签的重要依据。

●与外包商约定日常的定期会议、指定联络人、使用风险登记簿等。

●跨国外包时，组织需要动态监控环境，例如政治动乱、贪污引发的风险、信誉风险等。

2）影响组织估值

剥离／外包是组织的收缩战略，将导致组织的整体规模缩减。这可能会影响利益相关者对组织的评估。其评估有两种可能：估值可能会提高，因为组织用更多精力关注和发展核心竞争力了；但也可能会降低，因为针对已剥离的活动，组织必须强化供应链管理来代偿。

3. 剥离与外包的组织结构影响

1）剥离的组织结构影响

在剥离之前，组织要做好被剥离部分的职能和人员的盘点，以便支持剥离计划。组织中曾服务于被剥离部分的职能将被精简甚至取消，对于被剥离部分来说，组织需要对其进行分权管理，并隔离运行一段时间，以摆脱对其的依赖。

人员方面也有类似的情况，因为法律法规并没有强制要求人随资产走，但要求提供员工安置方案，并对非主动提出解除劳动关系的员工支付补偿金。因此，人员剥离更多地依赖于组织与员工的沟通协调、与收购方（被剥离部分的收购方）或相关其他组织的谈判及相关协议规定。

2）外包的组织结构影响

在外包后，组织将不再自行生产，将会出现组织结构和人员冗余的情况。与剥离情况相同的是，同样需要进行拟外包部分的职能和人员盘点，以及相应的人员安排。但在外包情况下，组织会设置专门的外包管理岗位或部门，并可能会委派监造人员到外包商现场进行监督检验，或者委派专业人员进行生产指导或辅导。

第 4 章

人力资源管理与
员工激励

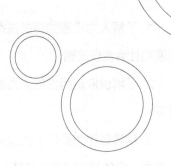

　　一个组织除了要有正确的战略、完美的组织架构，还必须要有全力以赴的员工和各个部门的相互配合，才能够创造最佳业绩。因此，组织的人力资源管理与员工激励也是非常重要的。此外，当今的人才雇佣已经越来越趋向全球化，使得企业领导者面临着全球化管理的挑战，包括人才的选拔与招募、留用与晋升、员工合同解除等政策和流程的制定，必须适应越来越开放、越来越多元化的国内和国际环境。供应链管理人员必须熟悉不同国家和地区的相关法律法规，以及道德行为准则、可持续发展和社会责任准则；同时掌握组织自身的人力资源政策和流程，并在实际工作中做到合法合规。

　　在日常管理工作中，激励有利于组织目标的实现，也有利于吸引并保留人才。然而，人才的发展不能只靠管理者单方面的行动，员工个人的意愿和对职业的规划也非常重要。供应链管理人员的职业规划，包括系统的培训规划、继任者培养规划，将促进组织培养人才、留住人才，从而为实现供应链管理及组织的目标和愿景打下坚实的基础。

本章目标

　　1. 了解人力资源的有关法律法规，供应链管理人员的行为准则，可持续发展和社会责任准则。

　　2. 了解供应链组织的人力资源管理，包括人才的选拔与招募、留用与晋升等。

　　3. 掌握各种激励理论的发展与演变，以及如何运用激励机制来激发员工的动力，促使其创造工作佳绩。

　　4. 掌握如何有效地帮助供应链管理人员进行职业发展规划与培训。

| 第 1 节 |　人力资源管理政策

1. 法律法规

合规管理是指合乎规范、合乎法律的管理，包括小到组织的合规手册、规章制度，大到地方、行业乃至国家的法律法规。每个组织都有一套人力资源管理政策和流程，供应链管理人员既要熟悉这些政策和流程，更要了解其所依据的法律法规背景，在人才选拔与招募、人才留用与晋升、员工合同解除等方面做到合法合规。当组织准备实施国际化战略时，供应链管理人员还要熟悉并遵守相关的国际管理公约，以及合作国家和地区的相关法律法规。

1）我国关于人力资源方面的主要法律法规

（1）《中华人民共和国劳动法》（2018 年）

● 促进就业

✓ 劳动者就业，不因民族、种族、性别、宗教信仰不同而受歧视。（第十二条）

✓ 妇女享有与男子平等的就业权利。（第十三条）

✓ 禁止用人单位招用未满十六周岁的未成年人。（第十五条）

● 劳动合同

✓ 劳动者有下列情形之一的，用人单位不得依据本法第二十六条、第二十七条的规定解除劳动合同：患职业病或者因工负伤并被确认丧失或者部分丧失劳动能力的；患病或者负伤，在规定的医疗期内的；女职工在孕期、产期、哺乳期内的；法律、行政法规规定的其他情形。（第二十九条）

● 劳动安全卫生

✓ 用人单位必须为劳动者提供符合国家规定的劳动安全卫生条件和必要的劳动防护用品，对从事有职业危害作业的劳动者应当定期进行健康检查。（第五十四条）

● 女职工特殊保护

✓ 对怀孕七个月以上的女职工，不得安排其延长工作时间和夜班劳动。（第六十一条）

✓ 不得安排女职工在哺乳未满一周岁的婴儿期间从事国家规定的第三级体力劳动强度的劳动和哺乳期禁忌从事的其他劳动，不得安排其延长工作时间和夜班劳动。（第六十三条）

（2）《中华人民共和国就业促进法》（2015年）

●公平就业

✓ 各民族劳动者享有平等的劳动权利。用人单位招用人员，应当依法对少数民族劳动者给予适当照顾。（第二十八条）

（3）《中华人民共和国妇女权益保障法》（2022年）

●劳动权益

✓ 实行男女同工同酬。妇女在享受福利待遇方面享有与男子平等的权利。（第四十五条）

✓ 在晋职、晋级、评聘专业技术职称和职务培训等方面，应当坚持男女平等的原则，不得歧视妇女。（第四十六条）

●人身权利

✓ 妇女的姓名权、肖像权、名誉权、荣誉权、隐私权和个人信息等人格权益受法律保护。（第二十八条）

（4）《中华人民共和国残疾人保障法》（2018年）

●总则

✓ 禁止基于残疾的歧视。禁止侮辱、侵害残疾人。禁止通过大众传播媒介或者其他方式贬低损害残疾人人格。（第三条）

●劳动就业

✓ 国家对安排残疾人就业达到、超过规定比例或者集中安排残疾人就业的用人单位和从事个体经营的残疾人，依法给予税收优惠，并在生产、经营、技术、资金、物资、场地等方面给予扶持。国家对从事个体经营的残疾人，免除行政事业性收费。……政府采购，在同等条件下应当优先购买残疾人福利性单位的产品或者服务。……（第三十六条）

✓ 国家保护残疾人福利性单位的财产所有权和经营自主权，其合法权益不受侵犯。在职工的招用、转正、晋级、职称评定、劳动报酬、生活福利、休息休假、社会保险等方面，不得歧视残疾人。残疾职工所在单位应当根据残疾职工的特点，提供适当的劳动条件和劳动保护，并根据实际需要对劳动场所、劳动设备和生活设施进行改造。（第三十八条）

（5）《中华人民共和国民法典》（2021年）

●生命权、身体权和健康权方面

✓ 违背他人意愿，以言语、文字、图像、肢体行为等方式对他人实施性骚扰的，受害人有权依法请求行为人承担民事责任。机关、企业、学校等单位应当采取合理的预防、受理投诉、调查处置等措施，防止和制止利用职权、从属关系等实施性骚扰。（第一千零一十条）

2）国际上关于人力资源方面的主要法律法规

（1）《联合国全球契约》

《联合国全球契约》是一项多国自愿发起的、致力于社会公平和可持续发展的企业的战略性政策倡议，其所倡导的 10 个原则涵盖了人权、劳工、环境、反腐败 4 个领域。

（2）《美国公民权利法》

（3）《公民权利和政治权利国际公约》

《公民权利和政治权利国际公约》是联合国制定的最重要的国际人权文书之一，1966年 12 月 16 日由联合国大会通过并开放供签署，1976 年 3 月 23 日生效，共有 53 条。该公约与《世界人权宣言》和《经济、社会及文化权利国际公约》统称为《国际人权宪章》。中国是该公约的签署国，但不是缔约国，对其中有些条款或全部组成部分持保留意见。截至 2019 年 7 月 3 日，该公约共有 74 个签署国及 173 个缔约国。

该公约的第二条规定：本公约每一缔约国承担尊重和保证在其领土内和受其管辖的一切个人享有本公约所承认的权利，不分种族、肤色、性别、语言、宗教、政治或其他见解、国籍或社会出身、财产、出生或其他身份。

2. 供应链管理人员的行为准则

供应链管理人员在采购、物流、计划等方面拥有一定的权利，组织必须制定书面的政策和程序文件来强调其职责权限和管理层级，并明确哪些行为和做法是不能被组织接受的，例如收受礼品或故意欺骗供应商等。这些文件要通过培训的方式让广大供应链管理人员熟知、理解、执行；同时，这些文件也可以消除供应商的困惑，促进组织与供应商之间的交流。

1）供应链管理人员的道德行为准则

中国物流与采购联合会发布了《采购职业人员道德行为准则》，采购职业人员的核心价值观为"忠诚，守信，自律，合规"。

2）与道德行为问题有关的法律

供应链管理人员要了解以下法律法规，因为它们会影响其道德行为。

（1）文字 / 口头诽谤

诽谤罪包括文字和口头诽谤，前提是告诉了第三方才算是发生诽谤的事实。例如，供应链管理人员在给某供应商的邮件中提及另一个组织因违反劳动法而被起诉了。如果这一情况不是事实，供应链管理人员将构成"捏造事实诽谤他人"罪。

（2）诋毁

如果供应链管理人员将供应商提供的货物错误地鉴定为假冒产品，并对外公布了这一情况，而事实并非如此，这就是一种诋毁。供应商会因受到诋毁而失去许多客户。

（3）贿赂

《中华人民共和国刑法》（2021年）第一百六十三条关于"非国家工作人员受贿罪"的规定是，"公司、企业或者其他单位的工作人员，利用职务上的便利，索取他人财物或者非法收受他人财物，为他人谋取利益，数额较大的，处三年以下有期徒刑或者拘役，并处罚金；数额巨大或者有其他严重情节的，处三年以上十年以下有期徒刑，并处罚金；数额特别巨大或者有其他特别严重情节的，处十年以上有期徒刑或者无期徒刑，并处罚金。公司、企业或者其他单位的工作人员在经济往来中，利用职务上的便利，违反国家规定，收受各种名义的回扣、手续费，归个人所有的，依照前款的规定处罚"。

非国家工作人员受贿数额在3万元以上的，应予立案追诉。

以上关于非国家工作人员受贿罪数额较大、数额巨大、数额特别巨大的处罚规定，可以参照中华人民共和国最高人民检察院和中华人民共和国公安部于2022年4月29日发布的《关于公安机关管辖的刑事案件立案追诉标准的规定（二）》。

反海外腐败是当前全球反腐败领域的热点问题，也是治理腐败的难点问题。

《联合国反腐败公约》是由联合国主导的指导国际反腐败斗争的法律文件，对预防腐败、界定腐败犯罪、反腐败国际合作、非法资产追缴等问题进行了法律上的规范。该公约在第三章"定罪和执法"的第十六条明确规定了贿赂外国公职人员或者国际公共组织官员的认定情景，指出"直接或间接向外国公职人员或者国际公共组织官员许诺给予、提议给予或者实际给予该公职人员本人或者其他人员或实体不正当好处，以使该公职人员或者该官员在执行公务时作为或者不作为，以便获得或者保留与进行国际商务有关的商业或者其他不正当好处"属于腐败犯罪行为，同时外国公职人员或者国际公共组织官员收取不正当好处也属于腐败犯罪。

（4）敲诈勒索

组织的客户、业务合作伙伴或公共权力机关可能会向组织提出不当要求，且可能在提出要求的同时发出威胁。组织员工应以最有效和最合乎道德的方式来抵制和／或应对这些不当要求。RESIST（在国际交易中抵制索要贿赂或勒索贿赂行为）作为一种培训工具，针对各种索贿情景和应对措施，为组织员工提供相应的实践指南。RESIST由国际商会、国际透明组织、联合国全球契约和世界经济论坛联合制定。

3. 可持续发展和社会责任准则

供应链管理在组织可持续发展和社会责任计划及行为的制订和实施中起着战略作用。作为其使命的一部分，组织通过制定和宣传原则，以及共享工具、信息和最佳实践，促进和推动供应链的可持续发展和社会责任达到最优。

美国供应管理协会对可持续发展的定义是：在经济、环境和社会挑战方面，在不妨碍满足后代需求的前提下，满足当前需求的能力。社会责任是企业做出的一项承诺，即以道德的方式行事，为员工、当地社区和社会创造利益、谋求福祉。

4. 道德、可持续发展和社会责任准则在实施中的关注点

1）组织政策与宣传 / 培训

组织和供应链管理部门应该在其书面文件中，明确阐述与道德、安全、环境、可持续发展和社会责任有关的组织政策和程序。尽管它在不同国家、地区、行业存在不同之处，但通常需要包含以下内容。

●与供应链管理人员相关的道德规范，如与酬金、冲突、互惠、人权、安全、环境管理和法律合规性相关的具体准则。

●文件的留存和管理政策。

●根据 ISO14001、ISO9001、ISO26000、SA8000、OHSAS18001、OSHA（职业安全与健康法）、CFSI（国会消防机构）、FSC（森林管理委员会）认证等制定的环境管理体系。

●组织架构和汇报关系。

●采购流程和权限，包括需要特别审批的交易类型。

●致力于社区理念，包括慈善目标。

●对可持续发展和社会责任承诺的指导。

2）行业行为准则

供应链管理人员需要结合行业的特定要求，形成有针对性的行为准则。为此，供应链管理人员需要学习所属行业的行业规范要求，如食品行业的 HACCP 要求、医药行业的 GMP 和 GSP 要求等。行业行为准则包括一般义务概述、对公众的义务、对客户的义务、对专业的义务、对同事的义务、对环境的义务等。

3）国际问题

供应链管理人员应熟悉《联合国全球契约》所倡导的人权、劳工、环境、反腐败领域

的 10 个原则。

4）客户驱动的需求

组织的客户对道德、可持续发展和社会责任方面的要求通常会写入合同条款，双方需遵守执行。组织同样可以要求供应商一起来遵守，促进其在全社会的践行。

|第 2 节| 人力资源管理

关于"人力资源管理"这一概念，曾有专家提出：人力资源管理是发挥员工价值的一套流程。人力资源管理包括找到适合组织的员工，然后培训员工，实现员工的留任和晋升，其目标是让这些人才拥有满意的工作、生活的同时，满足组织的多元化人力资源需求。

1. 人才选拔与招募

1）组织的人力资源政策和程序

在选择供应链管理人员时，组织需要根据人力资源政策和程序，并结合应聘者的知识背景、专业技能和素质来判断其是否能够达到岗位的要求。

2）供应链管理人员的技能组合要求

随着供应链管理职能的不断扩展，以及供应链管理及相关领域技术的飞速进步，组织对供应链管理人员的技能组合要求也在不断扩展和提升。例如，处于供应链管理战略转型阶段的组织，通常要求供应链管理人员要更加关注战略供应管理的规划，关注内部客户和高级管理层不断提升的期望；在技术方面，要求供应链管理人员要掌握更多的应用工具，包括大数据分析与决策、云计算、预测技术、物料管理中的射频识别（Radio Frequency Identification，RFID）技术、供应链管理软件、SAP 系统等。

3）职位技能要求

组织应根据当前和未来的职位要求及总体技能要求，定期评估每个职位的特定技能要求，并在差距分析的前提下，安排相应的技能培训。对于组织内部还未满足技能组合要求的人员空缺，如果通过内部招聘和跨职能团队合作仍不能满足时，就需要启动外部招聘与选拔流程。

4）招聘与选拔

通过招聘与选拔，组织有可能获得预期的有上进心和发展潜力的员工，但还要能留住这些优秀人才。在招聘中，组织通常要力争使应聘者的资质与部门的工作要求相匹配，同时还要考虑不同年代出生的人员的特点、特性，以促进团队内部成员的融合性和稳定性。

（1）招聘与选拔流程

组织需要制订一份招聘计划，包括对应聘者的知识、技能和资质要求，并遵照组织的招聘政策和流程执行。如果是外部招聘，要确定是校招还是社会招聘，并到合适的人才市场、网站、社交媒体、猎头公司等处收集应聘者信息，或者采用组织内外人员推荐的方式。当然，初级职位的招聘要相对容易得多。

常规招聘流程如下。

●确定对应聘者的知识、技能和资质要求。

●发布招聘岗位需求。

●筛选简历并核实基础信息。

●初步面试、复试、最终面试。

●推荐信核查、背景调查。

●发放录用通知。

●录用入职。

●试用，合格后转正。

组织通常需要按照顺序来进行以上招聘流程，但也会因不同情况而调整。例如增加面试次数或者缩短试用期等。

各招聘流程都有其关键步骤，具体如下。

●确定对应聘者的知识、技能和资质要求。

供应链管理人员需要在职位分析的基础上，形成职位描述文件，明确完成工作所需要的人员资格、技能等要求，主要包括以下内容：职位的一般性描述，即职位要求的概括；资质、工作地点等要求；技能和所需知识，主要包括产品或服务知识、供应管理行为准则、分析能力、计算机操作技能、关系发展能力和管理技能、国际商务技能、谈判技能、人际交往技能、应对变化的能力，以及与供应链管理各项职能相关的知识和技能。

此外，有些特定职位，例如国际寻源、进出口等岗位，还需要增加与国际贸易或国际物流等相关的技能，如语言、国际法律和国际贸易惯例与术语等；如果该职位更倾向于团队管理工作，还要增加对相应的成功实战背景的要求，以及更具概念性的战略技能要求。

●筛选简历并核实基础信息。

经过最低要求的筛选后，组织需要进一步核实应聘者提供的学位、证书、认证资格等信息，可联系其曾经所在的组织、大学，或联系相关的认证机构，或浏览相应的网站来核实。

●初步面试、复试、最终面试。

面试是组织了解应聘者、避免招聘失败及经济损失的最有效的方法。面试一般包括初步面试、复试、最终面试，并可根据情况增减面试次数。

初步面试一般由人力资源部门负责。初步面试可以采取结构化面试的方式，即根据特定职位的胜任特征要求，按照固定的程序，采用专门的题库、评价标准和评价方法，通过面试官小组与应聘者在线或面对面的语言交流等方式，来共同评价应聘者。结构化面试也可以用在复试中。

针对初步面试中的胜选者，由供应链管理部门的负责人，甚至其他部门的相关人员来分别或集中面试，从不同的专业角度来判断其与应聘岗位的匹配程度。复试可以采用结构化面试，或者基于行为的面试方法。

基于行为的面试是用来衡量应聘者的经验和行为是否符合职位要求，以及应聘者是否具有批判性思维、自我激励、求知欲强、自信，以及团队合作精神的方法。因此，组织需要特别设计一些沟通主题，例如："请讲述一段工作中成功说服他人的经历""假如面对以下情景……你会怎么做？"

面试官小组成员在面试中要多听少说，或者用开放的提问方式来鼓励应聘者多讲话，问题可涉及业务关系、项目管理、供应商关系等。例如："是否有关键物料的供应商交货延迟的情况？你是如何处理的、结果怎样？"但要注意，提问时应避免涉及与工作无关的问题，如果是国际招聘，还要遵守相关国家的法律法规。

针对复试中的胜选者，一般由供应链管理部门最高领导和人力资源部门共同进行最终面试。此时应关注职位的详细细节，以及确定应聘者是否能与团队其他成员相处融洽等有关问题。

●推荐信核查、背景调查。

组织在招聘中还常常会要求应聘者提供前任组织的推荐信，并需要对其进行核查，核查工作通常在"筛选简历并核实基础信息"阶段完成，或者在本阶段完成。此外，由于供应链管理部门的各个岗位属于组织的特殊和重要岗位，与货物资产或资金使用相关，因此组织还要在面试后对应聘者展开背景调查。

背景调查通常采用电话或书面方式，在组织与应聘者达成初步意向之后进行。一般情况下，背景调查的内容包括应聘者的工作能力、工作业绩、总体评价等基本情况，以及与同事、下级（如果有）、上级之间的关系，工作的强项与缺点，是否能承担招聘组织给予的职位等。

（2）招聘信息来源

●招聘网站、电视、广播、报纸和杂志。

● 网络平台。

● 专业协会。

● 大学就业指导中心。

● 线上、线下招聘会。

● App、公众号、同业群。

● 猎头公司，主要针对定向和高级管理人才，通常收费很高，但如果对比自行招聘所投入的时间和精力、人员周转率和工作绩效等则更划算。

● 员工推荐。

● 海外招聘，需要遵循相关的移民政策和程序。

2. 人才留用与晋升

1）人才留用

每个组织都希望员工能够继续留任，特别是优秀员工。研究表明，薪酬和福利不是留住人才的唯一因素，以下因素都很重要，因此组织需要综合考虑。

（1）认可和价值观

供应链管理人员对员工的当众称赞就是一种认可，员工会感到被重视，这有助于留住有价值的员工；还可以设置一些小型奖项，例如"月度优秀员工奖"并张榜公布、示范他人，让员工产生荣誉感；设置一些小型福利也是很有效的，例如培训机会、额外休假等。

一个组织应该拥有公平、公正的价值观，包括关爱社会、关爱环境、有社会责任感等，这样不仅可以增强其社会影响力，还可以使其备受员工青睐，从而吸引和留住人才。

（2）工作满意度

员工工作满意度的高低，不仅影响组织的业绩，还会影响组织的人才流动。弗雷德里克·赫茨伯格认为，影响员工工作满意度的因素包括物理环境因素、社会因素和个人心理因素。物理环境因素包括工作场所的条件、环境和设施等；社会因素是指员工对工作单位管理方面的态度，以及对该单位的认同和归属程度；个人心理因素则包括员工自身对本职工作意义的看法、态度，以及对上司的领导风格的感受等。

（3）薪酬和福利

合理的薪酬和福利有助于提高员工的工作满意度和留住人才。因此，许多组织都围绕员工需求，努力建立一套对内具有公平性、对外具有竞争性的薪酬和福利体系，以吸引和留住人才。

（4）社会良知和社会意识

应聘者，特别是年轻一代，往往在应聘前特别关注组织的可持续性，以及组织与社会责任相关的使命、政策、实践等情况，因为一个有社会良知和社会意识的组织更能吸引他们。

（5）职业道路与发展机会

"Y一代"通常会愿意去其他部门或领域、其他组织或行业，甚至去海外发展，以获得更多的经历和经验。有些年轻的新员工，入职之时就打定主意只留任3~4年。但如果员工认为留任是可以有职业发展和晋升机会的，其工作满意度会提高，从而会选择留任。

（6）工作与生活平衡

组织已经认识到工作与生活平衡的价值，通过提供"员工之家""弹性工作制"等来争取实现两者的平衡。

（7）工作环境

目前各种视频会议、办公软件功能非常强大，员工在家里或其他地方就可以远程完成工作。良好的工作环境将使员工感到安全和高效，可以提高员工的工作满意度。

（8）技能的发展

给予员工技能发展的机会，可以促进人才留用。例如多岗位轮换可以发展员工技能的全面性；安排各种专题培训、鼓励获取专业认证和资质、鼓励获取在职硕士学位等方式，已经成为组织吸引和留住人才的手段。

2）人才晋升

（1）标准/认证

一些权威机构的专业认证是很有价值的，许多组织以此作为人员晋升的标准或依据之一。它是引导员工的职业发展方向的途径之一，也常被认为是人员具备一定的专业能力并拥有完成工作任务所需的方法和工具的标志之一。

（2）职业发展

组织在发展过程中很难给予每个人晋升的机会，特别是当组织发展速度放缓时，人员晋升的机会就更少了，员工可能因为工作缺乏挑战性而态度消极，甚至离职。

然而，当员工没有晋升到更高职位时，并非意味着员工在本组织职业生涯的停滞，组织可以考虑采用以下更广泛的职业发展方式，它们同样充满挑战性和吸引力。例如，将员工轮换到其他职能部门，或外派到在其他地区或海外的小型事业部担任更广泛的职责，甚至主管全局，这是一种促进人才的全面性、独立性，甚至国际化的锻炼机会，在许多组织已经成为员工晋升高管的必要经历。

（3）组织内部提拔

组织内部提拔有很多优势。例如，可以促进晋升通道的顺畅性、激励员工保持高昂士气；降低培训总成本，触类旁通地用到新职位中，并减少磨合过程；如果是其他部门人员被提拔到供应链管理部门，可以带来新的视角和经验、关系资源，但他们需要学习供应链管理的相关技能。

然而，组织内部提拔也存在一些劣势。例如被提拔者的竞争者难免失落、就此消极；如果被提拔者不称职将可能引起众人不服，导致工作难以推进；可能会导致裙带关系盛行，阻碍新思维的进入，从而影响组织的创新发展，而那些裙带关系之外的潜力人员可能会就此看不到职业发展机会，甚至另谋高就，组织最终失去人才。

（4）外部招聘

通过外部招聘可直接获得熟练、成熟的供应链管理人才，可使组织增添新的血液、新的思想和观点，有利于观念更新和促进创新发展；同时，外部招聘的成本不一定高于从内部提拔或调任的成本，而且合格的候选人通常具有较短的学习曲线，能快速胜任工作。当然，如果外部招聘操作不当会增加组织成本。

（5）人员培养

针对潜力员工，组织需要通过识别"岗位－技能"差距来评估其培训需求，为其提供继续教育的选择和机会；针对高潜力管理人员，还必须培养其一般行政、管理、分析和领导技能。

人才本地化是指外地或海外事业部的本地领导人才的培养和保留，有利于充分利用本地的地域优势，还可以减少文化冲突。在培养本地人员的过程中，组织要增加人员的实战锻炼机会，如承担更具挑战性的任务、参加跨职能国际团队、外派到其他国家或地区完成任务等。

（6）继任计划

继任计划通常是指组织为获得接任关键岗位人员而制订的计划，目标是找到合适的继任者并加以培养，确保在人才流动的同时减少对企业关键岗位的影响。在此，如何定义"关键岗位"是很关键的，如何进行人才培养及确定优秀人才库也同样重要。继任计划通常是 3~5 年的长期计划，也可能是应急的短期计划，并需要组织有意识地培养人员的全面性。

（7）目标达成

在约定时期内达成组织所分解的目标，是人员晋升的考核指标之一。

（8）良好的人际关系

良好的人际关系是供应链组织高管人才需具备的要素之一。因为他们需要经常与内外部相关部门或组织建立联系、保持沟通，或者在跨职能团队中工作，所以需要具备良好的沟通与协调能力，以促进工作顺畅进行，提高工作效率。

（9）利益相关者的认可

供应链管理人员在晋升为高级管理人员时，需要取得利益相关者的认可，包括未来有接触的其他领域的高级管理人员的认可。因为其在晋升至高级管理人员后，将面临新的或更宽广的工作领域，事先征求更广泛的相关利益者的认可过程，就是一个被接受的过程，也是奠定未来积极而融洽的气氛的过程，将有利于获得更好的业绩表现。

3. 员工合同解除

解雇和裁员是员工合同解除的两种不同情况。通常情况下，解雇是基于员工不能胜任等绩效因素进行的，但裁员不是基于绩效，而是基于组织一些工作的取消和职位削减，源于组织的经营欠佳等因素进行的。

1）基于员工绩效不佳的解雇

根据《中华人民共和国劳动法》（2018年）的规定，劳动者不能胜任工作，经过培训或者调整工作岗位仍不能胜任工作的，经劳动合同当事人协商一致，劳动合同可以解除。员工的绩效表现不佳是"不能胜任工作"的情况之一，但供应链管理人员要在工作过程中做好以下工作。

（1）员工评价

供应链管理人员应该时刻了解下属员工的绩效表现情况。针对工作绩效表现不佳的员工，供应链管理人员应该及时与之沟通和了解情况，并加以引导、纠正，要让该员工意识到他需要改变。员工评价中一些必要的因素是：员工评价的绩效指标要尽可能量化，员工需要签署绩效合同并做出承诺。

（2）过程合规、公平、客观

当员工意识到了自己的工作绩效不佳时，供应链管理人员要安排必要的培训来帮助其改进，或者将其调整到适合的岗位，并给予合理的时间让其提升绩效。如果做了这一切努力后，该员工仍然不能胜任，则供应链管理人员可以考虑解除劳动合同并给予其经济补偿。当然，许多组织在以上情况下仍然不解雇员工，但为其提供再就业服务，包括技能评估、简历编辑、专业技能开发等，目的是帮助他找到新的工作。

通常情况下，组织都建立了关于员工合同解除的人力资源政策和程序，以确保其过程合规、公平、客观。对此，国际化组织要特别谨慎，要根据不同国家或地区的法律法规等来终止合同。例如美国就规定，在工会成员被解雇的情况下，被解雇的工人通常有权根据资历被优先召回；在欧洲国家，终止雇佣合同的难度很大、费用很高。因此，供应链管理人员要确保遵守既定的人力资源政策、程序、工会要求、劳动法等相关法律法规和正当程序。

（3）保持文件的一致性

基于员工绩效不佳的解雇，取证是关键。为此，供应链管理人员需要将以下过程的文件保持完整并归档：持续的员工日常绩效评价、定期绩效评价、与员工绩效有关的讨论记录、整改决议、培训及之后的绩效情况记录、解雇原因等。

（4）离职面谈

离职面谈通常由组织人力资源部门负责实施，是组织发现和分析离职人员意见的好机会，可以从中吸取经验和教训。一般来说，离职人员没有顾虑，能比在职人员提供更多客观的反馈。

2）裁员

组织的裁员不是基于绩效，而是基于组织一些工作的取消和职位削减，源于组织的经营欠佳等因素进行的。根据《中华人民共和国劳动法》（2018 年）的规定，用人单位濒临破产进行法定整顿期间或者生产经营状况发生严重困难，确需裁减人员的，应当提前三十日向工会或者全体职工说明情况，听取工会或者职工的意见，经向劳动行政部门报告后，可以裁减人员。解除劳动合同的，应当依照国家有关规定给予经济补偿。

在欧美等国家，当员工无故被解除劳动合同时，组织应该向其支付一定的遣散费。遣散费通常是基于服务年限确定的，包括一些就业安置援助。当雇员在其与组织中的岗位不再匹配的情况下被解雇时，组织通常也会为其提供遣散费，但双方需要签署一个法律上的约定，即如果雇员接受遣散费，就将失去再追索权，这样可以防止员工在未来提起非法解雇的诉讼。

| 第 3 节 | 激励理论概述

在组织管理中，管理人员要尽可能运用有限的条件最大限度地激励员工，促使员工自发、尽其所能地发挥其潜在的能力，提高员工对组织的归属感，使员工保持高昂的士气，为实现组织的目标努力奋斗。激励有利于组织目标的实现，也有利于吸引并留用人才。

在深入了解如何激励员工以前，需要了解一下主要的激励理论的发展及演变。

1. 马斯洛需求层次理论

马斯洛需求层次理论是由著名的社会心理学家马斯洛在 1943 年提出的。他把人类的需求由低到高分成如下 5 个层次。

第一个层次是生理上的需求，包括衣食住行方面的需求，是人类生存最基本、最有动力的需求。

第二个层次是安全上的需求，包括人身安全、财产安全、健康、对事故和疾病的避免的需求。

第三个层次是感情上的需求，包括友爱的需要和归属感的需要，与一个人的生理特性、生活经历、受教育程度以及宗教信仰等密切相关。

第四个层次是对尊重的需求，尊重分为内部尊重和外部尊重。

第五个层次是自我实现的需求，指一个人实现自己的理想、抱负的需求，并因此得到满足感，是一个人发挥个人潜能所能达到的最大程度。

在实际管理中需要注意：只有员工低层次的需求得到部分满足以后，其高层次的需求才有可能成为行为的重要决定因素；员工高层次的需求比低层次的需求更有价值；员工的需求结构是动态的、发展变化的。

2. 麦克利兰的成就动机理论

成就动机理论是美国学者戴维·麦克利兰（David C. McClelland）在研究人的需求和动机基础上提出来的理论，该理论将人的高层次需求归纳为对成就、权力和亲和的需求。

1）成就需求

麦克利兰研究发现，具备高成就需求的人更希望将事情做得完美，他们享受在努力获取成功的过程中克服困难、解决问题产生的乐趣，并因此获得成功之后的成就感。

2）权力需求

权力需求者渴望影响他人、控制他人，并将此作为其行动的驱动力，他们喜欢向他人发号施令，并以此获得影响力和地位。组织中的管理权力有两种：一种是个人权力；另一种是职位性权力。

3）交往需求

交往需求者通过寻求被他人接纳和喜爱而得到满足感，所以交往需求也被称为亲和需求。

成就动机理论认为，成就需求强烈的人事业心很强，喜欢那些能发挥其独立解决问题能力的环境。在管理中，只要为这类人提供合适的环境，其就会充分发挥自己的能力。

成就动机理论认为，权力需求较强的人有责任感，愿意进行竞争，并且能够胜任具有较高社会地位的工作，喜欢追求和影响别人。该理论还认为，交往需求是人们追求他人的接纳和友谊的欲望。交往需求强烈的人渴望获得他人的赞同，高度服从群体规范，忠实可靠。

3. 激励因素 – 保健因素理论

该理论由美国心理学家弗雷德里克·赫茨伯格（Fredrick Herzberg）提出，他将影响员工绩效的主要因素分为满意因素和不满意因素，即激励因素和保健因素，因此也被称作双因素理论。

●激励因素：能够使员工得到激励的因素，大都与工作内容和工作本身有关，如工作的成就感、工作成绩得到上司的认可、工作本身具有挑战性等。这些因素的改善，能够激发员工的热情和积极性。

●保健因素：员工非常不满意的原因，大都与工作环境或工作关系有关，如公司的政策、行政管理、员工与上级之间的关系、工资、工作安全、工作环境等。员工发现上述条件如果达不到其可接受的最低水平时，就会产生不满情绪；但当员工认为这些条件很好时，员工只是消除了不满，并不会产生积极的态度；同时，具备了这些条件并不能使员工受到激励。

管理者首先应该注意满足员工的保健因素，防止员工消极怠工，避免员工产生不满情绪而影响工作稳定；但同时还要注意利用激励因素，尽量使员工得到满足的机会，激发员工的工作积极性。

4. 奥尔德佛 ERG 需要理论

ERG 需要理论是美国心理学克雷顿·奥尔德弗（Clayton Alderfer）提出的由生存、相互关系和成长 3 种核心需要组成的理论。

●生存需要（Existence needs）。生存需要是指全部的生理需要和物质需要，例如衣食住行方面的需要。

●相互关系需要（Relatedness needs）。相互关系需要是指人与人之间的相互关系或称为社会关系的需要。

● 成长需要（Growth needs）。成长需要是指一种要求得到提高和发展的内在欲望。这种需要指出人不仅要求充分发挥个人潜能、有所作为和成就，而且有开发新能力的需要。

ERG 需要理论认为，各个层次的需要得到的满足越少，越为人们所渴望；较低层次的需要越是能够得到较多的满足，则较高层次的需要就越被人们所渴望；如果较高层次的需要一再受挫、得不到满足，人们会重新追求较低层次需要的满足。这一理论不仅提出了需要层次从满足到上升的趋势，而且指出了其从挫折到倒退的趋势，这对管理工作很有启发意义。

| 第 4 节 | 建立激励机制

在实际情况中，人们的工作动机可能会更加复杂。管理者需要采取更准确的行动来激励不同的员工。以下是供应链组织可以借鉴的一些激励手段。

1. 物质奖励

物质奖励可以是业绩奖金，例如销售人员的佣金提成，但大多数供应链组织并没有按成本节约的百分比设置奖金的惯例，这种情况仅对部分组织适用。

2. 非物质奖励

非物质奖励可以满足员工精神层面的需求，组织投入不大但可能效果显著，如工作安全感、认可与表扬、员工意见采纳、工作内容丰富及晋升机会。此外，人才留用、晋升、员工培训、继任计划（见本章第 5 节）也是非常有效的激励措施。

3. 文化建设

对于以交往需求为主要工作动机的员工来讲，最为有效的激励机制就是打造团队合作、平等、开放和友好的企业文化。优秀的企业文化是经过长期的经营活动形成的，是一个企业的价值观念和精神风貌，作为一种无形的力量，可以增强企业的凝聚力，提高企业内部控制的有效性。

4. 工作岗位设计

有些员工希望自己的工作是有趣的、有价值的、有挑战性的，不喜欢简单的、重复的工作，这时工作岗位和工作内容的设计就至关重要了。

5. 公平、公正、透明的业绩评估体系

一个公平、公正、透明的业绩评估体系，可以满足那些力求公平、公正，并且能够有机会为自己辩护的员工的需求。

业绩评估体系通过以下几种驱动力来强化员工激励。

● 获取。员工渴望获取稀缺物质，如金钱、商务旅行、独立的办公间、娱乐和社交的机会等，或相对比较在意自己相对于他人的报酬。供应链管理者要区别对待业绩好与不好的员工，工资与行业或竞争对手持平。

● 亲近。当亲近感被满足的时候，人们会产生积极的情绪，如爱、关心等。对组织的归属感将会强烈提升员工的动力。如果能够让员工和更大的群体联系在一起，则会让他们更加关注组织而不是本地的小集体。这也解释了为什么打破职能部门间的障碍会这么困难，因为人们很容易和自己最亲近的同事绑定在一起。因此，需要努力打破部门墙，不仅能和亲近的部门同事和谐地工作，还要能在更大的范围内和谐地工作，并分享最佳实战。

● 理解。员工期待做出有意义的贡献。当员工在工作中得到学习和成长时，员工会受到激励。因此，设立重要的岗位或职位、员工意见箱、晋升委员会等，以促进员工成长。

● 保卫。人性使然，在面对外界的威胁时，人们会希望被保护，如果这一因素得到了满足，会促使人们产生积极的情感，如安全感、表现得自信等。人们通常是不喜欢改变的，这也就是为什么在很多并购案例中，员工士气大大减弱。因此，业绩评估体系的公平、公正、透明也很重要。

以上4种驱动力因素之间是互相独立且平等的，不能互相替代或将一个凌驾于另一个之上，因此，满足一个或部分驱动力因素是不够的，在设计组织的激励机制时应该全面考虑。

6. 薪酬设计

薪酬是指员工因被雇用而获得的各种形式的经济收入、有形服务和福利。一般来说，薪酬包括基本薪酬、奖金、津贴、补贴等部分。薪酬设计是对个人劳动价值的具体体现，

合理的薪酬设计能充分调动员工的工作热情，激发其才能的发挥，使其获得满足感和荣誉感，进而更好地促进企业的发展壮大。

薪酬设计的要点在于"对内具有公平性，对外具有竞争力"。

1）薪酬设计的基本要素

（1）薪酬与战略相结合

薪酬设计必须与组织战略相结合。也就是要搞清楚以下两个问题：组织需要什么样的员工行为和技能来实现战略目标；什么样的薪酬政策和实践有助于组织获得这些能够为其实现战略目标的员工行为和技能。

（2）公平性

薪酬设计需要关注公平性，包括外部公平、内部公平、个人公平和程序公平这4个方面。

● 外部公平：指不同组织的相同职位的薪酬水平对比，是否具有公平性。

● 内部公平：指组织内部的不同职位的薪酬水平对比，是否具有公平性。

● 个人公平：指从个人的工作绩效水平来看，一位员工得到的薪酬与组织内从事相同或十分类似工作的其他职位的同事得到的薪酬相比的公平性。

● 程序公平：指员工对组织薪酬分配的决策和实施流程，是否有公平性的感知。

组织可以采用不同的方法来处理这类公平问题，如采用薪酬调查、职位分析及评价、绩效评价和奖励性薪酬、沟通交流及争议处理机制、员工参与、薪酬满意度调查等方式，确保员工对薪酬决策及实施的公平性认知。现实中不存在绝对公平的薪酬方式，只存在能让员工满意的薪酬制度。

（3）薪酬政策

薪酬政策可能会影响组织的绩效和盈利能力。其中一个关键问题是，薪酬到底是应该强调资历还是应该强调绩效。资历是一种很客观的标准，在以资历为基础的薪酬设计中，员工的资历越久，薪酬水平及所处档位越高，但每个人的加薪都是一样的，不考虑人员绩效的差异。相比之下，以绩效为基础的薪酬设计，需要区分出高绩效者和低绩效者，给高绩效者更高的薪酬以进行激励。薪酬政策需要考虑的其他内容包括加薪和晋升、加班工资、试用期工资、节假日薪酬、福利等。

对于跨国组织来说，不同国家或地区的生活成本存在差异，外派人员的薪酬政策可以以母公司的薪酬为基础来计划，或者以东道国或地区的薪酬为基础来计划，并辅以各种补贴，如生活成本补贴、住房补贴等。

在设计薪酬政策时，还要考虑不同国家或地区的相关法律法规要求，通常会涉及最低工资、最高工时、加班工资及福利、禁止歧视等方面的内容。

2）薪酬设计的步骤

薪酬设计一般要经历以下几个步骤：职位分析、职位评价、薪酬调查、薪酬定位、薪酬结构设计、薪酬体系的实施和修正。

其中，职位评价重在解决薪酬的对内公平性问题。首先通过比较组织内部各个职位的相对重要性，得出"职位等级序列"；然后通过薪酬调查来建立统一的"职位评估标准"，使不同职位之间具有可比性。为此，首先要确定与薪酬分配有关的评价要素，并给这些要素定义不同的权重和分数，最终得出"工资级别"，而不是简单地将薪酬与职务挂钩，这有助于解决管理人员与技术人员的等级差异问题。在国际上比较流行的模式有 Hay 模式和 CRG 模式。

薪酬调查重在解决薪酬的对外竞争力问题。组织在确定工资水平时，需要参考劳动力市场的工资水平。

许多跨国／地区组织在确定人员工资时，往往要综合考虑 3 个方面的因素——职位等级、个人的技能和资历、个人绩效，三者分别对应职位工资、技能工资、绩效工资。

| 第 5 节 | 职业发展规划与培训

职业发展规划与培训是组织用来帮助员工获取目前及将来工作所需的技能、知识的一种方法。供应链管理人员可以通过组织的职业发展规划与培训成为更好的供应链管理专家。

1. 员工职业发展规划

1）人才短缺

现代供应链已经正式上升为我国的国家战略，但与此同时，我国供应链管理人才供给严重不足。组织高层也日益意识到供应链管理在促进组织成功方面的重要性，期望从强大的供应链整合中获取更大的价值，人才就成为影响组织成功的关键因素。因此，组织需要精心设计供应链管理人员的职业发展路径，包括专业知识和领导才能方面的培训、职业发展道路的搭建、供应链高级管理职务的授予等。

许多世界五百强企业的 CEO，都曾经有过丰富的供应链管理经历和优秀的业绩，成为供应链管理人员不断进取的楷模。

蒂姆西·库克（Timothy Cook），苹果公司现任首席执行官。维基百科显示，库克做过多年的供应链管理工作：他在 IBM 工作 12 年，做到北美的执行总监；在英特尔做过首席运营官；在康柏电脑做过集团的物料副总裁。因此，库克是地地道道的供应链管理出身。

布莱恩·科再奇（Brian Krzanich），曾任英特尔首席执行官，从 2007 年开始负责英特尔全球的供应链管理工作，在职期间曾推动该公司停止使用冲突矿产，直到 2012 年被任命为公司首席运营官。

此外，在一些组织中，供应链高级管理人员正在崛起。越来越多的组织在其供应链管理人员身上赋予了更多的责任和更高的权力，他们的职位名称可能是首席供应链官，或者是供应链副总裁，这些头衔体现了组织对供应链管理的高度重视。

2）职业发展规划

供应链管理人员要加强基本素质和技能的提升，如项目管理、成本管理（财务知识）、风险评估、商业知识、所在行业专业技术知识、谈判技巧、供应链管理知识、人员管理技能等。在一个组织中，供应链管理部门几乎需要和公司各个部门进行沟通，这创造了供应链管理人员和各个部门学习交流的机会，经过一段时间的锻炼，他们将更能胜任跨职能任务及更具挑战性的工作，也为其日后成为高级管理人员，甚至是总经理奠定了基础。

每个人的情况不同，选择也不同。在激烈的市场竞争下，保持清醒的头脑，发展自己独特的职业道路才是关键。职业发展规划可以包括以下几个方面：要有明确的人生目标并努力追求自己所喜爱的事业，这样才会有足够的动力；要在每一个岗位上踏踏实实地做出成绩，锻炼和提高自己的能力，培养独到的、稀有的和不可被效仿的技能；要有一位合适的导师作为职业上的领路人，这是很重要的。

2. 员工能力评估

1）技能评估

所谓技能，是指运用知识和经验执行一定活动的能力，也是行为和认知活动的结合。技能评估就是确定组织内人员的现有技能的过程。在供应链组织架构确定后，就可以进入技能评估过程。那么，组织战略要求的供应链管理战略有哪些，需要涉及或考虑的先进的供应链战略有哪些，可以从以下研究报告中得到启发。

根据 2011 年 CAPS 研究报告《新经济中成功的供应管理战略》，发展中的新型采购和供应链及价值链战略如下。

● 以价值为中心的供应链战略。

● 创新战略。

- 扩展全球的供应网络战略。
- 绿色供应链战略。
- 人才管理战略。
- 风险管理战略。
- 供应链分析战略。
- 指标和测量系统战略。
- 转型与商业战略。

2）技能和差距分析

技能和差距分析是将员工当前具备的技能，即技能评估的结果与成功完成任务所需的技能进行比较，以判断员工是否能够胜任工作，并分析其中的差距。技能和差距分析还要考虑供应链管理未来的要求，前瞻性地为每一位员工制订培训和发展计划。

ISM Mastery Model（出自《供应链管理领导力与转型》，CPSM M3，第3版，ISM）是一套全面的基于卓越能力的全球供应链管理从业人员标准，与从业人员的整个职业生涯紧密相关。该模型通过16项重要能力，分别对不同职业水平的人员所需要具备的重要能力要求进行了描述，并形成了69项子能力。其中，职业水平的4个类型是基本型、经验型、领导力型和高级管理者型。以下是16项重要能力。

- 商业敏锐度：包括商业方面的洞察力和处理能力，还包括组织建设和政策制定方面的能力。
- 品类管理：通过品类管理，使财务价值和运营价值最大化。
- 企业社会责任和道德规范：要在组织的政策和流程中体现社会责任和道德规范。
- 成本和价格管理：对各项预算、实际成本和费用等支出的监督和控制。
- 财务分析：制定和执行供应链战略时，发挥财务数据对供应数据的对标和支持作用。
- 法律：通过管理和监督，确保供应链各项活动的合法合规。
- 物流管理：包括对从产品批准到最终下游网点的所有物流活动的管理。
- 谈判：计划、准备和执行谈判，获得理想的谈判结果和绩效，并提升人员的谈判能力。
- 项目管理：完成项目目标的管理过程。
- 质量管理：供应链质量体系的实施，包括质量标准、质量成本、质量影响等。
- 风险：对整体供应链的风险管理，包括风险识别、分析、评估、应对策略等。
- 销售和运营计划：以跨职能合作方式进行各项预测、计划活动。
- 寻源：通过完整的寻源流程，实现品类管理制定的目标。
- 供应商关系管理及利益相关者合作：通过相应的细分和关系策略，提高整体效率、绩效、责任、合规性和价值。

● 供应链计划：连续性的、跨越组织边界的供应链计划，旨在满足最终客户要求，能够带来长期的价值最大化。

● 系统能力和技术：对可用技术（如 SAP、采购系统、E-RFX 工具）的了解和适时应用。

3. 员工培训

1）设计和规划培训

培训计划应与组织战略和供应链管理战略保持一致，并考虑当前和未来的技能要求。在技能评估、技能和差距分析的基础上，确定可以增强工作能力的关键知识领域，形成培训知识体系并进行评估。组织可以考虑通过自己的内部培训团队来开发培训知识体系并开展培训。但是，针对供应链管理最前沿的知识和技能领域，组织需要通过培训职能外包的方式来进行培训。因此，组织还需要评估外包培训机构并在确定后签订培训合同。

一个完整的培训计划应包括如下内容。

● 评估当前和未来的环境需求：需要结合组织当前及未来 10 年可能面临的环境变化来进行业务要求的分析。

● 确定所需技能：制定供应链管理战略和目标，包括有效供应链管理的关键技能需求。这一过程需要组织的高层管理人员及来自人力资源、运营、财务、信息系统、营销和战略等部门的代表参与，组织要听取这些内部团体的意见并与其保持一致，并将关键供应链管理趋势有效转化为组织的要求。

● 确定差距和目标：这是技能和差距分析的过程，需要对各个事业部和全球各地区的技能要求进行审查，然后评估需要改进的领域；在考虑未来需求的前提下，形成理想的技能组合要求，并与当前的实际水平进行对比评估。

● 确定可以增强工作能力的关键知识领域：确定某个职位需要提升的必要能力和需要填补的相应知识领域，并将其纳入培训计划，目的是缩小技能差距。

● 评估培训知识体系：要针对不同层级的人员"因人而异"地设计培训知识体系，并侧重于不同的目标。例如，针对高潜力中层管理人员的培训，可以包括领导力、战略规划等提升管理水平的内容，目标是培养高级管理人员；针对非管理人员的培训，可以包括谈判、成本分析与控制、团队建设等内容，目标是提升其关键技能水平；针对新员工、新引进的管理人员，应该首先展开有关组织政策、制度和流程、企业文化等方面的培训，目的是使其尽快了解和融入组织和团队，然后根据其具体所在领域确定需要培训的内容。

●评估外包培训机构并签订培训合同：在评估外包培训机构时，组织需要重点考虑其供应链管理方面的培训经验、机构的规模、配备讲师的专业水平和实战经验、行业领域地位、培训方案的针对性、方案开发和交付成本、能否提供远程培训等因素。组织可以对比不同外包培训机构提供的培训方案和配备的讲师，由培训负责部门、接受培训的部门、相关专家共同进行评估。最后，组织应与通过评估的外包培训机构签订培训合同。

2）岗位培训的类型

（1）上岗培训

上岗培训主要是向新员工介绍供应链管理组织的定位、职能及其岗位和职能，使其对新工作有初步的认识，并了解组织对他们的期望，以便更快地适应岗位工作。

（2）入职培训

为了减轻新员工对新环境的生疏感或可能的压力，组织会专门策划和安排入职培训，内容包括组织的历史和文化、产品、服务和运营状况等课程培训，现场参观实际工作场所及各项设施，还包括正式工作指导和员工手册学习等。入职培训一般由人力资源部门来主持。新员工的主管负责其初始入职培训，承担引导和带领的责任，例如向组织内外的相关联系人介绍新员工的到岗及其所接任的工作。入职培训是新员工在本组织职业生涯的开篇，可以帮助新员工认可组织文化，也是培养其敬业度、提升其工作满意度的好时机。

（3）在职培训

在职培训指员工先上岗并"边学边干"。这种培训方式对于供应链管理职能来说缺乏系统性，可能带来负面效果。以采购工作为例，因为许多工作面对外部供应商或需要进行判断，不容任何闪失或任何内部信息的无意透露，因此，组织内部有可能出现因担心风险而冷落新员工的情况。组织最好将在职培训与"在职辅导"相结合，将日常工作辅导与部门正式的定期会议（如周会）相结合，主动与新员工讨论工作中的关键问题，使其"多听、多见、多思考"，再配合从简到难的实践加以引导和指导，这样才能获得好的培训效果。

（4）导师制

导师制是为每位新员工指派一名导师，或称"师傅"。由主管负责的入职培训圆满结束、新员工被分配具体工作后，接下来的培训就由导师来负责了。导师是一名从事类似工作的同事，在新员工的整个学习和工作过程中充当非正式培训师的角色。如果导师同时也是一名优秀的培训师，那么这种培训方式是非常有效的。导师制也有一定的缺点，容易使新员工的初始培训受到限制。此外，导师需要倾注很多时间和心血来进行传授和引导，让新员工理解本职工作的内涵、不同部门间的工作关系等，因此会影响导师本身的工作时间和效率。

（5）轮岗

轮岗是有计划地让员工轮换到不同的工作岗位，以开发员工的多种技能、培养更多的

"多面手"，以便组织适应复杂多变的经营环境。

新员工也可以进行轮岗培训，这样可以弥补导师制的缺点，或采用导师制并辅以轮岗的方式。轮岗可以增加新员工对多种不同岗位的亲身体验，为其以后工作的协同配合打好基础。组织通过轮岗观察，可以更清楚地了解新员工的适应性，以便确定他们正式的工作岗位。

（6）课堂培训

课堂培训可以在初始的岗位培训中采用，包括系统而简短的课堂教学，涉及团队建设、组织文化、法律法规等，以及寻源和供应商选择流程、内外沟通与合作方式、供应链管理理念和流程等基础内容。课堂培训还可以在广大员工中定期或随时进行，培训内容涉及更新的法律法规、行业管理要求、组织政策与流程等。

（7）基于网络的培训

近几年来，网络培训服务及相关软件技术发展迅速，成本低且更灵活，颇受年轻一代的青睐。很多软件支持视频播放、演示文稿播放、参会人员间的文字和语音互动、板书书写、主持人切换、录制与回放等功能，并且多数功能是免费的。组织可以采取课程直播、录播等不同方式开展培训，如1~2小时的小型专题，或2~3小时的涵盖更深、更多主题的系列化主题形式，如战略寻源或品类管理等系列主题。

（8）自我发展

自我发展是员工的自发学习行为，基于个人成长或爱好展开。自我发展包括提供志愿服务、参加各种专题会议、参加各种健身活动等。自我发展有利于员工的全面发展，并可以锻炼和提升员工的领导力、团队合作和目标设定等技能，因此受到许多组织的鼓励。许多组织鼓励员工做义工与捐款，并将义工时间与捐款进行换算，提供一些休息时间来补偿他们的付出。

（9）自我训练

为了进一步发展职业生涯，许多员工会开展一些自我训练项目，将其作为综合培训计划的一部分或者补充，"Y一代"可能更有自我训练的意愿，通常采用的训练的形式如下。

●自主学习各种供应链管理期刊、书籍和研究报告，或精选的商业出版物、专业杂志及特殊资源的书籍和材料。

●参加有关供应链管理协会的会议和特殊商品组织的会议，或自选的夜校课程，或由大学和专业协会主办的颇有价值的研讨会和专题讲座，以及网络培训课程和网络研讨会等。

（10）职业生涯规划

组织应该帮助员工规划职业生涯，尽可能地提供相应的信息，提供发展建议及技能培训的机会，为有上进心的年轻人提供锻炼机会。例如，帮助员工进行职业生涯规划，形成员工与组织的相互认同，再辅以相应的轮岗、分配更具挑战性的任务、参与跨职能团队等方式，这样不仅可以培养和留住人才，还可以使人才得到发展并不断地为组织做出卓越贡献。

3）其他专业技能提升方法

（1）专业认证

专业认证或资格认证以公共知识体系为基础进行认证，是员工在特定领域的知识掌握和熟练程度的证明。如果某认证侧重于与工作相关的专业知识，通常被认为是对个人工作能力的反映。人们更认可由第三方颁发的认证，该认证在职业竞争中具备优势。下面列举了一些专业认证。

- 供应链管理专家认证（SCMP），中国物流与采购联合会提供。
- 供应管理认证专业人员（CPSM），ISM 提供。
- 供应商多元化认证专业人员（CPSDTM）认证，ISM 提供。
- 公共采购官（CPDO）、公共采购员（CPPB），美国国家政府和采购研究所提供。
- 认证专业合同经理（CPCM）、认证商业合同经理（CCM）、认证联邦合同经理（CFCM），美国国家合同管理协会提供。
- 生产和库存管理认证（CPIM）、供应链专业认证（CSCP）、运输物流和分销认证（CTLD），APICS 提供。
- 项目管理专业认证（PMP），美国项目管理研究所提供。
- 注册供应链管理师（SCPro），供应链管理专业协会提供。
- 英国皇家采购与供应学会（CIPS），英国皇家采购与供应学会提供。
- 其他认证。

（2）正规教育和高等学位

许多专业的人才都可以从不同角度出发，为供应链管理做出专业贡献，如材料科学与工程、电子信息科学与技术、统计学、机械设计制造及其自动化等专业的人才可以更好地理解产品设计、工艺过程及控制，并对技术市场结构和趋势更具敏感性，在供应链管理的寻源采购职能中充分发挥作用，或在销售预测、物料计划等计划职能中充分发挥作用。他们在从事供应链管理工作后，如果再进行有关供应链管理方面的学习及培训，可以形成"双轮驱动"，得到更好的发展。

同时，已经有很多高等院校设置采购及供应管理、供应链管理、物流管理、运输与物流等领域的学位，包括全日制或非全日制形式；也有很多高等院校提供了远程学习的方式；还有一些硕士或博士学位的专业是供应链管理方向的。此外，一些类似工商管理专业的基础课程中也会包含基础的供应链管理领域的内容。

（3）专业协会和贸易协会

参加专业协会、贸易协会的各种活动，或者在其委员会中任职，将能接触其他专业人士、专业知识，并有机会参加研讨会、正规学习课程、会议、论坛等，以及学习组织网站上提供的所有内容，对个人的人际交往、技能交流和职业发展是非常有价值的。以下是一些专业协会和贸易协会的官网。

- 中国物流与采购联合会。
- 中国物流与采购联合会 – 采购与供应链管理专业委员会。
- 中国物流与采购联合会 – 中物联公路货运分会。
- 英国皇家采购与供应学会。
- 美国供应管理协会。

4. 人才储备——继任计划

继任计划通常适用于高级管理职位，也适用于关键职位，可以形成人才储备的梯队；但在供应链管理领域，是指为供应链管理关键职位确定一名或多名继任者。要为继任者因人而异地制订职业发展及专业提升计划，可能是更宽泛的专业学习，或者是承担更多的责任，或者是更长的储备周期。

继任计划对确保组织持续的人才满足来说非常重要。一个有效的继任计划的特点如下（出自希尔豪斯，2006；沃克尔福斯，2013）。

- 得到首席执行官和最高管理层的明确支持。
- 由管理层负责制订，同时获得员工的支持。
- 简单，为独特的组织需求而定制。
- 灵活，并与战略商业计划相关联。
- 从全面的人力资源评估流程演化而来。
- 建立在具备候选人良好能力及对其客观评估的基础上。
- 要兼顾员工的意见和利益。
- 是更广泛的管理发展工作的一部分。
- 包括工作发展机会计划。
- 要与其他人力资源体系相结合。
- 定期地被审查和更新，每6~12个月进行一次，当关键人员发生调动或变化时立即启动。

继任计划需要精心制作，并需要取得从上至下的一致意见，执行过程通常包括以下3

个阶段。

●继任确定阶段：讨论需要继任的人员及职位，就继任者及继任职位达成一致意见。

●继任培养阶段：制订继任者的个人发展计划并定期更新，优先培养继任者或加快继任者培养速度，以解决技能或经验方面的差距或不足，使其跟上并满足不断发展变化的对新技能的需求、组织发展的新要求。

●继任监控阶段：需要持续地监测和更新发展计划。

继任计划的执行可以为组织带来很多好处，包括使个人与工作更匹配；增强组织快速填补职位的能力；培养具有关键技能和核心价值观的关键人才，形成持续的高水平人才储备库；激发基层员工的士气。其中最后两项好处最为重要，可以有效地吸引和留住优秀的人才。要做好继任计划项目，需要首先从组织的需求和差距分析开始。

1）组织的需求和差距分析

本质上，差距分析就是分析继任者与未来新角色的职责胜任差距，以便提前做好培养计划和准备。当然，组织对人才的需求，有可能随着组织目标的变化而变化，这将导致新的差距，并要求每个角色要灵活应变地跟随转变，这也是继任计划的挑战所在。

2）影响继任计划的要素

继任计划如果能顺利实施，组织和继任者都可以得到提升和发展，但现实中可能会出现一些变数影响既定进程。

●组织架构调整引起的职能和职责变化。当组织改变其架构时，供应链管理的职能、岗位和职责有可能发生连带变化，从而影响继任计划的实施。例如，从集中型服务采购形式调整为外包服务合同为主、相关部门参与的形式，原有的采购管理职能和岗位职责将相应调整为以监督和反馈承包方的人员表现为主，原有的寻源、谈判、采购合同签订等职能和关键岗位将不复存在，从而影响实施继任计划的既定进程。

●环境／指挥链的变化可能会引起技能组合要求的变化，甚至可能会导致岗位的重新设计。例如，当组织启动全球化采购战略时，要求采购人员具备全球化意识并增加国际寻源的技能，而组织架构或者职位设计并没有调整；再如，组织准备采用数字化采购策略，对继任者在信息化软件方面的技能会有新的要求。以上两种变动将导致对原定继任者技能组合要求的调整，从而影响实施继任计划的既定进程。

●并购因素。并购的整合与融合过程会涉及组织减员，继任计划也可能需要进行相应修改。此外，并购组织可能会对供应链管理更加重视，所需技能和知识也会发生变化，从而影响实施继任计划的既定进程。

●组织扁平化因素。组织扁平化将会导致职位和行政级别的减少，以及职位数量的减少，从而影响继任计划；如果组织裁员，也将会有类似的情况发生，从而影响实施继任计划的既定进程。

●供应链管理新战略因素。这将会改变原有的工作设计及相应的技能要求，从而影响实施继任计划的既定进程。

3）建立继任计划

在实施特定的继任计划时，组织通常会要求并帮助继任者承担额外的或不同的责任。

（1）交叉培训

交叉培训要求继任者经历不同类型的工作，但不改变原来的工作职责。例如可以到财务、法务部门进行跨部门的交叉培训，为继任者增加管理思考的维度、拓宽视野、丰富知识，这对其今后晋升到管理岗位是非常必要的。在继任者的技能扩展方面，交叉培训还与工作丰富化和工作扩大化这两个管理概念有关，其都是对人员的激励和培养。

●工作丰富化，即赋予员工更多的控制权和责任，包括增加工作任务内容。

●工作扩大化，即通过增加技能和责任相同的任务来扩大工作，提升人员的多任务完成能力。

交叉培训有很多好处，可为继任者提供更广泛的技能组合实践，有利于其未来的晋升和加薪，使其可以承担更具挑战性的工作。对管理者来说，交叉培训促进了一人多能的发展，增加了用人的灵活性，也符合供应链管理职能的横向贯通特点。

供应链管理专业人员也需要认真地完成交叉培训的任务，特别是针对国际任务时，要求继任者善于与不熟悉的人建立关系，尊重不同背景的文化。这类交叉培训人员选择的重要标准应该是"很喜欢学习新事物"。

当面对具有挑战性的"特殊项目"时，通常要对继任者进行交叉培训，以培养其具有"特殊项目"所需的特定技能。例如，签订建筑服务合同或资本性设备的采购，通常属于采购方面非常规的特殊项目，如果继任者对供应环境、设备性能和技术等都不熟悉，通过交叉培训可以取长补短。

"扩展性任务"是非常具有挑战性的，继任者当前的技能和知识水平可能不足，但难得的"磨炼"机会，对于高潜质人员来说是更有激励性的。如果条件适合，组织可以借此提出更高、更具挑战性的目标，有助于继任者在实践中获取宝贵的经验并提升能力，从而走向成熟。

（2）辅导和逆向辅导

由经验丰富的资深人员来辅导经验不足或较年轻的员工，是一个传授知识和经验的过程，也是针对被辅导者的职业发展与选择的指南。组织需要建立清晰的辅导项目计划。

逆向辅导与辅导的互动方向正好相反，是年轻人对年长的资深人员的辅导。因为年轻人掌握新技术、新工具、新方式，如社交媒体、各种软件工具等。双方可以取长补短：资深人员可以跟上时代；年轻人可以观察资深人员，体会和学习他们的宝贵经验。

（3）职业发展

职业发展是指个人通过接受培训和完成委派的任务来扩展知识、提升当前及未来职位的技能，以便更好地实现职业目标。继任者的职业发展包括培训、完成新派任务、提升知识和技能、实现职业目标等。其中，新派任务的来源可能是物流部门的物流任务、营销部门的客户服务任务、总部其他战略业务部门的任务，甚至海外事业部的任务，旨在使继任者接触到组织不同领域可能面临的各种问题，丰富其经验领域的宽度。

此外，职业发展要具有连续性，并需要增加管理能力培训。

●连续性职业发展。职业发展是组织与继任者共同规划的、长期和连续性的培养计划，包括 6~12 个月培训计划。应用"学习型组织"理念有助于形成持续性职业发展。此外，一些用于新员工的培训方法也可以用于继任者发展计划中，例如轮岗、在职培训、课堂培训、自我训练等。

●管理能力培训。组织不仅要安排供应链管理的专业能力培训，还要安排一般领导能力和管理能力的培训。培训内容侧重于供应链管理下的领导力建设、管理和决策的理论和概念等。此外，继任者还应该通过自主学习和积极实践来发展管理能力。

其他的职业发展活动包括继续教育、到供应商或客户等组织的现场考察学习、音频／视频或线下课程学习，或者参加一对一的交互课程、网络课程、能力培训课程等。

（4）领导机会的委派

领导机会的委派是将关键任务和权力同时委派给下属的一种继任计划，其针对高潜力非管理人员或中级管理人员，给予他们锻炼和积累宝贵经验的机会，让他们决定并执行对组织成功至关重要的任务，是针对人才的深度培养，也是向高潜质员工提出的挑战。跨国／地区组织还需要进一步拓展这种挑战，例如将委派的任务拓展到国际跨文化互动和国际经验交流等，形成培养未来全球领导者的机制和手段。

（5）教育机会

人员晋升和职业发展通常会有一些"硬件"要求，如学历、学位、职业认证等，高级别职位更是如此。供应链管理人员要了解组织在这方面的具体政策要求，然后寻求机会并满足要求，尽管不一定能升职、加薪，但至少可以进入被考虑的行列。供应链管理专业的教育机会有多种形式，包括培训、研讨会、交互学习等。其中交互学习一般通过模拟或案例来学习，并在当前的实践项目中应用。

（6）岗位轮换

继任者在接班前要做好多角色、多领域的经验准备。例如，特意安排继任者到人力资源、法律、财务或营销等部门轮岗，目的是扩展他们的管理视野和经验；还可以将继任者轮换到多个关键内部客户部门，以便理解不同内部客户的关键成功因素及其需要怎样的供应链服务内容，并与其建立良好关系；如果是跨国组织的国际化人才培养，岗位轮换的形式为国际派遣，还包括一些国际管理教育和培训等。

此处的岗位轮换是专门为继任计划而设计的，与针对新员工培训的轮岗不同。新员工培训中的轮岗只是一般的培训计划，目的是培养基本技能的多样化。

（7）外部关系网络

组织需要拥有一定的外部关系网络资源，这样可以为供应链管理人才的获取提供巨大的机会。组织可以事先从这些网络中确定有前途的高潜力人员作为候选人，当实施继任计划时可以考虑他们。

第 5 章

伙 伴 关 系 管 理

目前，一个基于客户关系管理（Customer Relationship Management，CRM）的、以差异化优势为战略焦点的"客户中心"时代正在蓬勃发展，许多组织正在积极地通过营销管理和 CRM 来增强生存能力、成长能力和可持续的核心竞争能力。那么，在通过 CRM 识别分析出客户的差异化需求和趋势后，明确如何满足客户需求才是更关键的，这是供应链管理的重中之重，也是供应链管理所倡导的"以客户为中心"理念的具体体现。为此，供应链管理者需要与组织的其他成员一起来倾听"客户之声"（Voice of Customers，VOC），以理解客户的真实需求，并在分析和提炼的基础上做出正确的需求判断，同时整合组织的内部资源、外部供应市场和供应商资源，形成内外协同的供应链服务系统，依靠协同之力来满足客户的需求。这就是供应商关系管理（Supplier Relationship Management，SRM）的重要目标之一。为了实现这个目标，组织需要建立并维系良好的供应商关系，以获取供应链网络系统快速、稳定的支持。当然，供应链管理团队将根据组织的战略目标和供应链管理目标，采取供应商关系分类及管理策略，集中并合理使用资源，形成差异化的 SRM 体系。

正如 CRM 用于改善与客户的关系一样，SRM 是用来改善与供应商的关系的。SRM 围绕组织与采购业务相关的领域，并通过对采供双方资源和竞争优势的整合来共同开拓市场，扩大市场需求和份额，降低产品前期的高额成本；同时，SRM 又是以多种信息技术为支持手段的一套先进的管理软件和技术。

1. 掌握客户细分的定义、方法，了解客户关系管理的范畴、战略和实施步骤。

2. 掌握供应商关系管理的定义、采购方——供应商关系类型细分，了解供应商关系管理的基本内涵。

3. 掌握成功的战略联盟的特点、战略联盟建立的动因，了解战略联盟决策的要素及成功联盟的必要承诺。

4. 掌握如何创建供应链网络，为组织甚至各联盟成员创造价值。

|第1节| 客户关系管理

最早发展客户关系管理的国家是美国，其在 1980 年初便有所谓的"接触管理"，即专门收集客户与公司联系的所有信息；1985 年，巴巴拉·本德·杰克逊（Barbara Bund Jackson）提出了"关系营销"的概念，使人们对市场营销理论的研究又迈上了一个新的台阶；到 1990 年则演变成包括电话服务中心支持资料分析的"客户关怀"；1999 年，美国高德纳集团（Gartner Group）提出了客户关系管理的概念，并将其包含在早期提出的企业资源计划概念中，强调对供应链要进行整体管理。

1. 客户关系管理的定义

客户关系管理，是指基于客户至上的营销理念，通过收集和分析信息为销售和市场决策提供支持，以理解和支持现有和潜在客户的需求。其功能包括客户账户管理、销售目录和订单输入、支付过程、信用设定及调整等（APICS 辞典第 15 版）。CRM 对客户的关注是广泛且深入的。"广泛"意味着它涵盖了与客户的每一次互动，"深入"意味着争取一切机会来发展与客户的长期关系，因为组织的终身客户是无价的。

2. 客户关系管理产生的原因

微软创始人比尔·盖茨（Bill Gates）在他的《未来时速：数字神经系统与商务新思维》一书中评论道：一个制造商或零售商，在几个小时而不是几个星期内对销售额的变化做出反应，那么这个公司从本质上来看已经不再是一个产品公司，而是一个提供产品的服务公司。这一评论的关键内容是：能够针对客户需要的和想要的进行"快速应变"的组织才是当今商界的赢家。CRM 即是这种"快速应变"和满足客户的有效工具，已被视为组织竞争的生存战略。同时，组织还可以从实施 CRM 中获得很多其他收益，这也是许多组织需要 CRM 的原因。

●组织的市场营销活动可以不受时空限制，实时共享销售信息，为协同式供应链库存管理（Collaborative Planning Forecasting and Replenishment，CPFR）提供支持。

●为组织的产品或服务增加价值，例如使客户在购买过程中有收获感，因为产品设计时采纳了客户意见。

● 使组织不仅在服务和产品的设计上进行创新，而且在营销、交付和客户关怀上也进行创新。

● 从客户的角度出发，设计所有业务的接触点，例如客户的在线订购与实时运输状态呈现系统。

● 在整个组织或供应链成员范围内分享客户的深刻见解，以了解需求状态和趋势，做好服务于差异化供应链的应变准备。

按照 CRM 的要求，组织在经营模式和相关的工作流程方面需要进行相应调整，即进行整体供应链的变革，因此 CRM 的实施不只是营销部门的工作，还将涉及组织供应链及相关的各个部门。

3. 客户细分及关注客户的供应链管理策略

1）客户细分

客户细分是指根据客户属性划分客户集合，或者基于研究而划分出各种"代表性"客户群体，目的是对客户进行差异化管理。然而，客户是日趋成熟的，其要求可能多变甚至更加苛刻。随着社会的进步和经济的发展，"利基"和"定制"越来越受到客户的青睐，许多客户希望拥有自己的风格，而不是从众。这样一来，市场就不断地被细分、再细分，因复杂性较强而难以应对。CRM 的理念和技术系统正好有助于管理这种高度复杂的细分市场，满足客户不同的个性化需求。组织可以从客户价值、客户需求、客户首选渠道 3 个角度进行细分。

（1）按客户价值细分

客户价值即客户对组织的利润贡献。"长期而稳定的关系"表现为客户的时间性，即客户生命周期。一次性客户和经常与组织保持长期接触的客户，对于组织来说具有不同的客户价值。通常来讲，80% 的利润往往是由 20% 的客户提供的，组织应该对这 20% 的"高价值"客户采取不同于其他客户的服务政策与管理策略，使组织有限的资源能够得到优化配置，以实现更高的产出。

（2）按客户需求细分

客户需求可能涉及特定的产品或服务、联系渠道或物流渠道。从分析客户的购买行为着手：客户一般先找到需要的产品，再寻求最低的价格；当然，客户的购买决策还涉及其他考虑因素，如基于对可靠性的信任、购买的方便性及很好的体验等，并且这些考虑因素有可能主导购买决策。因此，组织要了解客户的需求内容、大小及动因，并形成基础的客户价值配置文件。该文件体现了客户的价值轮廓，并可用来判断客户的价值主张，以便用于目标市场的细分。接下来，组织需要为这些不同的细分市场制定不同的供应链战略。

（3）按客户首选渠道细分

越来越多的客户选择技术渠道来购物。技术渠道指互联网渠道、线下的自助式服务商店渠道等更依赖技术手段进行运营的渠道。由于经营成本的节省，许多组织开始奖励使用技术渠道的客户。

2）关注客户的供应链管理策略

客户信息是客户细分和所有营销与销售策略制定的基础；而营销与销售策略的制定，必须以对客户的现有需求和潜在需求有着充分理解为前提。获取客户信息可以采取市场调研，以及从客户方面获取信息等多种方式进行。

（1）市场调研

组织可以采用电话调研、问卷调研、专项小组调研等方式，来确定客户的现有需求和潜在需求。

（2）从客户方面获取信息

组织可以从外部渠道购买商业情报，也可以通过分析客户的每一笔交易记录来获取客户信息，或者从销售代表、客服代表、外部分销点等处获取客户信息，并且这些不同来源的信息可以相互补充，使组织获得的客户信息更加完整。

●外部购买情报：向专门的调研机构、数据营销公司或统计局等购买数据，但只能获得一般的客户信息。

●客户交易记录：包含购买频率、购买数量、客户投诉和反馈，以及客户的购买金额和方式等信息，可用来界定客户的细分类别。

●销售代表反馈：包括不同客户的需求情况、客户的购买兴趣和顾虑、是否采用竞争手段来购买等信息。在 B2B 业务中，销售代表是了解客户业务及其独特需求的关键人员，且组织经常按照客户细分来划分销售部门。

●客服代表反馈：客户是如何使用组织的产品或服务的，以及特定客户群体的希望和建议等信息由客服代表最先了解。同时，对于客户对组织及产品持怎样的态度、对组织的客户管理是否满意等问题，客服代表可以依据一定的经验来衡量、判断。

●外部分销点反馈：线上或线下零售店等分销点可以提供很多客户信息，包括客户细分价值、购买习惯和偏好等，是了解不同渠道及细分客户价值的重要信息来源。

（3）客户之声

客户之声，是指用文字描述客户对产品或服务在功能和特性方面的需求（APICS 辞典第 15 版）。VOC 是企业实施六西格玛标准的一部分，是六西格玛的几种"声音"之一，并与质量功能展开（Quality Function Deployment，QFD）有关。产品的开发阶段提供了创建"客户所有权"的好机会，即让关键客户参与产品或服务的开发阶段，以及之后的持续改进中，以便了解客户的现有及潜在需求。这会使这些客户产生一种伙伴关系和相互投资的感觉，这种感觉有可能促进他们转化为组织的终身客户；他们不仅会成为新品上市的首批客户、早期的目标客户，还可能成为日后产品的推荐者、良好"口碑"的宣传者。VOC 在 CRM 模式下得以更好地实施。例如，小米利用论坛让粉丝参与产品开发；许多医院检测设备的开发也是在观察并了解医生的实际工作需求后进行的，并增加了论文发表的协助功能。

| 第 2 节 |　客户关系管理的实施

1. 供应链管理中的客户关系管理范畴

CRM 中最具功能性的是"销售运作"部分，并集成了针对不同细分客户的产品、价格、渠道、推广等营销活动（见图 5-1 右侧）。CRM 的"数据分析"部分将形成各种结构化的数据，并通过"客户信息传播"将有价值的信息传播到组织的计划、采购、生产、供应链管理及其他相关部门，以便组织及时调整和响应，并成为组织各项决策的支持；"关系建立"和"协作"部分的目标是发展终身客户，并进行持续的关系维护。

差异化的 CRM 要求供应链管理者针对细分的市场、细分的客户需求予以积极的响应。例如，当一个细分客户需要 VMI 服务时，供应链管理的计划和物流部门需要实时了解客户的库存情况，并与采购、生产等部门确定订货点、订货批量、运输方式，以便将其纳入生产计划，并考虑是否需要供应商的快速交付来配合。再如，当一个细分客户准备将销往欧美市场的产品转给组织生产时，组织的产品设计、生产、质量等部门需要考虑不同的标准要求，也可能涉及原材料的升级替换。还有些细分的高价值客户可能有环保、节能减排、绿色低碳等方面的要求，这就需要组织立即成立跨职能供应链团队。该团队包括研发和技术人员、质量人员等，甚至还需要供应商的参与，以便共同升级原有产品的标准，满足客户的要求。为此，组织需要规划和实施多种类型的供应链，以便服务不同的细分市场、满足不同的细分客户要求（见图 5-1 左侧）。

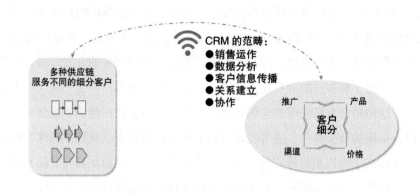

图 5-1　供应链管理中的客户关系管理

供应链管理者在实施差异化的 CRM 时，会遇到许多充满挑战的机会，这就需要了解 CRM 的范畴（见图 5-1 中间）。

1）销售运作

CRM 注重销售力量的自动化（Sales Force Automation，SFA），包括订单受理、结算、呼叫（或客服）中心、前台服务、零售点、现场服务、退货或召回等。这些分散的工作内容都被集成在 CRM 系统中，目标是优化客户体验，并在过程中全面收集和存储每项工作的具体数据。优化客户体验是指要为每个客户提供他们所关注的内容，如戴尔计算机公司允许其客户通过网络配置和定购个人计算机。

2）数据分析

CRM 中的数据分析是指在客户数据验证的基础上，根据客户细分而进行数据分类聚集，并关联到特定的产品、服务或产品 / 服务包。客户细分的细小单位可以是单个客户，即（CRM 系统）可以进行单个客户的数据分析。数据分析的功能之一是数据查询或定制数据搜索能力的构建，并以创新的方式来分析数据。这些类型的分析属于商业智能的范畴，组织通常会建立一个单独的称为"数据仓库"的数据库来进行分析，供应链管理者可以利用这些数据进行销售预测、客户对产品的意见的收集等工作。

3）客户信息传播

客户信息传播是指将获得的有价值的信息及时传递给组织的其他部门，将其延伸应用到整体供应链范围。CRM 系统通常提供的是经过分析的、各方需要的特定客户信息，包括高层管理者需要的信息、销售部门需要的信息、运营管理部门需要的信息等。当客户信息传播延伸到整体供应链范围时，组织可以通过各种技术方法进行信息整合，来支持组织整体战略的制定，并将组织的战略转化为需要落实的各项行动和任务。

4）关系建立

关系建立是指优化每一个客户在每次互动中的体验，以此来发展终身客户。因此，关系建立的重点是培养客户的忠诚度，甚至是形成相互依赖。与此同时，组织还有可能通过征求客户意见来协助产品开发，或者针对客户的实际问题来共同设计对双方都受益的解决方案。

5）协作

CRM 商业模式不是关于单一的交易，而是关于持续的关系，其目标是发展终身客户以多方面地提高组织利润。

（1）终身客户降低了组织的营销总成本

获取新客户时期，也就是在客户关系建立的初期，市场营销和销售所需成本通常较高；随着客户关系的深入发展，费用会逐年下降。

（2）对终身客户的满足越来越容易

随着各种技术的不断进步，特别是互联网技术的发展，组织可以更深入地了解和分析客户的需求和购买习惯，也就更容易留住客户。这种对客户的了解也是一个学习的过程。客户关系的成熟意味着客户对组织的产品或服务感到满意和充满信心，进而转化为更多的相关购买行为，为组织增加销售收入。这也是组织的供应商非常重视培养终身客户的原因。而组织在选择供应商时，通常也是将具有合作基础的长期关系供应商作为首选。因此，客户对与供应商的长期关系及稳定性是有所倾向甚至依赖的，这些客户具备成为终身客户的意愿。

2. 客户关系管理战略

客户关系管理战略是组织启动、发展和维持与客户关系的商业策略，其必须支持组织总体的业务战略和财务目标。

1）CRM 战略的组成

CRM 战略包括以下 7 个部分，由此形成对客户全方位的观察视野。

（1）企业业务系统

企业业务系统（Enterprise Business System，EBS）是 CRM 战略的技术支柱，其数据来自企业资源计划系统，是组织所使用的 5 个关键应用程序的总称，包括客户数据库、销售交易维护、销售订单的状态和更新、销售支持数据、财务信息等。供应链管理者需要从这里了解高价值的细分客户的需求情况，并为他们安排快速的供应链服务，包括及时跟踪销售数据、进行细致的 S&OP 沟通，以便更好地安排生产计划和物流等。

（2）网络系统

网络（Web）系统即客户可以通过组织的网站订购产品、浏览产品照片和信息、生成订单、参加在线拍卖，甚至在线学习等。组织可以考虑在此实时共享客户订单处理状况、发运状况，以便客户浏览和知晓。

（3）市场营销

市场营销是客户管理的核心，其关键作用是确保客户了解产品、服务和组织信息，从而引导客户购买。其关键功能是可以识别出对组织产品或服务具有需求意愿的目标客户。供应链管理者需要与营销部门密切沟通，了解各种营销活动对供应的预期影响，以做好供应保障。

（4）外部数据

外部数据有助于组织与供应商、经销商和渠道合作方之间建立合作伙伴关系。在组织日常经营方面，外部数据有利于产品组合及促销方式的设计和实施，有利于在包装设计、订单执行、产品推广等方面提升有效性，以及有利于物流方式的选择等。

（5）CRM 应用程序

CRM 应用程序包括运营型 CRM、协作型 CRM 和分析型 CRM3 种类型。

● 运营型 CRM：指前端办公室应用，包括销售自动化、市场自动化和服务自动化等应用，以及前端办公室和后端办公室的无缝集成。

● 协作型 CRM：为客户提供交互服务和收集客户信息的渠道及联系手段。

● 分析型 CRM：与数据仓库密切相关，运用数据挖掘、联机分析处理（Online Analytical Processing，OLAP）、交互查询和报表等手段了解客户的终身价值、信用风险和购买趋向等内容。

（6）分析

分析包括对销售活动的分析评估，以及对关键数据的趋势跟踪、对产品列表及支付情况的跟踪等。

（7）服务

服务的重点是在销售后对客户进行跟踪，有助于发展客户关系。服务包括帮助客户在线订购，联络自动客服中心，或进行基于互联网的自助式服务，以及在线自助服务等。

2）CRM 流程

CRM 流程包括市场营销、销售和客户服务 3 项活动，组织通过流程管理来剔除流程中的不增值部分，或者尽量同时或交叉执行任务，以便做到对客户的按时交付，或缩短客户订单履行周期、加快产品上市速度，来满足客户需求。CRM 流程中还包括以下重要内容。

●正式的监控和反馈。通过正式的监控和反馈，当实际结果与计划出现偏差时，组织可以及时调整战略。针对一些难以精准预测的情况，例如对需求影响情况的预测只能是影响的程度、而非精准的数值（如预计增长 3%~5%），可以采取设立相应公差的方式来感知和响应客户意向及其对产品或服务的需求。这些内容非常有利于供应链方面的产销协同管理，如果能将客户纳入来共同实施产销协同管理就更有价值了。正式的监控和反馈还有助于组织产品质量、交付或服务等方面的改善和提升。

●审核和指导选择所使用的绩效指标。例如"赢回客户的数量"和"经计算的组织客户价值"相比，后者更能体现以客户为中心的宗旨。CRM 可以通过对绩效指标的度量来给予选择指导。如果营销部门调整其绩效指标，其营销活动有可能随之调整和变动，还可能会导致高价值客户的增减。供应链管理者需与市场营销部门紧密沟通，了解并关注各种变动情况，以提供有效的供应保障，特别是满足高价值客户的独特需求。

●流程改进。流程改进对组织来说是必要的，也是具有挑战性的。CRM 中，计划连接了决策、决策连接了绩效、绩效连接了结果、结果连接了计划。如此反复和持续，最终可以定期改进战略的实际实施，其流程改进采用的是一种 PDCA 循环的推进方式。

3）CRM 的组织结构

当组织从传统营销转向以客户为中心的需求管理时，组织结构需要进行相应的调整，并建立一致的职位描述、政策、工作流程和绩效考核体系，以保证工作重点不偏离，满足按照客户需求和按照组织价值细分的客户需求。在营销团队，客户被细分为潜在的、脆弱的、赢返的、忠诚的 4 种类型，需要有 4 个相应的营销和销售团队与之对应，每个团队专门针对一种类型的客户进行营销活动，或者定期轮岗来相互学习和丰富知识。

4）CRM 技术

从战略层面来看，CRM 战略依赖于正确的收集、存储和使用客户数据等技术。

数据收集在 CRM 战略中需要进行审查，以确保数据的完整性。例如，规定不可以删除外拨电话记录，直到这些记录第一次转移到 CRM 数据后才可以删除。

数据存储是至关重要的，所有 CRM 的传输数据都应该存储在一个独立的数据库中，而且数据库必须是集成、可扩展的，具有一定的吞吐量和较快的传输速率，以便快速处理 CRM 的各项操作，并可以用于数据分析和报告。当然，如果该数据库容量不够大，可以另外开发一个单独的用于报告和分析的数据库，称其为客户数据仓库（Customer Data Warehouse, CDW）。

CRM 战略还需要选择和使用有效的数据挖掘工具。

5）产品或服务生命周期

产品或服务生命周期包括开发、引入、成长、成熟、衰退 5 个阶段，如图 5-2 所示。

那么在产品或服务生命周期的各个阶段，需要交叉采用不同的 CRM 战略。供应链管理中的产品或服务生命周期管理，需要与 CRM 功能和要求配合进行，共同提升客户满意水平。

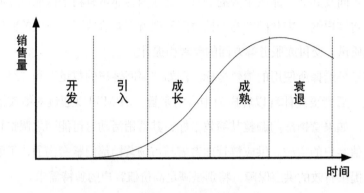

图 5-2　产品生命周期

6）基于客户细分与客户关系类型的 CRM 战略

组织必须考虑到不同的客户细分、不同类型的客户关系，并有针对性地制定 CRM 战略。

（1）基于客户细分的 CRM 战略

●按照人口统计数据、态度或心理细分的客户战略。

在有效调研的基础上，根据人口统计数据、态度或者心理进行客户细分。

●价值客户战略。

高价值客户对组织来说是最有利可图的。为了增加与高价值客户的业务往来，组织必须发展以客户为中心的战略，并完成以下各项内容。

第一，定义"有价值"的客户。有的组织将那些从竞争中转变过来的客户视为有价值的客户，目的是在市场中建立主导地位；也有组织用客户对目标产品或产品线的采购量，或客户对组织的利润贡献来定义有价值的客户。通常来说，用客户对组织的利润贡献来定义有价值的客户更具有普遍性。

第二，及时交付的详细信息，可帮助组织识别出有价值的客户。CRM 系统可以捕获并生成这些信息，并进行目标分析。

第三，定义出哪些特性或服务对"最好的客户"群体来说是最重要的。组织可以通过对数据进行分析来完成这类定义。例如，从与客户互动的信息中可以发现，这些"最好的客户"往往倾向于选择最快速的运输方式，那么当他们下大订单时，组织可以通过提供免费的快递服务来与他们建立更密切的关系。

第四，评估影响。首先要判断是否进行了以客户为中心的客户价值细分及其是否贯穿到每一次客户沟通活动中；然后要评估因提供的特别服务而相应增加的服务成本是否被增加的利润或销售增长所抵消；同时，还要评估这种细分战略是否产生了价值。

●服务型客户战略。

对于许多重视服务的客户来说，呼叫中心是他们打交道的核心。CRM 系统可以让组织的客服代表查看客户历史记录的详细信息，以及历次通话期间的特定情况。客服代表可以立即发现该客户是否是一个高价值的客户。如果是，客服代表则立即升级服务流程（如不让该客户等待），还可以展示对该客户及业务的充分了解（CRM 系统中完备的客户交易过程及问题等信息），从而提升客户的体验。

●零售客户战略。

某市场调查公司对零售客户进行的调查显示，价格并不是客户购买的第一影响因素，围绕产品的一揽子服务才是，包括店内协助、产品易于组装、友好产品设计等；第二影响因素是产品质量；第三影响因素是产品的实际价格和预期寿命。因此，组织应该考虑并响应客户复杂的选择偏好，这也是组织产品设计与供应服务的导向。

● B2B 客户战略。

与 B2C 客户不同，作为商业客户的 B2B 客户对供应商有 3 个具体的期望：互补的核心竞争力、了解客户的业务需求、持续改进。随着时间的推移，B2B 客户将特别关注供应商是否能降低成本、持续改进，以及是否有对问题的潜在解决方案。以客户为中心的 B2B 客户战略，必须包括对销售和客户服务人员的多方面培训，并注重分析和理解 B2B 客户和最终用户的需求，避免问题的出现，或在问题出现时能快速补救。此外，还要定期分析客户数据来寻求和确定改进内容，这也是供应链管理者所需要关注的。

●技术渠道接触的客户战略。

在制定以客户为中心的战略时，对于通过技术渠道接触的客户，组织必须仔细测试他们对接触点的接受程度。具体测试内容包括：这种接触方式是否让客户感到舒服，并促使客户产生购买意愿；是否做到了与客户的充分接触，并与客户建立和维持一种紧密关系，即采取高接触、强关系的销售方式；目标客户对这项技术的熟悉程度，以及他们是否愿意学习；在一些 B2B 业务中，可能需要对相关接触人员进行广泛的培训；客户是否会决定使用该技术，还是持观望的态度。

（2）基于客户关系类型的 CRM 战略

基于客户关系的生命周期，组织通常将客户划分为潜在客户、脆弱客户、赢返客户、忠诚客户。CRM 战略的关键目的之一，是针对不同类型的客户，即位于不同生命周期阶段的客户，采用不同的营销方式和客户关怀。

●潜在客户。

潜在客户是指虽然没有购买过组织的产品或服务，但有可能在将来购买的客户。当客户对组织的产品或服务产生兴趣，并通过某种渠道与组织接触时，就成为组织的潜在客户。与此同时，客户的生命周期就开始了。针对潜在客户，CRM系统将提供相应的市场调研、产品定价、受众细分、促销信息、联系渠道等资料，以方便组织向潜在客户详细介绍产品特性，耐心解答他们提出的各种问题，使他们树立交易信心。同时，组织可以收集一些数据来预判潜在客户的购买意向进展。通常来说，电话推销方式能成功争取的新客户是有限的，最好的客户来源是现有客户的推荐。

●脆弱客户。

脆弱客户是指即将停止购买组织的产品或服务的客户，组织需要有效地将他们识别出来，并采取及时的行动。CRM系统可以在早期准确地识别出这些脆弱客户，并分析和提供最有效的客户保留方案。组织可以利用"客户流失预测模型"来进行预测，并以此设定一个目标，通过获取新客户来代偿失去的客户。针对仍然有价值的脆弱客户，组织可以考虑一些特别的促销活动来留住他们。

●赢返顾客。

赢返客户，即赢返流失的客户，组织需恢复和重建与流失客户之间的交易关系。要想赢返流失客户，就必须尽快与其进行沟通。组织要识别出需要赢返的客户有哪些，例如从流失的客户中细分出具有潜在价值的客户，并对其按照价值大小进行排序，按照排序结果来重点突破，争取赢返。CRM系统可以在客户关系终止或正在终止时触发"赢返"流程，客户数据库可以测算流失客户的潜在价值，以此来确定需要赢返的流失客户群体。

●忠诚客户。

忠诚客户不只是做出重复购买行为的客户，这只是判断因素之一，因为重复购买并不一定意味着客户忠诚。真正的忠诚客户，包括行为和态度两个层面的忠诚。态度忠诚即对产品或服务偏爱，具有未来持续购买的愿望并付诸实践。因此，忠诚客户不会因为外部环境变化、竞争对手的营销活动而产生行为转换。

忠诚客户通常有如下特点：具有有规律的重复购买行为；愿意购买供应商的多种产品或服务；经常向其他人推荐；对竞争对手的拉拢和诱惑具有免疫力；能够忍受供应商偶尔的失误，不会因此发生流失或叛逃。毋庸置疑，培养忠诚客户将会给组织带来更大利益，也是组织最大的挑战之一。

《今日美国》（USA Today）曾公布的一项民意调查显示：44%的美国首席执行官将提高客户忠诚度列为他们管理上的首要挑战。针对这一挑战，CRM系统提供了"客户忠诚度计划"，将其作为一种非常有意义的客户对待方式，对忠诚客户的持续或增加的业务进行奖励。在设计"客户忠诚度计划"时，需要关注客户的行为、目标、定位、报价、成本效益结构、沟通这几方面。

CRM 系统还可以提供互补产品或服务的销售，即交叉销售；或提供推荐销售；或提供高利润率产品或服务的销售，即向上销售。

组织要想了解供应商如何看待客户，还可以使用供应商偏好模型来分析和判断他们对客户的态度。该模型将客户分为核心型客户、开发型客户、盘剥型客户、回避型客户 4 类，组织可以据此进一步理解和策划针对不同类型客户的营销策略。

（3）客户关系管理成功的关键因素

在运用 CRM 技术进行客户关系管理时，需要特别关注以下几项关键因素来争取成功。

● 信息基础设施与 CRM 结构设计要谨慎且完善。

● CRM 系统应该将提高效率作为目标之一。

● 应该在整个组织内协调实施。

● 进行必要的培训，并根据 CRM 要求重组流程。

● 应该根据客户的需求和期望来实施 CRM 技术。

CRM 经常被作为一款软件来运用。但 CRM 不仅仅是一个软件系统，其拥有的技术本身并不能解决组织和供应链面临的挑战。因此组织需要预见可能出现的各种挑战，并进行调整改进，再结合 CRM 系统的应用，使自身在客户基础上获得竞争优势。

第 3 节 供应商关系管理

供应商关系管理是成功控制组织支出所需要的关键技能之一。当关系发展和后续管理做得很好时，SRM 将会带来增值、改善供应链绩效和降低风险的成果。当然，组织没有必要与所有的供应商都发展密切的关系，这样做未必有益。因此，组织需要针对每个供应商确定最有利的关系类型。

1. 供应商关系管理的定义

SRM 是识别与关键供应商的所有交互，然后以一种为双方增加关系价值的方式管理它们的过程（出自 CIPS，2018），包括供应商开发工作。电子采购系统通常属于SRM 应用程序的一种。对于组织来说，SRM 可以在以下几个方面帮助组织获得竞争优势。

●组织根据供应商的特点及其对组织的战略价值，采取不同的对待方式，使自身供应商的关系得到优化，包括扩展、加强与战略型供应商的关系，共享信息，使信息与资源得以更快地流通与循环；同时，也包括与非重要的供应商的交易型关系的维持。

●组织通过引入更新更好的、以客户为中心的解决方案，建立竞争优势并进行合作管理，来缩短新产品的开发周期；通过更快速、更灵活地响应市场需求来增加收入；在保障产品质量的前提下，降低供应链与运营成本，以及实现更有效的库存管理和风险控制。

2. 供应商关系管理的基本内涵

采购方与供应商之间的关系类型与双方的市场话语权有很大的关系。当然，组织应该积极主动地发展对组织有利的供应商关系类型，但供应商也有可能将他们想要的关系类型强加给组织。

1）采供力量矩阵与供应商关系

波特五力模型中包含采购方的力量和供应商的力量，力量即双方的话语权，是组织制定供应商关系管理战略的重要考虑因素。其中任何一方具有较大的力量，都将在双方的关系中占主导地位，例如"采购方主导"地位或"供应商主导"地位（见图5-3）。然而，当供应商与采购方的力量都较小时，彼此倾向于独立，这将给双方带来一定的风险；相反，当两者都拥有较大的力量时，他们将相互依存，这也会给双方带来一定程度的风险。

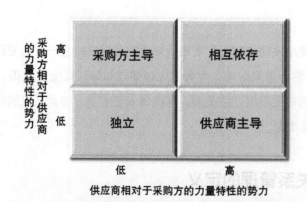

图 5-3 采供力量矩阵（出自 Andrew Cox，2001）

2）供应商关系管理的具体内容

（1）供应商关系生命周期

世界上的许多事物都是具有周期性的，供应商关系也存在生命周期（见图 5-4）。在供应商关系生命周期中，组织与供应商的关系将随着时间的推移而发展和改变，包括供应商评估与选择、供应商细分与风险管理、供应商绩效管理、供应商开发与创新 4 个阶段（出自 CIPS）。其中，供应商绩效管理是一个关键阶段，决定了组织是与供应商继续以往的合作，还是逐步淘汰，或者开展供应商开发与创新活动。供应商开发与创新，即组织与部分供应商共同走向更紧密的合作阶段，这样的供应商将成为组织的战略型供应商。不同类型的供应商关系的周期长短可能不同，供应链管理者需要管理好不同类型的供应商关系，特别是管理好供应商关系发展的各个过程，以及作为重点的长期战略型供应商关系。

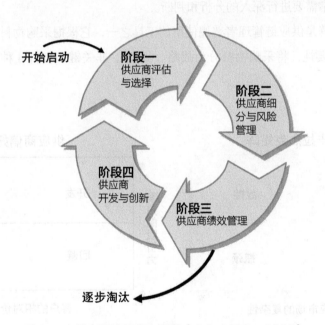

图 5-4　供应商关系生命周期（出自 CIPS，2018）

供应商开发与创新是一个耗时、资源密集的过程（出自 CIPS，2018），因此该活动将仅与组织潜在的或现有的战略型供应商有关。供应商开发（Supplier Development，SD）是指与供应商合作以改进其流程和／或其提供的产品和服务的过程。其目的是为采购组织带来商业利益，并为供应商带来好处。因此，供应商开发计划的目标需要与组织的愿景和目标相一致，其具体内容包含可衡量的利益，以便跟踪过程进展，确定何时可以达到目标；同时，供应商开发计划需要组织及供应商的共同参与，并将涉及一些变革管理的要素。

出于多种原因，组织非常需要从事供应商开发活动。例如，主要供应商需要解决质量问题；组织需要改善供应商的绩效，如通过减少浪费来增强其在市场上的竞争力；组织希望供应商采用某些自己的技术，如需要供应商支持并使用订购系统；组织希望开发新产品或服务，需要供应商的配合等。

供应商开发可以同时为组织和供应商带来许多好处。例如，可以降低组织和供应商的成本；双方合作可以消除供应链中的浪费，以进一步降低成本；组织与供应商的长期合作、供应商持续的安全交付，可以增强供应商的积极性，从而带来创新效益。供应商开发没有标准方法，采购方需要选择一种最能实现其目标并适合与供应商建立关系的方法。

（2）与供应商关系战略的判定

当组织试图与某个供应商建立长期而紧密的合作关系时，组织还要分析供应商的合作态度，即供应商的关系取向。理想情况是采购方与供应商的关系取向一致，但事实往往并非如此，组织通常需要进行深入的分析和判断。

卡拉杰克矩阵是供应链管理者普遍使用的工具之一，它根据采购物料在供应市场的复杂性、采购的重要性，将采购物料分为战略、瓶颈、非关键和杠杆4种类型（见图5-5左侧）。

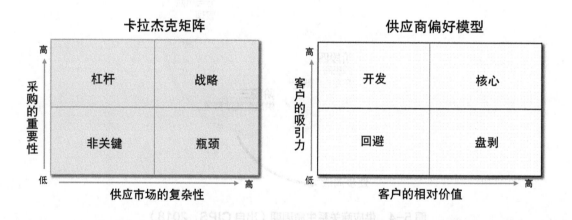

图5-5　卡拉杰克矩阵与供应商偏好模型

卡拉杰克矩阵出自 *Purchasing Must Become Supply Management*，1983年的《哈佛商业评论》第9-10月刊；供应商偏好模型出自保罗·史蒂尔和布莱恩·考特1996年的专著 *Profitable Purchasing Strategies*，McGraw Hill出版。

供应商偏好模型是供应链管理者普遍使用的模型之一，有助于采购方理解供应商如何看待采购方及其需求。该模型将供应商对采购方的偏好分为4类：核心、盘剥、回避、开发（见图5-5右侧）。因此，采购方需要站在供应商的角度，了解供应商将自己置于哪一种偏好类型，即是以何种态度来看待自己的。

　　将卡拉杰克矩阵与供应商偏好模型结合到一个模型中，可形成市场管理矩阵（见图 5-6），其将比单个模型更具有观察视野。该矩阵由 PMMS 咨询集团的保罗·史蒂尔和布莱恩·考特于 1996 年在《盈利性采购战略》中提出，其显示了 16 种可能的结果，为采购方应采取何种关系战略提供了一些实用建议。

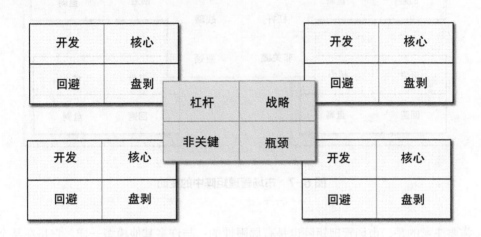

图 5-6　市场管理矩阵

　　采购方通常希望供应商将自己置于供应商偏好模型的上方，理想情况是采购方与供应商的关系取向一致。例如，对于战略或瓶颈物资，采购方带着一种长期合作的期待正好遇到将其视为开发或核心客户的供应商；但也许遇到的是将其视为回避或盘剥客户的供应商，这就出现了双方关系取向不一致的情况，双方可能会发生冲突，合作过程将充满风险，且不利于合作与关系的发展。然而，当采购方的供应链战略要求与供应商发展长期而稳固的战略合作关系时，采购方需要采取行动减少其风险敞口。例如，采购方可以制订计划并采取行动，目标是使自己向供应商偏好模型的上部分移动，即移动到开发或核心客户的位置，来改善双方之间的关系并力争建立战略合作关系（见图 5-7 右侧的战略合作关系提升），因为良好关系的建立才是长期合作的前提。当然，对于非关键或杠杆物资，采购方遇到将其视为回避或盘剥客户的供应商时，一些关系改善工作也是有必要的，但其与供应商的关系仅限于战术合作层面（见图 5-7 左侧的战术合作关系提升）。

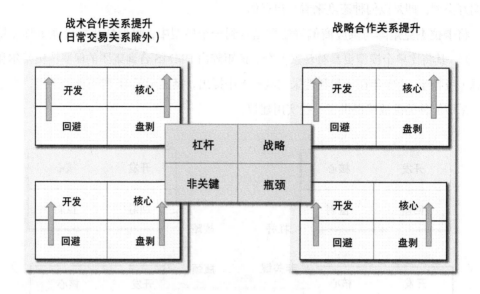

图5-7 市场管理矩阵中的变动

需要注意的是，市场管理矩阵也是有局限性的。与许多其他模型一样，它是在某个时间点上的状态描述，而采购方与供应商的关系可能是不断变化的。

（3）促进良好关系的方法

当组织的供应链战略要求与供应商发展长期而稳固的关系时，组织可以采取不同的措施来发展甚至强化与供应商的关系。以下是一些促进良好关系的方法。

●定期业务回顾：在定期会议中进行业务回顾与绩效评估，讨论新的业务计划，并解决任何一方的问题与顾虑，有利于双方建立牢固的工作关系。

●高层管理会议：这增加了供应商对组织的信任，双方高层管理人员的定期会议为将来讨论长期战略和共同目标提供了机会。

●开展供应链管理：可以与上下游组织共享信息、共同开展风险管理、共同开展各项增值和降低成本的活动、共同满足最终客户的需求。

●深度战术合作：双方的关键部门之间进行深度合作，包括研发部门、技术部门、营销部门等。

●现场考察：邀请供应商到组织现场考察，增进双方在运营方面的了解，增加相互改善的机会。

●供应商早期参与：对供应商来说，能够早期参与组织的设计活动，或者参与到有名气的开发项目中，有利于对组织未来销售和声誉产生良好的预期，可以提升供应商的积极性；但对组织来说，也存在具有较高转换成本的风险。

●供应商开发：供应商开发在提升供应商绩效的同时，强化了双方的合作关系。

●增加与该供应商的业务量 / 价值：需要首先分析是否值得，例如可以通过集中小订单来实现，以引起供应商的重视，但如果是单一供应源会存在一定的风险。

●反向营销：与一般的买方 / 供应商营销实践相反，反向营销是一种与供应商建立关系的积极方法，需要组织主动为该关系和特定的业务交易提出建议；当供应源缺乏或供应商积极性不高时，供应链管理者需要进行大量的说服工作，说服供应商向组织销售某种产品或服务，并提升他们的供应积极性。

●供应商培训：通过培训帮助供应商提升供应绩效；对小型供应商提供帮助，使他们能够随着采购组织的需求一起成长。

●团队建设：供应商、内部客户和供应链管理者共同进行团队建设，将有助于在组织间建立合作和信任。

●公平对待供应商：在组织的政策、流程变更和机会获取等方面，对所有供应商应该一视同仁，这也是组织获取信任和提高忠诚度的关键。

●计分卡：计分卡是向供应商沟通期望、报告其相对表现的重要机制，主要用于关系发展而不是惩罚。

●供应商诊所：邀请供应商参加会议，使其了解组织的产品或服务的需求及使用场景，了解组织有关政策和流程；但在有竞争关系的供应商之间，要慎重使用这种方法。

●回顾自我工作的问题：例如如果组织对供应商延迟付款，将影响供应商的未来表现，并伤及双方未来的合作关系。

●供应商日 / 供应商论坛：提供了供应商知识与信息分享的机会，可以在组织的供应库中传播，还可以邀请组织高层管理人员参加，增加与高层管理人员见面的机会。

●加强双向沟通：双方可能会采用多种沟通方式，例如面对面、网络会议、电子邮件和电话等。

●定期征求意见：定期征集供应商的反馈意见，并视情况修正自己的行为，可以提升组织对供应商的吸引力，将有利于组织和供应商之间的总体关系发展。

3）供应商关系管理信息系统

为了与供应商建立长久的合作关系，组织需要一个实时更新的、良好的、易于管理的、充分共享的供应商关系管理信息系统，这就是 SRM 软件。它可以帮助各类业务人员迅速准确地了解需要的信息，协同其高效做出反应或决策，并支持标准化的业务规则与数据交换，促进与上下游合作伙伴的系统连接。

3. 采购方与供应商关系细分

首先划分采购方与供应商关系的类别。图 5-8 所示图谱的上半部分从左到右展示了采购方与供应商关系从松散到非常紧密的过渡过程，对应的采供关系类别分别是：交易型关系、战略型关系、参股关系（源于组织对供应商的收购兼并及合资）。

然后进行供应商关系的细分。在以上类别划分的基础上，组织需要进一步细分供应商关系。图 5-8 所示图谱的下半部分从左到右依然是从松散关系逐渐过渡到非常紧密的关系，采购方与供应商关系可细分为：日常交易关系、连续型关系、伙伴关系、协同 / 战略联盟关系、收购兼并及合资。针对每种不同的供应商细分关系，采购方与供应商之间的规划、工作流程和信息共享的一体化程度都是不同的。

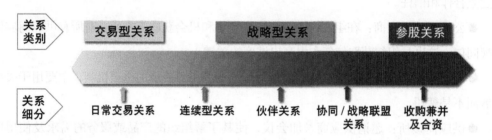

图 5-8　采购方与供应商关系图谱（出自 CSCP Module 1，2021）

组织需要在全球范围内总体规划与供应商的关系，在制订供应链计划时，针对每项物料或零部件的采购，必须首先进行供应商的细分关系定位，然后做出采购决策。

组织在考虑供应商的细分关系时，可以从以下几个维度着手。

- 关系程度方面：与供应商的关系紧密程度，以及关系的持续时间长短。
- 可视性方面：与供应商沟通及共享信息的类型和数量，以及是否具有可视性。
- 供应商数量方面：是多家供应商供货，还是独家供应商供货。
- 沟通方面：组织与供应商之间是单点沟通还是多点沟通，是否彼此信任。
- 文化交流方面：与供应商之间是否打算分享文化或者相互影响。

表 5-1 中描述了 5 种供应商关系细分在关系程度、可见性、供应商数量、沟通与文化交流这几个方面的各自特征。

表 5-1　供应商关系细分及特征（出自 CSCP Module 1，2021）

特征与分类		日常交易关系	连续型关系	伙伴关系	协同 / 战略联盟关系	收购兼并及合资
特征	关系程度	短暂交易关系，一次性合同	松散及部分战术合作关系，中期合同	战术紧密及部分战略合作关系，长期合同	战略紧密关系，长期合同	参股供应商，与供应商合资
	可见性	分享一般的技术及采购要求	分享一些目标和战术信息	充分分享目标、战略、战术信息	充分分享目标、战略、策略信息，并试图理解和响应联盟成员的计划	充分分享内部持有的信息，充分分享内部的目标、战略、战术信息
	供应商数量	很多	一些	有限或唯一	有限或唯一	唯一
	沟通	利用信息化手段进行沟通	有计划地进行点对点沟通	增加双方不同部门之间的沟通点，有一定程度的相互信任	强化双方不同部门之间的多点、广泛交流，相互之间高度信任，通过合同和许可强制执行	多点、广泛沟通
	文化交流	没有考虑	有所意识	有意识地适应彼此的文化	相互融合的文化	融合为一种文化

1）日常交易关系

日常交易关系表现为"现用现买"的采购行为，通常针对低值的非核心产品或服务，或者一次性产品。组织从满足需求的各个供应商中进行选择，与供应商只沟通技术、规格等采购要求，而不沟通战略或计划方面的内容。因此，日常交易关系是非持续的短期行为，组织与供应商保持一定的社交距离；同时，组织还可以选择更有竞争性的供应商，进行单次或多次采购；双方的参与程度较低；订单更改、账单核对等事务性沟通可以通过信息系统进行。日常交易关系是一种比较"疏远"的交易关系。

2）连续型关系

连续型关系针对组织的一些重复性的、低风险和低价值的采购，可以通过中期合同进行监管。由于采购频率和数量的提高，组织还可以定期采用竞争性招标或谈判的方式，以确保最好价格。

由于多次向组织供货，供应商可能对组织有足够的了解，从而有可能提出一些建议。通常由一名客户经理与组织的采购人员进行沟通，客户经理通常有意识地调整自我，以适应组织的业务方式和文化；但组织仍要与供应商保持一定的社交距离。针对连续型关系供应商，组织可以制定一套标准来认证供应商。

3）伙伴关系

伙伴关系是"供应商与组织建立的工作关系，让两个组织像一个组织一样开展工作"（APICS 第 15 版）。因此，伙伴关系是一种长期合作关系，通常双方要签订长期合同。正是由于这种长期合作，才创造了很多共同发展的机会。长期合作增进了双方之间的了解。良好而持续的工作沟通、多项增值服务的开展，提高了各自的工作效率。

4）协同 / 战略联盟关系

协同 / 战略联盟关系是"由两个或两个以上的组织形成的一种关系，他们共享信息，参与联合投资，并开发关联的共用流程，以提高两家公司的业绩。有许多组织与供应商建立了战略联盟关系，目标是提高共同供应链的绩效"（APICS 第 15 版）。

协同 / 战略联盟关系是一种长期而密切的合作关系，通常双方会签订一揽子采购订单，也称作总括采购订单。作为组织对供应商短期材料的长期承诺，该订单通常只包含一个品种及预计的交付日期。此方式既具备批量的价格折扣，又具备按需分批交货的灵活性，取代了竞争型招标采购方式。在协同 / 战略联盟关系中，供应商非常了解组织的目标和战略，并与组织一起开发和实施各项互补策略。 沟通点遍布双方组织的各个部门和岗位，他们之间高度信任、信息通畅、沟通高效，并具有一致的价值观，双方的参与程度也更高。合作期间，供应商通常会不断自我调整来适应采购方的文化，以加强合作和共同发展。关于组织间如何建立和维护协同 / 战略联盟关系来为组织创造更大的价值，将在本章第 4 节进行详细介绍。

5）收购兼并及合资

关于收购兼并，已经在第 3 章介绍了。

合资是指两家或多家公司共同出资、共享利润、共担风险，组建新企业进入新的市场领域。此处的合资是指采购方与供应商合资组建新的企业，将其专门作为采购方的供应商。

组织将供应商收购兼并或与其合资后，双方的商业利益是一致的，不存在竞争性采购的情况。供应商将直接参与制定组织有关能力、流程和信息集成的策略和计划；在业务领域，双方共同进行战略制定，集成管理产能计划、流程和沟通方式。然而在这种关系中，由于收购兼并或合资后的一体化运行效果不一，导致双方的信任、沟通水平和价值观的相互认可程度会有所不同；如果一些部门保留了独立的流程和文化，将削弱双方的充分沟通和信任 。

| 第 4 节 | 战略联盟

战略联盟通常意味着成员组织之间各项职能的互动，包括工程、营销、生产计划、库存或质量管理部门等，目标包括降低成本、提高质量、提高交付的及时性和可靠性、增加灵活性、加快新产品的引入。这种联盟必须是灵活的，在合作范围内，每个成员都必须为联盟关系贡献价值。

在传统采购中，通常只有供应商的销售人员与采购方的采购人员的沟通与互动，呈现为单点互动；而在战略联盟关系的双方之间，则是多部门之间的互动，例如双方的营销部门、物流部门、运营部门之间的互动。

1. 成功的战略联盟的特点

成功的战略联盟，尽管其本质是一种产品与服务的交换关系，但并不是简单的交换关系。联盟成员必须谨慎地对待这种联盟关系，否则将伤及联盟关系并可能走向失败。罗莎贝斯·莫斯·坎特（Rosabeth Moss Kanter）将成功的战略联盟关系比喻为成功的家庭关系，它们都需要灵活、善于倾听和积极参与。通常来说，在战略联盟情况下最有效的供应商关系具有如下特征：成员卓越、相互依存、赋予重要地位、倾心投入、信息透明、供应商集成、制度化、正直及拥有人际关系技巧。

其中供应商集成是指战略联盟的各成员之间需要进行 "钻石型" 多点互动，包括在不同级别上共享工作流程，在战略层面规划供应商的集成，以及相关供应商在供应链中处于合适位置。这种集成将增强供应链的可见性，同时又不失各成员的经营自主性。

此外，在战略联盟中经常采取跨职能团队的工作方式，团队成员需要具有一定的人际交往技能，特别是在全球供应链情景下，存在不同国家和地区的文化差异，团队成员的做事方式和认知观念不同，人际交往技能就更为重要了。

2. 战略联盟建立的动因

1）为产品增加价值

战略联盟加快了新产品上市的速度，使新产品更快地到达客户手中，并有助于全流程的质量保障，从而提升客户的满意度和忠诚度，赢得更多的终身客户。例如，战略联盟有利于供应商的早期参与（Early Supplier Involvement，ESI）的实施，供应商作为联盟成员通常更加积极、富有动力，更关注最终产品的技术水平的提高；战略联盟还有利于大规模定制（Mass Customization，MC）的实施，即以大规模生产的成本和速度，为单个客户或多品种小批量市场定制任意数量的产品（Pine and Boynton，1993）。大规模定制需要组织具有准确获取客户需求的能力、敏捷的产品开发设计能力、柔性的生产制造能力，目的是以低成本、高效率来满足最终客户的个性化需求。这种供应商上下游之间的高度联合，只有通过战略联盟才能够实现。

2）实现战略增长

战略联盟可以整合各成员的优势资源，取长补短，使其共同克服市场进入的壁垒、寻找和开发新的机会。例如，从全球范围来看，特别是在发达国家，制药行业的战略联盟是相对普遍的，一个小型生物技术公司拥有临床前新药研发的专业技术，但缺乏新药注册、临床试验和新药营销的资源。通过与大型制药公司合作，小型生物技术公司提供新药的临床前成果，如某个分子实体成功开发，大型制药公司则直接获得新药的临床前成果，并运用其强大的药品注册、临床试验、营销等方面优势而将新药推向市场。这样一来，两家公司各自专注和发展自己的核心领域，通过战略联盟得以共同发展。

3）扩大市场机会

战略联盟能够扩大进入新市场或渠道的机会。例如，厨房电器厂商与厨房设备厂商形成战略联盟，它们共同设计厨房电器和设备相结合的新产品套装，形成了厨房电器和设备的完美结合，包括颜色与款式的协调、空间节约、功能协调、更系列化等，然后共同开发精装修楼盘市场。房屋建筑公司很可能看好这项联合设计的套装，并将其作为整体厨房设计的一部分来增加楼盘的销售亮点，还有可能因此规划出一些更高价值的产品组合和项目。可以想象，如果厨房电器厂商与厨房设备厂商各自开发市场，是很难进入精装修楼盘市场的。

4）改善运营

战略联盟成员之间可以形成各种资源共享或互补，来降低系统成本并高效使用资源，从而改善运营。例如仓储资源的整合与互补使用：因为夏季园艺用品厂商和冬季运动用品厂商的产品分属两个旺季，所以它们可以共享一个仓库来节省存储成本和提高资源利用率。

5）提升组织的专业性

每个联盟成员都有其特长与优势，并拥有各自领域的专业人才。这些专业人才在一起工作，也将丰富组织的专业知识和经验，提升组织整体的专业性。

6）培养组织技能

战略联盟可以促进组织内部的学习，以及联盟成员之间的相互学习，使其在学习中更好地了解自己的状况和未来需求，从而提升组织的整体技能和对未来的适应能力。

7）增强财务实力

基于以上各项成果，战略联盟可以增加成员组织的收入和分担管理成本，从而有利于改善整体财务状况。

当寻求与供应商建立一种关系时，组织应该考虑供应商的能力强度、服务能力、产品和服务质量、创新能力、合作意愿等情况，最重要的是供应商能否做到客户至上，能否与组织共同面对和服务于客户。此外，预见能力、尊重客户并使客户满意的能力，是现代供应链得以发展的引擎。

3. 战略联盟决策的要素及成功联盟的必要承诺

1）战略联盟决策的要素

战略联盟在带来实质性利益的同时，很可能存在一些局限性。例如，供应商的整合减少了供应商数量，可能会降低竞争的经济效应；主导市场的联盟会削弱市场的竞争性，进而削弱组织核心竞争力。同时，并非所有情况都适合战略联盟，针对低风险、低价值的非关键物料，与供应商保持交易型关系也是比较常见的。因此，寻求与供应商建立战略联盟关系的组织，在决策时必须综合考虑以下几个方面。

（1）战略重要性

有些物料或零部件对体现组织竞争差异化至关重要，但并不属于组织的核心竞争力范围，因此组织缺乏对其自行开发和生产的能力。此时，组织就应该与具有战略价值的供应商结成紧密的战略联盟关系。因此，无论是物料、零部件还是服务，都要评估其对组织的重要性，以及供应商是否有这方面的核心竞争力。

（2）供应商的数量

针对以上个性化产品的个性化物料或零部件，要了解有多少个供应商可以提供。当只有一个供应商时，组织可能需要与该供应商保持密切的关系，以确保其成功开发和供应，从而确保组织的差异化竞争力。

（3）复杂性

复杂性是指采购的组件与最终产品之间的接口呈现出复杂性，以及供应链本身的复杂性。这种复杂性越强，组织就越需要与供应商进行协作设计，从而创造供应渠道增值点。此时，有效的供需管理和供应商关系管理可以大显身手。

（4）不确定性

这里的不确定性指供应的不确定性，包括原材料或组件成本的易变性、质量或可用性的变化等，这些变化可能会阻碍组织目标的实现。应对这种供应的不确定性是充满挑战的，当不止一种产品的质量变化波动大时，如果组织因不得已而听天由命，将会付出高昂的代价，组织需要与供应商发展更密切的合作关系，或者寻求替代或备选供应商。

（5）相互磨合

对于战略联盟的建立，双方组织之间通常需要经历长期的磨合过程。相反，如果是新供应商，特别是一个来自组织不熟悉地区的新供应商，组织与其建立战略联盟关系之初一定要小心谨慎，要确保相关流程和工作关系都能正常地建立和运行。

2）成功联盟的必要承诺

通常情况下，任何一种供应商关系的建立和维护都会具有很多压力和挑战，任何一方如果不能全身心地投入和自始至终地坚持，都可能导致关系的失败。因此，成功联盟需要各个成员做出必要的、具体的承诺，并把承诺落实到每一个相关的管理层面和操作层面，在每一项管理和执行中共同遵守。

（1）愿意改变的承诺

组织要想取得战略联盟的成功，必须通过不断的变革来改造自己，动态适应不断变化的客户需求。此外，战略联盟本身就很可能导致每个成员的变化，因为没有两家公司的业务是相同的，所以一些工作流程和方法的调整是不可避免的，一次或持续的调整都有可能，因为市场是持续变化的。为此，每个联盟成员必须做出愿意改变的承诺，而这种改变可能是巨大的，但更可能是循序渐进的。

（2）对关系的承诺

对关系的承诺意味着各联盟成员明白与其他成员保持持续关系的重要性，并尽最大努力来维持，尽管要为此投入大量的时间和资源，特别是关系的维持需要更大的投入，但这是非常值得的投资。同时，为了确保联盟关系的长期成功，组织需要开发一些系统流程或工具，来确保各种协作性工作的有效性和高效率，并要定期回顾、审查成员间工作关系的质量，这也是对联盟实力的衡量过程，可以发现和诊断当前的问题，或预判潜在的新问题，或鉴别出可以增强联盟的潜在机会。

（3）致力于沟通的承诺

针对战略联盟的共同目标，组织必须保持开放和持续的沟通，这对供应链关系的成功至关重要。联盟成员仅仅共享数据是不够的，关键是要建立一个动态的环境，能使供应链的所有环节都可以进行互动，信息实时地双向流动；所涉及的范围包括从设计和新产品的引入，一直到销售和市场数据管理的整个过程，还包括订单的计划、执行、售后服务等。

4. 战略联盟的建立和维护

战略联盟关系要想成功建立和维护，还需要将承诺转化为具体的实施步骤，以下是其基本步骤，可能因不同组织而异，这些步骤很适合在全球采购中使用。

1）内部联盟

在建立战略联盟之前，组织首先要明确哪些是关键的问题、哪些是关键的决策，并让关键利益相关者都参与进来，以便更早、更好地了解情况，并得到关键人物的一致认可，形成内部联盟。

2）选择合适的联盟伙伴

组织在建立战略联盟之前，首先要树立明确的战略目标，并据此来寻找或接受能帮助实现战略目标、弥补战略缺口的联盟成员。通常来说，一个合适的联盟成员的基本条件是：能够给本企业带来渴望的技术、技能，能够分担知识风险、增加进入新市场的机会等，还要有文化上的相容和相似性。

按联盟成员实力强度来划分，战略联盟包括强强联盟、强弱联盟和弱弱联盟几种方式。而实力相当、业务互补是战略联盟成功的必要保障，关键在于联盟能否产生优势互补或优势相长的效应。一般情况下，战略联盟成员的选择要考虑产业链、产品质量、技术关联性、成本、企业信誉、交货情况、地理位置等因素；同时，还要注重联盟成员之间的组织文化的一致性和差异协调能力的强弱。文化及战略的一致性越高，战略联盟成功的可能性就越大，而创造以"合作"为指导思想的战略联盟文化显得尤为重要。

3）双赢协商

由于联盟成员之间有可能存在既合作又竞争的双重关系，双方应对联合与合作的具体过程和结果进行谨慎细心的谈判。双方只有以双赢为目标，才能够为未来的联盟奠定基调。

4）建立基本规则

联盟成员必须就如何协同工作而制定指导方针、流程和相关的协议，包括怎样一起工作、如何解决冲突、如何管理关系等。

5）任命专职经理

如果可能的话，最高管理层应该指定一名专职的 SRM 经理来监督和管理联盟关系，目的是维护好联盟关系、进行一些联合倡议，并以此来支持市场、增加收益、获取客户资源。

6）鼓励协作

在战略联盟建立之后，联盟成员之间将会有更多的合作性工作，其中不乏一些紧急或特殊的情况，良好的沟通与协作技能显得格外重要，能够更好地促进合作。

7）以合作的心态参与

战略联盟管理者必须关注联盟的共同目标，从联盟的整体利益出发，而不是从渠道主导者的利益出发，目的是在联盟成员之间建立一种良好的协作氛围。例如，在每周的网络会议上，战略联盟管理者应更加关注协作情况和问题的解决，并着重于重新定义更大的目标、发现能够接近这一目标的策略。因此，合作应该被提升到组织的战略背景下来看待。

8）管理多方面的关系

一个联盟成员可能同时也是一个竞争者、一个客户，或一个供应商，组织必须了解潜在的利益冲突，并就相关的专利和许可达成协议。同时，组织需要识别、分析和跟踪战略联盟成员的所有关系，了解和理解它们的其他潜在互动和交易。例如，联盟供应商参与组织的新产品开发过程，同时也为组织的竞争对手设计类似的关键零部件，组织面对这种冲突情况时，就需要与该联盟供应商事先就专利和许可达成一致并签订协议。

9）检查诊断

组织需要对战略联盟关系进行审计，这不仅仅是确保业务目标实现的手段，还是对工作关系的健康度和信任度是否正常的一种监测。

10）应变计划

应变计划包括两方面的含义。首先是针对业务的变化而言。战略联盟成员必须能够对一些业务的变化进行预见和计划，如出现高管调动、组织结构重塑、竞争和监管环境的变化等情况，需要进行专门的计划以应对潜在的改变或实际改变。其次是针对关系的改进而言。战略联盟成员必须进行持续的、渐进式的改进来强化双方的合作关系，例如成员之间信息共享就非常有利于高效合作。

5. 供应商绩效管理及持续改进

1）供应商绩效管理

组织必须持续不断地监控供应商的整体表现，关注供应资源，明确供应商是否有绩效失误的情况出现，为供应链制定改进策略。同时，有效的供应商绩效管理还是明确产品的总拥有成本、明确供应链关系成本的基础。有效的供应商绩效管理需要做到以下几点。

● 跟踪所有供应商的表现，重点关注关键部件供应商、有质量问题的供应商。

● 与供应商联合进行绩效考核、绩效报告，共同进行绩效改进。

● 需要对关键供应商进行绩效考核。

● 需要制定和实施标准化的供应商绩效考核流程。

供应商绩效考核是引导供应商供应行为的重要导向，考核的结果是组织与供应商关系发展的重要风向标。关键供应商绩效表现不佳对采购方的影响极大，组织需要启动大部分的改善资源来帮助供应商改善，并对改善的实施状况进行监控和再评价；而当非关键供应商绩效表现不佳时，组织可以寻找新的替代供应商并淘汰该供应商。当然，对于长期高绩效的供应商，组织要予以激励，这样就形成了对不同供应商的差异化管理。

2）供应商持续改进

在当今的竞争环境中，客户和最终消费者的期望是：产品和服务持续改善、价格持续下降。任何组织今天的优秀绩效，例如在质量、交付、成本、创新和可持续发展等表现良好，不代表明天依然优秀。为适应不断变化的需求，供应商必须不断改进。在现实中，许多供应链管理组织将持续改进作为其供应商计分卡的一部分。供应商关系管理的一个重要方面就是与供应商协同工作，帮助它们改善流程和绩效的具体方法之一就是进行持续改进。

供应商持续改进的重点领域通常包括质量、交付、成本、可持续性等，其方法包括精益、六西格玛、精益六西格玛、根本原因分析、改善，具体的活动包括整合技术支持、认可和奖励杰出的供应商、提供直接帮助、识别潜在制约因素等。

| 第5节 | 价值创造

组织之间彼此的贡献可以融合成一种协同的新能力并产生综合效益，不仅能够满足客户需求，还可以重建客户的忠诚度。这隐含着与供应商或客户共享合作与共同创新的过程，可以应对激烈的竞争和变动的市场环境，并构造竞争优势群体和保持核心文化的竞争力，为组织和客户创造共同价值。

1. 创建供应链网络协同

1）供应链的类型

供应链管理专家李效良教授认为，组织可以通过判断需求及供应的不确定性程度，来打造适合自己的供应链战略。他将需求和供应均分为低不确定性和高不确定性两种情况，由此得出4种供应链战略（见图5-9）。

从需求这一端来看，组织的产品通常分为两种类型，功能型产品和创新型产品。功能型产品的需求是低不确定性；而创新型产品的生命周期短暂，需求的不确定性高并难以预测，如时装、网络游戏、高端计算机等都属于这一类产品。

从供应这一端来看，也有两种类型，一种是不确定性低的，一种是不确定性高的。不确定性低的（稳定的流程）供应过程背后是成熟的制造流程和技术、完备的供应基地；而在不确定性高（演变的流程）的供应过程背后，制造流程与技术都处于早期开发阶段，处于迅速变化的时期，而供应商可能在数量和应对需求变化的经验上都有限。

李效良教授 不确定性框架	需求不确定性低 = 功能型产品	需求不确定性高 = 创新型产品
供应不确定性低 = 稳定的流程	效率型 供应链	响应型 供应链
供应不确定性高 = 演变的流程	风险对冲型 供应链	敏捷型 供应链

图 5-9　供应链的类型划分

●效率型供应链：针对具备稳定的供应流程的功能型产品，其特征是遵循精益原则并追求规模经济，应用最佳技术，将产能和分销能力都发挥到最大限度。同时，组织还必须重视与供应链中的各方保持有效、准确的信息沟通。丰田公司就是效率型供应链的代表。

●风险对冲型供应链：针对供应流程变化不定的功能型产品，其特征是通过弹性设计或者共同经营、共享资源、共享能力来减小因供应不稳定而带来的风险。例如与其他合作伙伴共同拥有缓冲库存，设立多家供应商，或者利用分销商的库存能力来减小供应风险等。

●响应型供应链：针对具备稳定的供应流程的创新型产品，需要快速和灵活地满足多样且多变的客户需求。例如按订单生产或者大规模定制、延迟概念加上模块化设计等。

●敏捷型供应链：针对供应流程变化不定的创新型产品。这种类型的供应链结合了风险规避型供应链和响应型供应链的长处，它对于客户需求反应迅速而且灵活，同时也通过共享库存或者其他能力资源来规避风险。全球领先的可编程逻辑解决方案生产商赛灵思公司就是依靠这一类型的供应链赢得竞争的。它与铸造工厂结成紧密的合作伙伴关系，对方负责为其制作晶片并将之存放在芯片仓库中。当从客户订单中得知有对于特殊芯片的需求后，赛灵思公司就会运送裸片（由晶片组成）到韩国和菲律宾的合作伙伴处做最后的测试和组装。

　　无论哪种类型的供应链，都包含了与上下游组织的协同合作，其共同为客户创造价值。李效良教授认为，当前的组织正在面临三大挑战：不确定性增加、变化速度加快，不断变化的技术和政治经济环境，不断增加的有不同利益诉求的合作伙伴。最好的供应链需要同时具有敏捷力（Agility）、适应力（Adaptability）、协同力（Alignment）、构建价值的能力（Architecting Value into Your Supply Chain）。要建立这种 4A 供应链，企业必须放弃与生产力背道而驰的、一味追求效率的心态，必须做好准备以保持整个供应链网络随时对环境的变化做出反应，必须关注供应链所有合作伙伴而不只是自家企业的利益。对组织来说，这是一项颇具挑战性的任务。

2）供应链网络成员间的协同

　　供应链网络成员间的协同相当于各成员结成联合的工作方式，围绕市场和客户需求，形成成员间的战略和战术方面的协同，或技术方面的协同。其中成员间的战略协同包括横向和纵向两个方面，或在内容上产生销售、营运、投资、管理等协同，还可能在过程中共同创建和实施很多协同合作的活动，包括 VMI、JIT、JIM、CPFR、MC、ESI、VA/VE、协同生产计划、协同采购、协同物流、协同销售与服务等（见图 5-10）。通过协同可以产生如下价值和收益：成本降低、质量改进、更好的客户服务、库存减少、项目成果的快速获得、周期和交货期的缩短、更有效的工作关系、对彼此承诺的加强等。

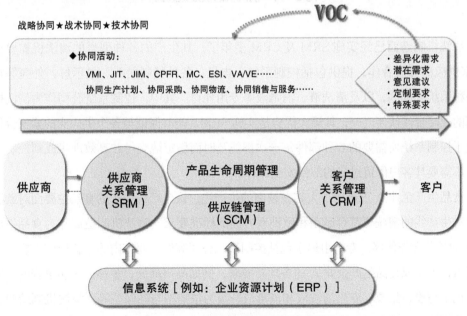

图 5-10　供应链网络成员协同合作

2. 供应链协同活动案例介绍

清洗机制造商的主要产品是多种型号的智能/可移动清洗机，以及配套的专用清洗液、消毒液等耗材，用于清洗各种食品生产线、工具、料斗等；主要客户是食品生产企业A、B、C、E，及清洗设备经销商D等；主要供应商包括控制系统公司、电机制造商等。其中，控制系统公司的主要供应商是部件1~6的6个制造商，还有其他供应商。图5-11所示是清洗机的供应链成员。

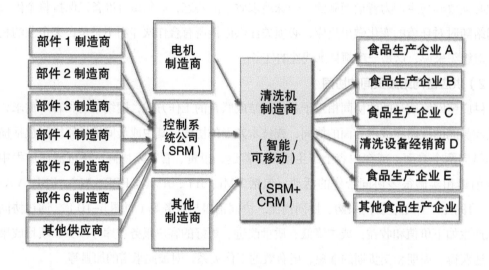

图5-11　清洗机的供应链成员

清洗机制造商已经实施SRM及CRM多年了，其生产的各种型号的清洗机需要与近80家供应商开展合作，提供包括控制系统、电机、各种特制刷头、显示屏、外壳等在内的各种系统或部件，以及清洗液、消毒液等专用耗材。其中，控制系统公司作为清洗机制造商的战略合作伙伴之一，其最大优势是实施SRM，能够保证与各个供应商的紧密合作，以至于控制系统所需要的6种部件每一次都能及时而稳定地交付并高效地集成到控制系统中，不需要其客户保留过多的部件安全库存。

食品生产企业A正迅速扩大其在越南的生产线，该生产线生产的食品主要面对欧洲市场，对生产线的清洗要符合越南和欧洲双方面的标准要求。清洗机制造商作为食品生产企业A的长期合作伙伴，专门组建了包括控制系统公司等供应商在内的"新标清洗机开发"专项组，来完成食品生产企业A的各项新要求，例如噪声降低、多种语言和语音的选择、清洗记录与设备集成、专用清洗液和消毒液升级为浓缩型与环保型等。清洗机制造商在与其供应商的联合开发下，最终满足了客户需求。

食品生产企业 B 是总部位于美洲的跨国企业，在新的一年要求所有的供应链成员都需要通过 ISO 14000 认证，目标是进行有效的污染预防，最终实现组织的良性发展。清洗机制造商面对食品生产企业 B 这一高价值客户，带领各供应链成员进行了 ISO 14000 认证，提升了各成员组织及整体供应链系统的环境管理水平，并因此获得了食品生产企业 B 增加的采购订单。

食品生产企业 C 在其生产基地的节能诊断后，对所有设备设施的能耗状况进行了调查、测试和分析，并计划进行节能整改，目的是尽可能地节约能源消耗、减少碳配额的压力。食品生产企业 C 向清洗机制造商提出要求：新购置的清洗机要在高温消毒和烘干功能之间增加循环节能的功能，以减少能耗。清洗机制造商认识到这是一个有前景的开发方向，采取 ESI 方式来加速开发，但进展缓慢。正当清洗机制造商感到困难时，食品生产企业 C 分享了其自身循环节能方面的创新思路和方法，解决了清洗机制造商的困境，使其最终满足了食品生产企业 C 的要求。这款节能型清洗机及配套耗材的诞生，在半年后成为该组织销量最高的单品。

清洗设备经销商 D 自行进行清洗机的维护、维修，但要求清洗机制造商对其专用清洗液、消毒液的库存采取 VMI 方式。为此，清洗设备经销商 D 将其实时的库存数据、未来 3 周的需求预测开放给清洗机制造商，清洗机制造商可以据此进行库存数据跟踪、计划、采购、生产、发运，来保障清洗设备经销商 D 的库存及使用需求。

食品生产企业 E 希望清洗机制造商能够为它们高大的料斗（用于装载和输送原料，高 2 米）专门设计和生产清洗机，并要求单个料斗清洗时间（包括清洗、消毒、烘干 3 个步骤）由原来的 30 分钟减少到 10 分钟，以减少生产现场的周转料斗总数量。清洗机制造商依靠其专业、稳健的伙伴式供应商网络承担了这项定制化任务，并与食品生产企业 E 的生产人员、工程人员紧密沟通，最终满足了食品生产企业 E 的要求，并取得了两项发明专利，而且这一升级的新型清洗机，可以考虑推广到一个更大的新的市场领域，那就是医药制造企业。为此，清洗机制造商启动了这一新领域的学习、提升和相关认证工作。

第 6 章

沟 通 与 协 同

沟通是人们在日常生活中最常进行的活动之一，是人与人之间、人与群体之间思想与感情的传递、反馈和交流的过程。有效沟通必须包含信息、反馈和通道 3 个基本要素，缺一不可。

沟通按具体形式划分可分为非正式沟通和正式沟通，按信息流动方向划分可分为上行沟通、平行沟通和下行沟通 3 种。良好的沟通能顺利地传递信息，且易于被他人理解并与他人达成共识，以避免不必要的误解。沟通是供应链管理者必须具备的基本能力之一，供应链管理中出现的许多问题大多都是沟通不当或缺少沟通造成的。

所谓协同是指协调两个及以上的不同团队或个体，使其步调一致地完成某一目标的过程或能力。良好的沟通会产生协同效应，简单地说，就是"1+1>2"或"2+2=5"的效应。倘若没有充分有效的沟通，协同就无从谈起。

荀子曰："假舆马者，非利足，而致千里；假舟楫者，非能水也，而绝江河。君子生非异也，善假于物也。"荀子简明扼要地指出君子善于借助外物（即外部的力量），简单地说就是借力。

市场竞争环境的剧烈变化使企业内部和企业间协同的必要性和重要性日益凸显。内部协同是指企业内部利益相关者相互协作，共享某一特定资源而产生整体效应；而外部协同是指外部利益相关者为完成某一特定项目相互协作、共享资源，以获得比单打独斗更高的赢利能力。常见的协同效应有许多，如产销协同效应、物流协同效应、采购协同效应和供应链管理协同效应等。

"集合众智，无往不利"是松下幸之助先生穷其一生悟出的有关协同的至理名言。

　　供应链成员之间的沟通与协同充分体现了成员之间竞争与合作的关系，沟通是创建协同运营的基础。

　　如今，随着全球经济的一体化和高新技术的蓬勃发展，产品的生命周期越来越短，更新迭代越来越快，供应链管理正面临着一个复杂多变、竞争激烈的供给环境。消费者导向的时代已经到来，消费趋向多样化和个性化，给企业的生产方式带来了新的挑战。全球市场日趋成熟，市场监管也更加严谨，关于环保合规和社会责任的呼声也越来越强烈。在这样的生态环境下，企业要获得稳健长足的发展，除了协同整合内部资源外，还需要整合一切可以协同的外部资源来弥补自身的不足，强化企业的竞争优势。

　　本章将从供应链管理者的视角阐述供应链管理过程中的沟通与协同。

1. 了解供应链管理沟通的内涵，掌握有效沟通的原则。

2. 掌握有效沟通的方式及常用工具和方法。

3. 充分理解供应链管理者在沟通中的作用。

4. 充分理解不同层次的供应链协同。

5. 充分理解信誉的重要性。

| 第 1 节 | 供应链管理沟通概述

1. 供应链管理沟通的内涵

通用电器公司前总裁杰克·韦尔奇（Jack Welch）说："管理就是沟通、沟通、再沟通。"

1）供应链管理沟通的概念和要素

供应链管理沟通是指供应链管理者为支持组织目标的实现，在推进和落实供应链管理战略目标的过程中，以及在履行管理职责、实现管理职能的过程中，进行的有计划有策略的规范性的沟通活动和过程。换言之，供应链管理沟通是管理者履行管理职责，实现管理职能的基本活动方式，它是以组织目标为主导，以供应链管理职责和职能为基础，构建协同环境为利益相关者创造价值的管理活动和过程。

沟通是职场常用的社交工具，是传递信息、分享思想和情感的过程，也是解决问题和冲突，推动协同和变革的有效工具。有效的供应链管理沟通通常包含以下要素。

● 明确目标。

● 达成共识。

● 解决问题。

● 创建协同。

2）供应链管理沟通的对象和目的

供应链管理者面临的内外部利益相关者众多，通常包括企业的股东、债权人、高层管理者、雇员、客户、供应商等交易伙伴，也包括政府部门、周边社区居民、媒体、环保主义等压力集团。它们与组织的生存和发展息息相关。它们都有可能成为供应链管理者沟通、说服，以及与之创建协同的对象。

在日常工作中，供应链管理者需要与上下级、相关职能部门，尤其是与外部利益相关者进行各种不同层次的沟通。供应链管理者要实现供应链的愿景、使命和战略，需要出色完成以下几方面的工作。

● 说服内部利益相关者以一种新的视角看待和理解供应链管理。

● 说服内部利益相关者支持供应链的愿景、使命和战略，并引导他们建立协同的合作机制。

●强化与外部利益相关者的交流，说服外部利益相关者认同并接受供应链管理新的价值主张。

●与外部利益相关者共建协同运营管理机制，实现多边和谐共赢。

3）供应链管理沟通的特殊性

供应链管理沟通本身就属于管理活动的基本范畴，也是供应链管理者的基本职责。据统计，供应链管理沟通占据了供应链管理者的大部分时间和精力。

供应链管理沟通不同于人际间的日常无计划且非规范的沟通，它是供应链管理者在履行管理职责的过程中，为了有效地实现管理职能而进行的一种职务沟通活动，它不仅与管理有联系，而且本身就属于管理的范畴。

虽然供应链管理沟通也可能是信息、思想、观点、感情、意见等内容的交流，但交流的内容与组织的目标、战略和任务要求等密切相关，是一种目标导向明确的有计划的规范性的活动和过程。

从沟通形式的角度来看，供应链管理沟通包括人际沟通、组织沟通，抑或正式沟通、非正式沟通等，但它更应该包括现代组织信息活动与交流的一般管理要求和现代管理方式。它不仅仅是沟通活动，也是一种制度或机制，还是组织结构的选择和组织制度、体制的建设要求。

2.有效沟通的原则

供应链管理者在沟通时需要注意以下 10 项原则。

●真实性原则。

●渠道适当性原则。

●主体共时性原则。

●信息传递完整性原则。

●代码相同性原则。

●时间性原则。

●理解同一性原则。

●连续性原则。

●目标性原则。

●噪声最小化原则。

3. 有效沟通的方式

据专家研究分析，供应链管理沟通涵盖了沟通的内容、沟通的方式、沟通的行为和动作。就其影响力来说，沟通的内容，仅占7%，影响最小；沟通的行为和动作占55%，影响最大；沟通的方式占38%，居于两者之间。由此可见，加强沟通的行动与增加沟通的频率有多重要。

1）沟通的过程

构成人与人之间有效沟通的过程要素通常包括信息输出、编码、通道、解码、反馈和接收。输出者发出的信号是信息的来源，所以供应链管理者首先必须分析受众（即接收者）的背景，包括价值取向及利益偏好等，然后准备资料，选择恰当的沟通渠道，以通俗易懂、利于接收者理解的方式完成信息的输出。沟通过程中有编码和解码两个概念。编码是指将期望传递的想法和战略意图转化成信息的过程；解码是指接收者收到信息后将信息转换为自己的想法或感觉的过程，其间还会伴随反馈。沟通的过程如图6-1所示。

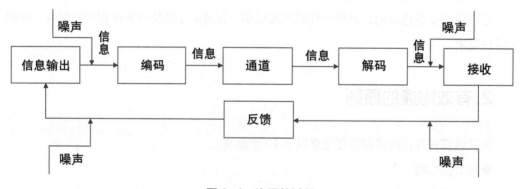

图6-1 沟通的过程

供应链管理者在沟通过程中编码时，需要注意以下几个方面。
- 相关性。
- 简明性。
- 条理性。
- 重复性。
- 聚焦性。

2）沟通前的准备

良好的沟通者需要时刻关注和把握重点，保持注意力，找出所需要的重要信息并加以提炼，然后言简意赅地运用通俗易懂的方式将自己的战略意图展示出来，切记尽量不要使用专业术语以免非专业人士或高层管理者难以理解。

沟通本身就带有目的性，是与他人深层次的交流和讨论，期望借其解决特定的问题或让对方接受自己期望推行的战略或价值主张。例如曾国藩在与太平天国交战时屡战屡败，但在上疏时用了"屡败屡战"赢得龙颜大悦。这是因为"屡战屡败"突出的是"败"字，传递的是一种屡次受挫的痛苦和悲观情绪；而"屡败屡战"突出的是"战"字，强调的是虽然屡次受挫但依然百折不挠，具有不达目标决不罢休的精神和勇气。

不幸的是，沟通双方往往拥有不同的利益和价值取向，所以即使投入精力，慎重沟通，也不一定能够顺利达成共识。所以在进行特定的沟通时，换位思考法能将误解或沟通频率不匹配的概率降到最低。你需要思考以下问题。

- 你想传递什么样的信息？
- 你的目的是什么？
- 你了解对方的语言（规则、目标和希望）吗？
- 你们的共同目标是什么？
- 有什么障碍阻碍了协同合作？
- 创建协同合作的契机是什么？
- 协同合作的价值意味着什么？
- 你需要对方做什么？
- 如果你是他，会接受吗？
- 如果对方不接受，是否还有其他选择方案？
- 对方可能会要求你做什么？
- 如果双方达不成共识，对双方会有何不利影响？

在沟通前，供应链管理者需认真做好以下准备。

- 分析沟通对象的个性特征，包括性格偏好、处事风格、价值取向、利益关注点、人际关系特征等，并尽可能把握其可能持有的态度。

- 拟写沟通的纲要并认真准备相应的素材和资料，尽可能做到数据殷实、逻辑缜密、条理清晰、文字简练且通俗易懂。

- 选择恰当的沟通方式和渠道，即便是选择面对面沟通也要事先进行规划和设计，明确是采取委婉暗示或比喻的方式，还是单刀直入、直奔主题、直接告知的方式等。

- 事先告知对方需要沟通的主题内容，让对方有时间做出相应的充分准备。

- 与沟通对象共同选择沟通的时间、地点、方式，以及确定与会人员。

供应链管理者不但要善于沟通，同时还必须善于成为一个良好的倾听者。所谓倾听就是要充分考虑对方的意见和感受，需要预留机会给对方阐述其意见和想法，同时还需要换位思考，设身处地地站在对方的角度来思考。找出对方话语的合理性，以便充分理解对方并综合对方的意见和建议，引导对方到所要沟通讨论的议题上来，使对方感受到自身的价值所在。

大多数外向的人都希望有机会阐述自己的观点和意见。所以供应链管理者应该考虑给予他们机会和空间，让他们能毫无保留地表达想法和感受。因为他们具有表现欲，让他们畅所欲言，他们会立即觉得对方和蔼可亲、值得依赖。很多人在交往中不能给对方留下一个良好的印象，不是因为他们口才不好、词不达意，而是由于他们不愿意或不善于倾听，例如时常在别人讲话的时候，目光游离、心不在焉，或者没有耐心听别人讲话，不断地强行插话并打断对方的讲话，让对方感到没有完整表述观点的机会。

仅仅只有表达和倾听对于一个完整的有效的沟通过程来说是不够的，还必须有反馈，即双向沟通，让对方复述对议题的理解，表述他们的意见和态度，以便发现并澄清"表达"和"倾听"过程中可能出现的误解和失真。这种反馈既可以主动寻求，也可以主动给予。

然而在现实中，时常有人总是希望将自己的观点和想法灌输给对方，让对方无条件地接受，可对方未必完全能听懂、能理解，结果因理解偏差或误解导致争执和争议，协同和共识就成为泡影，在项目执行时也会事倍功半或一事无成。

沟通和管理如影随形，没有有效沟通，就难以实现有效管理，就难以与利益相关者达成共识，创建协同。

3）沟通的形式和方法

沟通的形式多种多样，常见的沟通形式如下。

- 正式沟通或非正式沟通。
- 纵向沟通或横向沟通。
- 单向沟通或双向沟通。
- 口头沟通或书面沟通。
- 详细沟通或简略沟通。

沟通的方法也是多种多样的，不仅包括正式声明、书面报告和通报会等，还包括个别交流、协商讨论、专题研讨、大型会议等，也可通过网络、视频、现场参观等多种方法展开。

4. 有效沟通的常用工具

沟通的目的就是试图影响利益相关者接受自己的观点，或试图改变他们的立场，以避免产生不必要的冲突或负面影响。为此供应链管理者可以借助多种通用的管理工具了解和分析利益相关者的需求，通过积极的沟通，不断完善期望推行的战略方案，化解矛盾并争取获得更多利益相关者的支持。

1）八步模型

供应链管理者可利用营造紧迫感和危机感为沟通开创良好的局面，再通过建立指导联盟为解决问题或推动战略和变革提供资源保障。供应链管理者也可考虑围绕愿景和使命展开进一步的交流和沟通，通过跨职能团队的建立，为推进项目扫除障碍，并可通过快赢成果赢得信任，最后持续协同，努力推进，达成目标。

约翰·科特在《领导变革》中提出了八步模型，具体内容如下。

- 营造紧迫感。
- 建立指导联盟。
- 提出适合的愿景。
- 组建团队。
- 清除障碍。
- 取得快赢成果。
- 维持加速。
- 制度变革。

科特还在该书中归纳总结了以下几种可能面临的变革阻力。

- 狭隘的个人利益。
- 误会和缺乏信任。
- 认知观点不同。
- 容忍度较低。

针对这些问题，科特给出了 6 种应对措施，具体如表 6-1 所示。

表 6-1　应对变革阻力的方法

方法	通常适用的场景	优点	缺点
宣传教育 + 沟通	缺乏信息或信息和分析尚不准确	一旦被说服，他们往往会帮助实施变革	如果涉及很多人的话，会很费时间
参与 + 介入	发起者没有设计改变所需的全部信息，而其他人有相当大的力量来抵制改变	参与者将致力于实施变革，他们所拥有的任何相关信息都将被整合到变革计划中	若参与者做了一个不恰当的改变，那就太费时了
促成 + 支持	有人因为需要调整适应而抵制	没有其他方法，只有解决适应问题	很费时间，代价太大，且还是可能失败

续表

方法	通常适用的场景	优点	缺点
协商＋约定	某个人或某个利益团体在变革中明显将要失败，而这个团体有足够力量去抵制	有时这是一个相对容易的方式，以避免重大的阻力	在许多情况下，如果提醒其他人通过谈判达成协议，代价可能太大
操纵＋合作	其他策略不起作用，或代价太大	可以是一个相对快速且代价不大的解决抵抗问题的方案	如果人们感到被操纵，可能会导致未来的问题
明显胁迫＋暗地胁迫	速度至关重要，而变革的发起者拥有可控的力量	见效快，可用以克服任何阻力	有风险

2）曼德罗矩阵

因利益相关者不可能对所有问题保持一致意见，他们的立场、势力和影响力也各不相同。为实现有效沟通，供应链管理者可采用奥布瑞·曼德罗（Aubrey Mendelow）的曼德罗矩阵分析利益相关者，如图 6-2 所示。

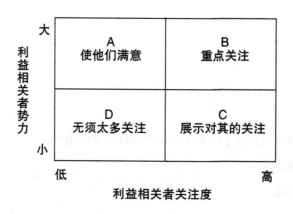

图 6-2 曼德罗矩阵（利益相关者管理矩阵）

在图 6-2 中，横轴代表利益相关者对该事件的关注程度，纵轴代表利益相关者对该事件的影响力。该矩阵将利益相关者细分为 4 种不同的类型，以便供应链管理者与之进行有针对性的沟通与协同。因为再优秀的管理者也无法做到让所有人满意，所以争取使大部分利益相关者满意即可，特别是使关键的利益相关者满意或赞同就足够了。

（1）A 象限内的利益相关者

A 象限内的利益相关者虽然具备较强的影响力，但他们对该事项不甚感兴趣，所以供应链管理者只需适当关注他们，让他们感到被尊重，使他们满意就行了；但若忽略了他们，他们可能会对该事项产生较大的负面影响。

倘若他们持反对意见，供应链管理者应对他们予以重点关注，尊重他们并努力说服他们。

（2）B象限内的利益相关者

B象限内的利益相关者具备较强的影响力，对该事项也挺关注，所以供应链管理者需要重点关注他们，最好邀请他们早期参与，与他们密切沟通、互动，倾听他们的意见，并邀请他们参与共同的决策。在该事项实施的全过程中，供应链管理者要对他们保持信息畅通且透明，以此博得他们的赞许与支持。

（3）C象限内的利益相关者

C象限内的利益相关者没有多少影响力，但对该事件挺关注。倘若他们相互联合起来也会影响该事项的走向，为此供应链管理者需要予以一定的关注，例如倾听他们的意见并适当满足他们的需求；通过定期沟通，让他们了解该事项（项目）的计划、进展状况及结果。供应链管理者只需对他们保持信息畅通且透明，让他们知道他们的意见也会被吸收采纳或部分采纳，就能获得他们的赞许与支持。供应链管理者要避免他们成为该事项的反对者。

（4）D象限内的利益相关者

D象限内的利益相关者没有多少影响力，且他们对该事项不甚感兴趣，所以供应链管理者无须予以太多的关注，只需简单地沟通，让他们知晓一些概况，让他们感到被尊重就够了。供应链管理者要避免他们成为反对者。

具体操作时，供应链管理者可按权力/利益矩阵分析并列明相关的关键信息，如表6-2所示。

表6-2 权力/利益矩阵分析

利益相关者（部门或组织）	利益相关者所处象限（A/B/C/D）	利益相关者对供应管理决策的重要性（1~10）	行动方案计划日期	资讯频率	工作输出的目标计划日期

3）托马斯-基尔曼冲突模型

托马斯-基尔曼冲突模型（Thomas-Kilmann's Conflict Model）是由美国行为科学家肯尼斯·托马斯（Kenneth Thomas）与拉尔夫·基尔曼（Ralph Kilmann）在罗伯特·布莱克和简·莫顿的管理方格理论的基础上开发的冲突模式工具，在冲突情况下选择行动方案时，确定了自信和合作两个维度，以及避免、通融、妥协、竞争、合作5种冲突处理模式（见图6-3）。

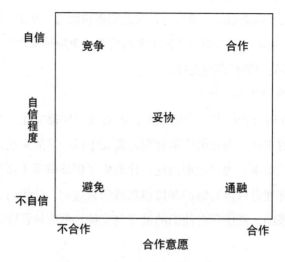

图6-3 托马斯－基尔曼冲突模型

（1）竞争型

●当自己的自信程度高而他人的自信程度低，且自己和他人都不愿合作时，就会采用竞争的方式。喜欢这种方式的人倾向于采取坚定的立场，因为他们对自己的立场很有信心。

●当在重要问题上发生冲突需要紧急解决时，适合采用这种武断的方式。

●这种武断的处事方式会让对方有强烈的挫败感，所以要慎行。

（2）合作型

●在要求合作解决冲突的时候，且在自己与他人的自信程度都很高的情况下，最适合采用合作型沟通方式。

●共同努力以满足每个参与者的需求。选择这种方式的人仍然会自信，但是与竞争型方式不同的是，他们承认每个人的观点都是同等重要的。这种方式尝试将许多观点糅合在一起，以获得最佳的解决方案。

（3）妥协型

●当自己和他人的自信程度与合作意愿都不太强烈时，通常会导致妥协的局面。

●妥协往往意味着所有各方只能感到部分满意，因为为了达成妥协每个人都必须放弃一些东西。

●在对冲突项目的让步不足以突破各方底线的情况下，适合采取妥协型的方式。

（4）通融型

●当有人准备满足他人的需要，并牺牲自己的需要时，适合采用通融型方式。

●当供应链管理者希望推动变革或推行新战略时，不适合采用此方式，因为他们的首要任务是说服利益相关者，启动并实现战略的目标。

●只有当这是解决冲突的唯一办法，而非面临原则性问题或不解决问题的影响远比必要的让步更严重时，这种方式才应该被采纳。

（5）避免型

●当所有人都不甚关注时，会选择逃避或搁置争议，即避免型的方式。

●采用这种方式并不能处理冲突，因为冲突依然存在，而且后续冲突可能加剧。

●喜欢这种方式的人会试图避开冲突，或将其传递给他人。只有当当事人真正相信别人能更好地解决冲突时，这种方式才是可以接受的。

●在处理一些次要问题时，采用此方式也是可以的，但潜在的冲突依然没有化解。

第2节 供应链管理者在沟通中的作用

组织想要生存和长足发展，就要处理好内外部利益相关者之间的关系，协同一切可以利用的资源来弥补自身的不足，提高自身的竞争优势。

利益相关者是组织内外部环境中受组织决策和行动影响的所有相关者（详见第2章第2节），是对某一项目或决策的结果享有合法利益的人。他们的利益水平取决于其对项目的成败和损益的影响程度。供应链管理者面临着要求使内部利益相关者和外部利益相关者接受其变革或战略的双重任务。

利益相关者可能会影响组织的决策，所以供应链管理者需要倾听并关注他们的意见，并将其纳入决策所需要考虑的因素之中。但是，各利益相关者不可能对所有问题保持一致意见，他们的影响力也大小不一，有时他们的意见和价值主张也会出现相悖的情况，所以如何平衡各方利益成为供应链管理者在制定战略时必须考虑的关键问题之一。

在当前的市场环境下，企业通常设置了很多复杂的运营管理流程和组织结构，且大部分企业都已实施了多元化的策略，通常拥有多个事业群，部门越来越多，分工越来越细，业务流程也愈加复杂。

然而企业中各个部门是由自然人组成的，虽然各事业群中的雇员都受过良好训练且经验丰富，但各事业群之间的战略和目标不尽相同，部门间的目标也可能互相冲突。若组织间无法协同工作，将会导致组织内部各部门间相互掣肘，产生摩擦，徒增内耗，使得整个组织管理系统陷入混乱无序的状态，并最终导致资源浪费，业绩下滑。反之，若能就战略和目标达成共识就能产生"1+1>2"的协同效应。

化解冲突并创建协同是供应链管理者的重要职责之一，也是保证组织的整体利益最大化的基本手段。协同并不是偶然发生或自然磨合形成的，而是需要缜密规划、良好沟通才能促成的。要在日趋复杂的外部环境和错综复杂的内部结构中建立共同的目标，对组织及供应链管理者来说都是极大的挑战。所以供应链管理者除了承接组织战略，还需考虑如何与董事会和CEO等顶层管理者沟通，同时还需考虑如何说服下属及外部利益相关者。如若供应链管理者无法与内外部利益相关者和谐共处，达成协同，就无法推行和实施所制定的供应链管理战略，供应链就无法释放协同效用。

1. 内部利益相关者的沟通与管理

1）纵向沟通

在纵向沟通时，向下是指挥链，向上是参谋链。组织的战略通常都由顶层管理者制定，然后不断地向下逐层分解到各业务部门和职能部门，最后下沉到各个员工层面，这是一种非常有效的垂直沟通与协同方式。但若逐层纵向分解不当，也可能导致信息传递放大或扭曲，员工将无法知晓组织顶层管理者的战略意图，因而会产生不协调，会在工作中迷失方向，以至于会出色地完成一件根本不需要做的事。

例如，组织的战略是向轻资产转型，但供应链管理人员还在忙于研究如何降低运营成本，提高生产效率。此时供应链管理人员真正需要做的事是，寻找和开发合适的供应商，实施生产外包。所以供应链管理者应与高层管理者充分沟通，在正确理解组织战略意图的前提下慎重考虑并规划纵向任务分解，避免出现沟通问题。

当各职能部门间无法有效协同时，供应链管理者就需要与高层管理者沟通并提出建议。例如在组织结构问题上，一个大型跨国多元化企业计划设立采购部门，是采用集中制建立采购中心、是由事业部按各自的需求建立事业部制的采购部门，还是建立既有集团采购部又有事业部制采购部的矩阵式管理模式？在组织关注费用支出控制时，是将所有开支归入供应链管理部门统一管理，还是将非生产性物料与服务分散交由各利益相关者自行管理？在这个问题上，供应链管理者应从物料及服务的供给特性、供给市场、员工和组织成熟度、协同效应等专业角度与高层管理者沟通，帮助高层管理者做出理性的决策，协助高层管理者分解所有相关的职能与战略，确保管理层的战略意图和信息都被正确有效地传达出去。

2）横向沟通

供应链管理的内部利益相关者包括事业部门（业务部门）及各职能部门，例如市场营销部门、产品研发部门、生产制造部门、质量管理部门、财务部门、法务部门、人事部门等。它们肩负的组织使命、战略和工作目标各不相同，有些工作目标甚至相互制约或互相矛盾。

例如，财务部门关心现金，不希望将资金投入到库存上，并期望有更长的付款期，甚至于习惯性拖欠款；市场营销部门则需要更有价格竞争力的产品，并希望拥有源源不断的货源供给；产品研发和质量管理部门对品质有执着的追求，而质量过剩将直接影响成本；供应链管理部门则更关注总成本，希望在满足客户需求的条件下，在货源供给保障、库存、原材料成本、付款期等关键因素之间寻找并达成最佳平衡；法务部门希望尽可能将合同条款组织得完美无缺，甚至将所有风险推给对方，而供应链管理部门则期望在可能的情况下达成交易，保障资源的及时供给；生产制造部门希望供应商能准时提供零缺陷产品或服务，而供应链管理部门则在成本指标的压力下不断要求变更设计、选用新材料、更换供应商。另外，供应链管理中还存在 JIT 供货与物流规模运输的矛盾、供应商柔性供给（分散风险）与独家供货（规模效应）的矛盾等。

所以，为了减少摩擦或避免矛盾，供应链管理者必须用换位思考的方式倾听、甄别，并理解内部利益相关者的需求和价值主张，同时运用管理沟通的技巧说服并平衡他们的需求。

例如，供应链管理者在与内部利益相关者沟通之前，需要明白他们中哪些人是关键沟通对象，即该说服谁。供应链管理者首先得分析利益相关者的影响力，因为影响力较大的利益相关者的意见可能会左右最终的决策。

供应链管理部门的利益相关者众多，且其需求也因各自职能的不同而各不相同，有时甚至相悖。供应链管理者为了应对和解决内部利益相关者的抱怨问题，可按序采用以下方式。

● 运用倾听技巧，分别与重要和关键的利益相关者就抱怨问题进行个别深入交流，了解该问题对他们产生了哪些具体影响。

● 针对该抱怨问题，召集供应链管理部门的相关人员深入分析并讨论，剖析问题产生的根源并提出应对措施。

● 采用头脑风暴法，召集所有利益相关者针对该问题进行讨论和座谈，将他们的意见提炼并归纳总结。

● 运用加权平均法和二八原则要求参会者针对归纳总结的问题按重要程度投票并排序。

● 针对重要问题，采用鱼骨图进一步研讨剖析问题产生的根源并提出改善建议。

● 组建改善项目小组，确定项目负责人及组员，必要时可同时讨论并组建联合指导委员会。

●按照项目管理的方式进行启动和管控。

采用这种解决问题的方式是为了引导利益相关者将其各自本位主义的关注点转向关注组织整体利益，并对整体利益的改善达成共识；从问题产生的根源入手，调动所有相关资源分解任务，实现协同解决问题的目的。

另外，供应链管理者还需在充分理解组织和各业务部门的愿景、使命和经营战略的基础上，引导持有不同意见和观点的利益相关者清晰地理解组织共同的愿景，影响并协助组织建立恰当合理的关键指标，将组织愿景、使命和战略与供应链管理的战略和关键任务有机结合并融入各相关职能部门的关键及绩效指标之中。

为了使内部利益相关者明确某一共同的愿景和前进的方向，供应链管理者必须做到以下几点。

●让各领域持有不同意见的利益相关者清楚地理解组织共同的愿景。

●通过持之以恒地展示支持和推进愿景和战略的行为，在利益相关者中建立良好的信誉。

●协同各利益相关者组建跨部门专题小组并授权其成员对某一特定战略展开协同行动，推动并最终实现共同的愿景。

在制定战略和关键指标时，供应链管理者可以借鉴罗伯特·卡普兰和戴维·诺顿共著的《战略地图》《平衡计分卡》《战略中心型组织》《组织协同》等书中介绍的管理工具。特别是平衡计分卡和战略地图，它们从财务、客户、内部及学习与成长这4个维度，为供应链的战略分解落地提供了方法和考核依据，同时也为如何组建有效团队，如何实现有效协同提供了指导性的理论依据。著名管理大师彼得·德鲁克的《目标管理》也为我们提供了有效的方法论。

关键绩效指标必须承接并与组织的战略目标相关联，它是对组织战略目标的分解，是确保驱动组织战略目标落地的具体的细化目标，是衡量每个职能部门乃至每个员工的工作绩效的具体要求，其目的是确保员工的工作活动及工作产出均能够与组织战略目标保持高度一致。当各职能部门的关键绩效指标聚焦于组织的愿景、使命和战略时，各职能部门间的协同也将随之形成。值得注意的是，当公司战略目标的侧重点发生变化时，关键绩效指标必须随之予以修正，以承接并支持组织新的战略目标。

当供应链管理者将供应链管理的愿景、使命和战略构想成功地传达给利益相关者，且多数利益相关者能够接受或支持并为之共同努力时，就已成功实现了组织的内部协同，即俗话所说的"二人同心，其利断金"。

2. 外部利益相关者的沟通与管理

随着工业 4.0 和数字化的蓬勃发展，新商业模式不断涌现，全球化竞争日益加剧，现在的竞争早已经不再是组织之间的竞争，而是组织的供应链之间的竞争。完成内部利益相关者的沟通与协同，只是组织内部资源获得了整合，但组织的愿景、使命和战略目标的达成还受到外部资源环境的影响，所以为了更为广泛地实现既定的组织愿景、使命和战略目标，供应链管理者还须协助组织谋求外部利益相关者协同，争取获得更多的外部利益相关者的支持。

所谓外部利益相关者，是指组织之外的，与组织提供的产品或服务密切相关的群体，通常包括客户及最终消费者、供应商及供应商的供应商、行业协会、相关社区和政府，以及任何因组织运营结果而享有既得利益的其他团体等。

而所谓供应链协同，就是为了实现组织的某种战略目的，与客户或供应商通过协议或联盟等方式而结成新的联盟体系，以共赢和共同取悦最终客户为目标而共同努力的商业模式。

供应链协同的外在动因是有效应对日益加剧的竞争和商业环境的变化；其内在动因包括减少成员间的博弈和资源浪费，凝聚并激发供应链和价值链上各成员间的规模效应，营造竞争优势群及群体集成的核心竞争力。供应链外部协同的目的是有效地整合并合理利用供应链上各成员的优势，帮助组织在竞争中获取更优质的关键资源，确保组织能够保持长期稳定和可持续的竞争优势。

为实现这一目的，供应链管理者必须加强与外部利益相关者的充分交流和沟通，在充分理解外部各个利益相关者不同需求的基础上营造并制定出新的共赢共利、利己利人的供应链管理愿景、使命和战略，让持有不同意见的人们清楚地了解多边共赢、长期协同发展的必要性，并在多边共赢的基础上争取获得更多的外部利益相关者的信赖与支持。

为有效应对日益加剧的市场竞争，组织已纷纷将精力聚焦于核心竞争力的建设，从而将非核心业务外包给成熟的供应商去完成；同时，组织也在积极寻找外部的优质资源，博采众长，广泛地开展研发、生产、物流、服务等领域的外包或协同。由此催生出了 OEM（原始设备制造商）和 ODM（原始设计制造商）代工、专业定制、专业分包、3PL、4PL、5PL、CPFR、VMI、寄售、物联网、B2B、B2C、C2C、O2O、联合采购等多种多边共赢的商业模式。

目前组织比以往更为关注廉政合规、风险管控及社会责任，供应链管理者需不遗余力地在供应链的各个层面推行 OSHA、ISO 14000、ISO 26000、ISO 20400、SA 8000、ESG 等有关环境、职业健康与安全、社会责任及合规等管理体系，并将其纳入供应商准入的评估体系之中。另外，组织在必要时需与外部利益相关者，特别是与供应商建立合作伙伴关系，在打造敏捷和精益供应链的同时，强化供应链的弹性与韧性。

供应链管理者需要平衡内外部利益相关者的需求和期望值，协调并组织他们共同打破组织边界，从全局观出发，以诚信和价值创造为前提，以信息实时共享为基础，以专有技术为支撑，将分散在供应链增值环节上的利益相关者有机联合在一起，创建多层次内外部协同，促进供应链内外部利益相关者同步协调发展，构建出一条响应速度更快、更具前瞻性、更具抗风险能力、更具成本优势的供应链，在日趋激烈的竞争环境下，同心协力实现多边共赢的目标。

| 第3节 | 供应链协同

1. 供应链协同概述

赫尔曼·哈肯（Hermann Haken）认为整个社会环境中的各个系统间存在着相互影响而又相互合作的关系。

安德鲁·坎贝尔（Andrew Campbell）在《战略协同》一书中说："通俗地讲，协同就是搭便车。当从组织一个部分中积累的资源可以被同时且无成本地应用于组织的其他部分的时候，协同效应就发生了。"另外，他还从资源形态和特性的角度阐述了互补效应与协同效应的区别，具体如下。

● 互补效应：主要是通过对可见资源的使用来实现的。
● 协同效应：主要是通过对隐性资源的使用来实现的。

蒂姆·欣德尔（Tim Hindle）在高度概括坎贝尔等人关于组织协同的实现方式的观点的基础上，指出企业可以通过共享技能和有形资源、协调的战略垂直整合、供应商协商联合力量等方式实现协同。

伊戈尔·安索夫（H.Igor Ansoff）向企业管理者提出了协同战略的理念，他认为协同就是企业通过识别自身能力与机遇的匹配关系来成功拓展新的事业。协同战略可以像纽带一样把企业多元化的业务联结起来，即企业通过寻求合理的销售、运营、投资与管理战略安排，有效配置生产要素、业务单元与环境条件，实现一种类似报酬递增的协同效应，从而得以更充分地利用现有优势，开拓新的发展空间。

安索夫在《公司战略》一书中，分析了如何把企业多元化的业务有机关联起来，使企业能更有效地利用现有的资源和优势开拓新的发展空间。他认为协同是企业战略关键的四要素之一。

通过品牌、知识、技能、设备、人力、资金、关系等资源的共享实现分散市场风险、降低成本、实现规模效益的方式，被称作多元化战略的协同效应。罗莎贝斯·莫斯·坎特指出：获取协同效应是多元化企业存在的唯一理由。

在当前数字和智能化信息时代，市场需求遵循摩尔定律和突变定律。全球市场竞争环境的复杂性和多变性使得企业无法独立面对市场各个环节的竞争，也无法快速响应市场需求的变化。供应链管理者必须学会突破组织边界，广泛寻求机会，共同抱团取暖，充分利用和整合纵向和横向资源建立联盟，共同为客户创造价值并实现共赢。

2.供应链协同机制规划

供应链协同机制规划，是指在竞争与合作并存的条件下，为了实现供应链特定的战略目标，利用沟通、博弈和激励相容并存的方式而设计的合作运营的规则和程序，旨在提高供应链协同水平和协同效应。通常，供应链协同机制规划涵盖以下几个环节。

1）确定供应链协同目标

不同企业的战略目标各不相同，但都会有长期的或短期的供应链管理的组织战略目标，以及各项子目标，详见第2章"组织和供应链的战略与目标"。一旦供应链协同目标确定后，供应链各成员就得着手规划如何与内外部利益相关者充分沟通、讨论并建立协同目标和机制，同时为了确保供应链协同目标的实现，还需共同讨论并建立目标实施过程中的监督和评价机制。

2）建立供应链协同规则

供应链协同规则是战略协同的保障机制，它是由供应链协同运作的行为准则和规范，以及具体的流程和程序规范构成的。除法律法规之外，供应链协同规则通常包括以下内容。

- 供应商行为准则。
- 技术和质量标准。
- 运作流程和程序。
- 利益分配和风险共担。
- 绩效考核及奖惩规则等。

只有建立了公平合理的供应链协同机制，战略协同才能得以落实并长期执行。

3）规划供应链业务流程

供应链业务流程涵盖物流、信息流和资金流，它贯穿于从供应商到消费者的一系列相关的运作和活动。由于组织的经营战略、产品技术、供给市场及法律法规等因素的不断变化，供应链业务流程需要不断地修正和重组，以适应环境的需要。

供应链战略和业务流程体系重组是供应链价值增值焦点。供应链管理者应以协同共赢为基础，以价值创造为目标，协调内外部利益相关者，充分利用可用的资源和技术对业务流程和程序进行重组，改善并提高供应链运作效率。

4）规划供应链协同环境

规划供应链协同环境主要包括构建合理的供应链协同组织结构，强调供应链协同成员共同的愿景、使命和价值观等。

3. 供应链协同的层次

从供应链管理层次的视角来看，供应链协同可分为以下3个层次。

1）战略层协同

战略层协同就是由两个及以上的职能部门或组织在确定长期目标后，彼此在供应链中界定更加明确的分工和责任，实现由"合作－博弈"转变为"合作－整合"的过程。为共同取悦客户，获取市场份额，各职能部门或组织通过签署战略合作协议，联合打造组织的核心竞争力。

供应链战略必须承接组织和业务部门的战略，它是用于指导整条供应链高效运作的原则和规范。供应链战略层协同是对供应链管理中事关全局的重大核心问题的整合与协调。

因此供应链管理者应将重点放在如何满足客户及最终客户的需求上，研究供应链协同的目标、规则、业务流程和组织等问题。

例如吉利的供应链管理团队在李书福的倡导下改变了过去与供应商之间的采供关系，转而为本土关联性供应商搭桥，与海外零部件公司合资或合作，同时吉利自己也参与其中，形成"1+1+1"三方共赢的战略合作伙伴模式。目前吉利，包括其本土供应商，与法国佛吉亚、日本泰极、延锋伟世通、延锋江森等跨国公司，进行了不同形式的合资或合作。由此，吉利不仅在供应链上游获得了国际和国内的优质零部件资源，同时还在采购环节上获得了优先采购权和最低成本优势。

依据战略的选择过程，供应链战略层协同主要体现在以下几个层次。

（1）组织内部战略协同

供应链运作战略与组织的竞争战略协同，即供应链运作战略需要与组织的竞争战略相匹配且保持战略目标一致。

组织在供应链各节点上的内部战略协同，确保与组织内部利益相关者的战略具有适配性，能够协同一致，且与组织的战略目标保持一致。

（2）供应链上下游组织间的战略协同

供应链的战略层协同需要突破组织边界，沿着供应链上下游向两端延伸到供应商和客户，甚至需要继续延伸到供应商的供应商和客户的客户，使整条供应链各个节点上的利益相关者的战略与核心组织的供应链总体战略保持一致。虽然不同企业的供应链的战略层协同的内涵各不相同，但通常会包括以下内容。

●组织间文化协同。供应链上下游各个组织都有各自的愿景、使命和价值观，因而在其成长发展过程中都形成了各自独特的组织文化。因此，与供应链上的利益相关者建立文化协同是供应链管理者面临的极大挑战。例如在全球化进程中，组织倡导绿色、环保、合规及社会责任，但在某些低成本国家或地区，法律滞后或不健全，所以供应链管理者有必要通过相互交流、提供培训和指导，将绿色、环保、合规及社会责任的理念注入供应链管理实践，并渗透到利益相关者的组织文化中，协助其构建出崭新的更具正能量的组织文化。

●组织间信任协同。彼此互信是供应链上下游组织之间合作的基础，虽然供应链上下游之间的决策者也深知合作的重要性，但因相互缺乏信任且彼此猜忌和博弈，总希望尽量将成本和责任风险等转嫁给对方。如若这样，组织间就无法建立起有效的合作。要改变这种状况，供应链成员就要与供应链上下游的利益相关者建立信任机制，促进组织间的深度合作，共同应对供应链不可预测的脆弱性，增强供应链成员的责任感，努力保持供应链的柔性和韧性，谋求多边共赢，共同为客户创造价值。当前许多知名企业与供应商的关系已由价格博弈和持续降本转向协同合作，共同规避成本发生。

从协同的维度来看，供应链战略层协同可分为以下两类。

●纵向战略协同。例如，海尔集团和宝钢集团签署了战略合作协议，携手打造具备核心竞争力的战略产业链，完善上下游供应链体系，共同创造产品价值，努力实现成本最优化；按照协议联合组建专家团队，共同探讨和开发适合家电的钢材。又如，依维柯与顺丰签署战略合作协议，利用资源互补共同打造更加完善的物流配送服务体系。

●横向战略协同。例如，新浪与谷歌双方形成战略合作关系，在搜索、资讯、广告等方面进行全方位战略合作。再如，苹果与三星的战略合作实现了优势互补、协同共赢的局面。

2）战术层协同

战术层协同也称组织间业务流程层面的协同，是供应链协同管理研究的中心问题，具体涉及供应链上下游间直接供给的需求预测、仓储物流、生产计划和服务等协同。

常见的战术层协同通常有以下内容。

●组织间标准协同。因为供应链上各相关组织所采用的技术、工艺、信息系统和品质管理标准等都不尽相同，为了确保产品和服务的可靠性和一致性，确保供应链高效运转，所以有必要在供应链上下游建立统一的标准。

●组织间业务协同。所谓业务协同，就是在供应链上下游组织之间实现端到端业务流程的无缝对接，使整条供应链流程更加流畅、资源利用更加高效，以便快速响应多样化的客户需求和市场机遇，努力做到"随需应变，即需即供"。例如通过集成客户关系管理、供应商关系管理、信息通信系统对接、云存储及大数据运算等模块，实现数据的共享和基于工作流的信息传递，助力整条供应链上的利益相关者目标一致、步调一致。组织间业务协同包括采购计划协同、预测协同、订单执行协同、产销协同、仓储运输协同、产品设计协同等。详细解读请参见"SCMP系列丛书"《计划管理》《物流管理》《采购管理》。

●组织间分配协同。公平合理的收益分配方案是协同管理获得成功的基础，也是供应链管理中一个非常关键的问题。位于供应链上下游的组织之间客观地存在着种种利益冲突，有利益分配不均的问题，也有风险分担的问题等。若采购方频繁招标，则供应商不会将其视为长期的合作伙伴。当供应商的产品和服务始终令客户满意，客户也愿意与之长期合作时，分配协同已然形成。供应商可持续从客户那里获得更多的业务和机会，客户也无须投入精力开发新供应商，可真正实现利益共享、风险分担，保障供应链运作的高效和稳定，并实现供应链收益的最大化。频繁招标和短期合同是破坏分配协同的主要根源。

3）技术层协同

技术层协同主要是指通过互联网、大数据、区块链、数字化等技术，实现供应链伙伴成员间的信息系统的集成，为供应链节点企业提供实时交互的共享与沟通平台，实现供应链节点企业的同步运作与信息协同，同时实现端到端的运营数据、市场供给数据的实时共享并提高交流的透明度，从而实现伙伴间更快、更好地协同响应终端客户需求，提高决策的快速性和有效性。

电子数据交换（Electronic Data Interchange，EDI）、RFID、GPS、AI/VI等技术的不断涌现，促成了B2B、B2C、C2C、C2B、O2O等新的商业模式，并也因此使供应链各成员对供应链管理产生了新的需求，进而迫使供应链各成员间需要更紧密地加强协同预测、协同补给，从而使得它们对信息沟通的程度、频率、精准性和效率有了更新、更高的要求。

技术层协同是供应链实现协同的基础和关键，它为战略层协同和战术层协同提供有力的支持。技术层协同的内容包括信息采集、存储与传输等的标准化，平台构建，智能处理和保密制度等。协同技术主要有数字化通信技术、工作流管理技术、应用软件技术等。

供应链各环节之间既分工又合作、既独立又融合，以保证整条供应链的运行达到最佳状态，确保客户需求信息在传递过程中不失真。唯有及时获取供应链各节点上的准确信息，才能有效提高供应链整体绩效，消除供应链中常见的博弈和"牛鞭效应"等问题。

4. 供应链协同管理的优势

供应链协同是一个复杂的体系，因而保障信息交流畅通的信息技术成为支持协同和监控所有供应链环节的重要支柱。为了更具预见性和风险防范能力，实现以最小的成本快速响应客户需求，供应链管理者不但需要着力于组织内部间的沟通与协同，还需要致力于组织外部的沟通与协同，以便使组织内部各部门与供应链上各企业间能够彼此协调、相互支持并有序运作，从而提高供应链的整体竞争优势。与传统的供应链管理相比，供应链协同管理具有以下优势。

● 将各自为政的松散且博弈的内外部利益相关者，变为围绕着创造共同价值的目标，紧密连接在一起并促使他们建立合作且多边共赢的伙伴关系。

● 以信息共享为基础，以创造价值为目标，协同决策。这不仅解决了内外部利益相关者目标分散、各自为政所造成的供应链整体绩效低下的问题，也克服了传统供应链管理中由核心组织主导决策所带来的诸多障碍。

● 加强组织间和部门间的内外联系。例如实施供应商早期参与新品研发、协同预测和寄售等，构建"你中有我，我中有你"的紧密合作和有机协同运营的整体。

供应链协同其实就是供应链上各伙伴间形成资源共享、优势互补的关系。企业不仅可以借助其他企业的核心竞争力优势形成并维持甚至强化自己的核心竞争力，同时也可以帮助自己的供应商和客户，并最大限度地提高最终客户的满意度。

| 第 4 节 | 建立信誉，赢得利益相关者信任

1. 信誉的定义及重要性

俗话说："人无信不立，业无信不兴。"子夏曰："君子信而后劳其民，未信，则以为厉己也；信而后谏，未信，则以为谤己也。"《论语·子路》："言必信，行必果。"《论语·为政》："人无信，不知其可也。"印度《古拉尔箴言·德行篇》："言忠信而行正道者，必为天下人所心悦诚服。"

信誉为"诚实守信的声誉"。信誉构成了人与人之间、组织之间、商品交易双方之间的自觉自愿的反复交往，消费者甚至愿意付出更多的钱来延续这种关系。

信誉是由很多具体的行为构建起来的，但职业道德、诚实可信、践行诺言则是赢得信

誉的基础。信誉需要通过长时间磨合和积累才能形成。

信誉是领导者赢得利益相关者认同和信任的个人品德和魅力。领导者有信誉，利益相关者就愿意与他合作，乐意为他贡献自己的才智和精力。若想协同内外部利益相关者为实现既定的供应链战略目标而全身心投入，领导者就必须着手建立信誉，打造良好和谐的供应链协同环境。

信誉难得易失，多年积累的信誉往往会由于一时言行不当或因一事处理不周而遭毁弃。如若利益相关者认为某领导者没有职业道德、不诚实或不可信任，该领导者要想让这些利益相关者接受其供应链管理的愿景或战略将会非常困难。虽然，在没有信任的情况下，该战略也能继续实施下去，但要成功达成目标，领导者需要具备超乎寻常的技巧和能力。

2. 领导者的信誉

领导者信誉是领导者赢得利益相关者认同和信任的个人品德和魅力。研究结果表明，人们是否愿意奉献更多的时间和精力、分享更多的经验和智慧、激发更多的创造力，完全取决于领导者是否言而有信。唯有诚实可信、德高望重的领导者才能赢得利益相关者广泛的支持和配合。

松下幸之助曾说过："想要使下属相信自己，并非一朝一夕所能做到的。必须经过一段漫长的时间，兑现所承诺的每一件事，诚心诚意地做事，让人无可挑剔，才能慢慢地培养出信用。"

沃伦·本尼斯研究发现，即使价值主张不合，人们也宁愿选择跟随他们认为可以信赖的人。若领导者经常改变主义、改变立场，即使价值主张与他们相吻合，他们也不愿意去追随他。本尼斯认为，前后一致与专心致志是领导者成功的两大因素。所谓前后一致，是指领导者要言行一致，让人感觉值得信赖。

领导者可以通过以下5种常用的途径赢得利益相关者的信任。

- 目标一致。
- 言行一致。
- 风格一致。
- 前提一致。
- 角色一致。

供应链管理者希望赢得利益相关者的信赖就必须坚持做到公私分明、严于律己、表里一致、真诚且不轻诺、公平公正地对待内外部利益相关者、时时刻刻为团队做出表率，让利益相关者真实地觉得自己是个值得信赖的好领导。

　　例如，美国北卡罗来纳州某食品厂的总裁史迪威（Stillwell）在公司发展徘徊不前时了解到这是由产品质量问题导致的。于是史迪威立即着手策划改善行动。为避免操之过急给员工带来沉重压力和精神负担，史迪威请来广告策划方面的专家，以轻松愉悦的方式向员工传递和灌输产品质量意识，他以这种温柔的手法推进，使质量意识不断深入人心。不但如此，史迪威还经常去现场，就产品质量问题与员工们展开深入的交流和讨论，并通过倾听和交换意见，收集了许多关于质量改进的设想和建议。史迪威的努力终于换来了成功。严谨的质量意识观在整个公司悄然形成，公司的销售业绩得到了大幅提升。

　　然而意外发生了，就在当年年底，细心的员工发现刚下线的罐头成品存在密封方面的问题。虽然此款罐头是畅销产品，深受顾客喜爱，但产品密封工艺不符合公司对此环节的严格规定。是否允许产品出厂，员工犹豫不决，于是将问题上报，请史迪威裁定。

　　"照发不误！"史迪威直截了当的答复让员工们倍感惊讶和意外。后续的事就不用详述了。这4个字瞬间摧毁了史迪威先生精心打造的全员质量意识。他亲手拟定的产品质量方针和要求所有员工严格执行的严谨的产品标准，被他自己践踏了。他自己违背原则，决定将不合格品"照发不误"，使好不容易在员工中建立起来的威信荡然无存，已经没人会再相信他的决策了。其实，当史迪威接到报告时，就应该清醒地意识到，该员工重视产品质量的态度正体现了自己期望打造的质量意识。员工之所以上报请示，是因为自己的严格要求和熏陶早已植入人心。

　　史迪威的草率决定无疑告诉员工，所有他订立的并要求大家严格遵循的规章制度都可以随意处置执行，犹如一纸空文毫无约束力，质量观念随时都可以抛弃。史迪威自己食言了。可以想象，史迪威的所作所为让员工感到何等的震惊和失望。正所谓上梁不正下梁歪，既然领导者都可以如此出尔反尔地对待产品质量，作为下属何必认真呢，完全没必要去遵守那套规章制度。自那日起，公司的产品质量每况愈下。史迪威再想重塑质量意识，早已无回天之力了。

　　史迪威的故事应了沃伦·巴菲特（Warren Buffett）的经典名言："建立一个品牌需要20年，但是只需要5分钟就能将其毁掉，如果意识到这一点，你就会用一种不同的方式做事了。"领导者建立信誉的过程同样如此。

　　领导者制定的规章制度和流程体系不仅是用来约束员工和供应商的，而且是管理者首先得践行和遵守的；否则，领导者因一时的疏忽和轻率，就会造成极严重的负面影响。史迪威的真实案例，管理者们应引以为戒。

3. 企业信誉与塑造

查尔斯·福姆布龙（Charles Fombrun）明确地指出："企业信誉是一个企业过去一切行为及结果的合成表现，这些行为及结果描述了企业向各类利益相关者提供有价值的产出的能力。"

企业信誉是企业所赢得的社会公众认同和信任，这主要依靠商品/服务的品质和总体形象，是企业在其长期生产经营活动中所赢得的社会公众普遍认可的美誉和名声。企业信誉好则表示企业的行为普遍获得社会公认的好评，例如恪守职业道德、产品货真价实、实事求是、信守诺言、及时付款、公平公正地对待供应商等；而企业信誉差则表示企业的行为在社会公众心目中留下的印象较差，例如产品假冒伪劣、偷工减料、以次充好、欺诈、行贿受贿、故意拖欠货款、缺乏对 ESG 的责任和担当等。

企业信誉是企业的商誉，是为企业创造价值的重要无形资产，它不附着于企业或产品本身，而是各利益相关者对其价值判断的依据。好产品、高盈利并不能代表好信誉。

企业信誉是一种外在表现形式，是通过企业的各种长期行为在社会公众面前建立起来的总体形象，是社会公众与企业接触交往过程中所感受到的总体印象，是对企业经营和治理状况的综合反映，是企业获得社会普遍认可后可以赢得更多的社会资源和商机进而实现价值创造的能力总和。

《战略品牌管理》的作者凯文·莱恩·凯勒（Kevin Lane Keller）对企业信誉是这样定义的："消费者在记忆中通过联想反映出对组织的感知。"

依据亚当·斯密的"看不见的手"去理解，信誉就是企业立足市场、谋求发展机会、获得市场竞争优势的无形资本。塑造良好的信誉将有利于企业提高社会知名度，降低商业风险和融资成本，也有利于企业赢得更多消费者的青睐，扩大市场份额。

随着经济和社会的进步，企业不仅要对资产收益率和营收增值率负责，而且要对 ESG 承担责任。

根据高德纳集团发布的"全球供应链 25 强榜单"的评估内容，自 2016 年起，评估项中就增加了企业社会责任（CSR），其权重为 10%。2020 年，该评估项就由 CSR 转为 ESG，其权重仍为 10%。然而到了 2021 年，其权重就增加到了 15%；2022 年，ESG 权重再次调整为 20%。可见社会公众期望企业对 ESG 予以更多的关注和投入。

福布斯每年发布最佳雇主榜，以雇主形象、组织管理、薪酬福利、工作环境、培训发展、人力资源创新为核心，邀请报名参与的企业员工对其就职的企业进行匿名评估，评估项的权重为 45%。再由高校人力资源管理学术专家和行业专家等共同评审，得出专家评议分，其权重为 45%。最后以企业资质审核为依据打分，若申报企业在本年度无重大劳动安全事故，也无重大劳动纠纷则得分，其权重为10%。由此可见，企业信誉是社会公众和企业员工根据自己的价值取向和期望对企业做出的整体评价。

在供应链管理过程中，严格贯彻执行以下标准和体系有助于企业信誉的构建。

● EHS管理体系。

● OSHA。

● ISO 14000环境管理系列标准。

● ISO 26000社会责任指南标准。

● ISO 20400可持续采购指南。

● 《联合国工商业与人权指导原则》。

● 《联合国全球契约》。

● 《中国责任矿产供应链尽责管理指南》。

● AS 8000社会责任标准。

● ESG。

供应链各个环节能否有效运转都与信誉息息相关，所以建立全员信誉意识是供应链管理者的重要任务之一。企业信誉的建立和维护通常是通过企业的员工和企业经营者的日常行为表现出来的，所以必须明确地告知所有员工企业信誉与企业的生存发展及每个员工的利益紧密相关，大家都必须有建立信誉和维护信誉的主观意识，严防有损害企业信誉的不当行为发生。

4.赢得消费者信任

建立和维护企业信誉就是为了赢得消费者信任，因为在端到端供应链的任何一个环节，若企业信誉出了问题都会引发连锁反应，甚至会殃及整个行业。例如2008年爆发的三聚氰胺事件引发了中国乳制品行业的危机，乃至3年后，中央电视台《每周质量报告》跟踪调查发现其负面影响依然没有被消除，仍有七成以上消费者不敢购买国产奶粉。2009年8月25日，因质量问题，丰田汽车在中国大规模召回已出售的车辆，2009年9月4日，丰田汽车北美公司前雇员迪米特斯·比勒（Dimitrios Biller）被指控隐瞒和销毁了与300余起翻车致伤致死有关的信息，使丰田汽车遭受严重的信誉危机。

因此，组织需要强化全面质量管理，强化对企业信誉的全过程管理，全面提高服务和质量水平，处理好与外部利益相关者的关系，包括最终用户、供应商、媒体、政府、竞争对手等。强化供应链绿色与合规治理，特别是在一个整体信誉缺失的商业环境下，组织更应该加强对供应链全过程管理。在引入供应商时，组织就需要按相关要求和标准对供应商展开全面调查和评估，谨防违规违约等负面事件发生。在与供应商合作期间，组织还应持续对供应商合规和履约的绩效进行监控，除了全面质量管理之外，还需关注廉政、环保、合法合规、社会责任等维度的管控，以确保组织的整条供应链绿色环保并可持续发展。

以良好的信誉赢得消费者青睐通常可通过以下途径实现。

- 提供优质的产品或服务。
- 重视与外部利益相关者的沟通与交流。
- 重视对外部利益相关者进行宣传的媒体和媒介。
- 妥善及时地处理消费者投诉。
- 积极维护消费者的利益。

建立和维护组织信誉是一个漫长和复杂的系统过程，组织只有通过长期不懈的治理和践行才能不断提升并巩固自身在市场中的竞争地位。

第 7 章

供应链组织绩效管理

　　企业管理是一个整体性的系统过程，由诸多管理要素构成，这些要素相互依存。绩效管理是企业管理中关键性的不容忽视的构成部分，也是企业管理的核心。在传统的规程管理学派的观点下，任何管理行为都是有始有终的，计划、组织、领导与控制是不可或缺的。控制又表现为过程控制和结果控制，其目的是保障企业管理的目标可以达成。

　　如今，绩效管理担负起了控制职能，通过企业的管理实践，得到极大的丰富和完善。绩效管理方法有很多，如关键绩效指标（Key Performance Indicators，KPI）法、目标与关键结果（Objectives and Key Results，OKR）法、平衡记分卡（Careersmart Balanced Score Card，BSC）和全视角考核法等。这些方法来自企业绩效管理的实践，特色鲜明，各有侧重。我们很难说哪一种方法是最优的，因为企业的个体差异巨大，找到合适的方法才是绩效管理的现实意义。而且，现在主流商业管理课程和学位教育，如商学院的 MBA 和 EMBA 教育等，都将绩效管理的规划设计与实施执行设定为企业管理人员的关键能力。

　　供应链组织绩效管理是企业战略管理的基础部分，先设定供应链组织的关键经营性指标，再进行分析和评估，以形成企业目标的量化管理系统，可以积极地支撑企业发展，并把握过程，锁定结果。企业战略目标可以分解和细化，并分配到不同的职能部门和岗位，继而明确各部门人员的绩效考核标准。可见，建立完善的绩效考核体系是绩效管理的关键。

　　在设计绩效管理体系的过程中，供应链管理人员经常会不自觉地为了达到管控目的而进行事无巨细的全面考核。由于缺乏重点和主次结构，设计出来的绩效管理体系存在诸多不足，例如为完成指标而工作，最终偏离战略目标乃至完全失败。

　　所以说，供应链组织绩效管理要运用科学的方法来分解组织的战略目标，将战略目标转换为具体可执行和考核的关键指标，并以此检查和评定企业运营成果，从而增强企业和供应链组织的竞争力。

　　目前，供应链组织绩效管理存在对绩效评估方法的依赖与盲目跟风，这是不成熟的表现，也将导致评估失效。例如平衡计分卡和 360 度考核，结构庞大，关注点众多，试图全方位对企业的绩效做出判断，这有其先进性，但不是每个企业都适用，因为这类绩效管理模式需要企业的管理基本面具备相当的成熟度，才可以落地。可见，方法不是绝对有效的，绩效评估方法难以做到十全十美，只能选择最适合的。不同文化、不同发展阶段的企业应用不同的方式，选择适合企业的供应链组织绩效评估方法，才是明智的。

绩效评估标准是绩效管理的关键要素。在进行绩效评估时，组织要注重标准的合理性，以及可实现性。一般来讲，这种合理性会体现在 5 个方面。一是考核标准要全面，这里的全面是指应包含关键性的环节和领域，不是大而全，要确保重要的评价标准没有遗漏，各种考核标准能相互补充，构成一个完整的考核体系，这样得出的结果才会具有更大的价值。二是不同标准之间要衔接一致，不要有冲突和矛盾，标准的设计要有逻辑性，边界清晰而自洽。三是核心标准要连贯，绩效评估是持续性的，每个评估周期前后衔接，向未来展开，尤其是关键绩效指标要有连贯性。四是考核标准要定量化，可衡量是绩效指标最重要的特质，否则，就没有了评估的意义。不能量化的指标要能细化。只有科学合理的量度方法，才能保证绩效评估的顺畅实施。如果绩效评估的内容过于笼统，量度方法不明确，员工有理由认为考核者存在主观臆断，从而产生不满和抵抗情绪。五是要根据组织的战略目标来制定考核标准，企业的发展是有大方向的，这就是战略。针对不同职能和层级对象来制定考核标准，要支持企业的战略目标，使标准具有针对性。

本章目标

1. 掌握供应链组织绩效管理的目标设定。
2. 学习如何建立供应链绩效管理体系。
3. 掌握供应链组织绩效管理的实施方法。

| 第 1 节 | 供应链组织绩效目标

1. 目标的重要性

企业的存在有其使命，有使命就会有要求，要求便会转化为目标。目标是对使命具体化的表达和描述，使得企业的发展具有可预见性、可衡量性、可发展性。

设定工作目标指企业在既定的战略目标下，运用特定的标准和指标，对职能部门和员工的工作重点设定方向，对其取得的工作结果进行评估，再根据评估的结果对员工进行正面引导。目标设定和绩效考核是一项复杂而系统的工程。

绩效管理以目标为导向，需要将企业的战略目标层层分解，将部门的工作与组织的整体目标相结合，确保部门工作符合组织的整体目标要求，同时也需要与客户期望的目标保持一致。对企业各部门员工的绩效进行考核和分析，不断提升企业团队的管理能力，供应链管理者就可以更好地实现企业的战略目标。一般来说，绩效管理是一个子系统，要配合企业的基本管理系统，使之成为一个整体。

随着技术的发展和客户要求的不断提高，生产和供应链规划日益复杂。供应链管理的目标优化的内涵存在多种形式，例如投资回报率（Return on Investment，ROI）的最大化，涉及成本最低、客户服务水平最高，以及生产周期最短；另外，库存优化也是供应链管理关键的优化要点，为了增加企业利润，供应链全系统的库存需要统筹控制，库存优化是一个非常重要的供应链管理指标，包括库存总量和库存周转率。

目标设定要充分符合企业的特质和发展阶段的特点，以及特定发展阶段的特定诉求，要具有现实性和发展性。

2. 目标设定及分解方法

将设定的目标用于决策中时，目标要转换成明确的可以衡量的状态。一般情况下，目标通常是利润及其衍生物，如成本和收入，成本主要包括资本成本、生产运营成本、物流成本、库存持有成本、行政成本、IT 成本等；收入受企业经营性质的影响，涉及品质、价格、准时性、产品可得性和可靠性等。

成本是一个关注点，客户服务也是。在企业目标确定时，如何平衡好这两方面的关系是一个难点。在客户导向的基本逻辑下，需要实现目标均衡。成本最低涉及不同的成本因素，客户服务优劣可以用收入来表现，这样可以用利润最大化来衡量。如果目标不用转换成与财务相关的要素，就要赋予其权重，权重可以体现目标的相对重要性，如此就可以将其转化成一个单目标规划。

供应链 SCOR 模型提出了一套指标系统，可供参考，如表 7-1 所示。

表 7-1　SCOR 模型第一层的 10 个战略指标

指标	第一层指标	计算公式
可靠性	完美订单满足率	完美订单 / 订单总量 ×100%
响应性	订单履行周期	所有订单交付的实际周期时间总和 / 交付订单的总数
敏捷性	上调供应链灵活性	在考虑寻源、制造、交付和回收的条件下，上调供应链适应性是最小的稳定数量
	下调供应链灵活性	在考虑寻源、制造、交付和回收的条件下，下调寻源适应性 + 下调制造适应性 + 下调交付适应性、下调供应链适应性是最小的削减稳定数量
	供应链总风险值	供应链总风险价值 = 计划风险值 + 来源风险值 + 制造风险值 + 交付风险值 + 回收风险值
成本	总供应链管理成本	总供应链管理成本 = 计划成本 + 来源成本 + 制造成本 + 交付成本 + 回收成本 + 缓解成本
	销售成本（主营业务成本）	销售成本 = 直接物料成本 + 直接人工成本 + 制造成本 + 与制造相关的非直接成本
资产管理效率	现金周转时间	现金周转时间 = 库存供应天数 + 未完成销售天数 – 应付未付天数
	供应链固定资产收益率	供应链固定资产收益率 =（供应链收入 – 服务总成本）/ 供应链固定资产
	营运资本收益率	营运资本收益率 =（供应链收入 – 服务总成本）/（库存 + 应收账款 – 应付账款）

如何将此第一层指标转化成组织高层所关注的与组织整体目标一致的目标呢？供应链管理者可以从组织经营管理最为重要的损益表、资产负债表和现金流量表这 3 张表入手分解，并将其与组织目标相关联。

1）目标分解与内外部客户满意相对应

目标分解与内外部客户满意相对应，如表 7-2 所示。

表 7-2　目标分解与内外部客户满意相对应

对象		指标	第一层指标
SCOR 模型第一层的 10 个战略指标	面向客户	可靠性	完美订单满足率
		响应性	订单履行周期
		敏捷性	上调供应链灵活性
			下调供应链灵活性
			供应链总风险价值
	内部	成本	总供应链管理成本
			销售成本（主营业务成本）
		资产管理效率	现金周转时间
			供应链固定资产收益率
			营运资本收益率

2）目标分解与供应商及其他内部职能部门目标相对应

目标分解一般会涉及外部供应商及内部的客户，所以目标的影响面是宽广的。供应链管理者要有所关注和了解，尽量使目标可以兼顾不同的侧面，发挥更大的作用。在"其他"栏目中，做了一些关联指标的新拓展，如表 7-3 所示。

表 7-3　目标分解与供应商及其他内部职能部门目标相对应

对象		指标	第一层指标
扩展绩效卡	面向供应商	可靠性	完美订单满足率
		响应性	订单履行周期
		敏捷性	上调供应链灵活性
			下调供应链灵活性
			供应链总风险价值
	其他	财务相关	净利率
			运营收入
			资本收益率
		人力资源相关	员工增值生产率
			员工生产率的财务影响
			员工流动
			学习和成长机会
		技术相关	信息技术安全
			系统使用率

3）目标分解与盈利状况相对应

例如，完美订单满足率实际上会直接影响客户的满意度，最终将会影响客户的订单数量及营业收入。供应链灵活性的诉求和市场与客户需求的达成率也影响着企业的盈利能力。

4）目标分解与资产负债表相对应

例如，确保灵活性可能要求组织在产能上（机器、人工等）做出额外投资，从而导致人工成本或日常管理费用的增加，而这些又是销售成本的主要组成部分。目标分解与资产负债表相对应，如表 7-4 所示。

表 7-4　目标分解与资产负债表相对应

第一层指标	库存	应收账款	应付账款	固定资产	总资产
完美订单满足率		×			
订单履行周期		×			
上调供应链灵活性	×				
下调供应链灵活性	×				
现金周转时间	×	×	×		×
供应链固定资产收益率	×	×	×	×	
营运资本收益率	×	×	×	×	

5）目标分解与现金流量表相对应

表 7-4 所示的影响库存、应收账款、应付账款、固定资产、总资产的指标都与组织的现金流紧密关联。

目标设定除了由组织的战略层沿组织结构逐层向下延伸，还需横向扩展、协同分解，如图 7-1 所示。

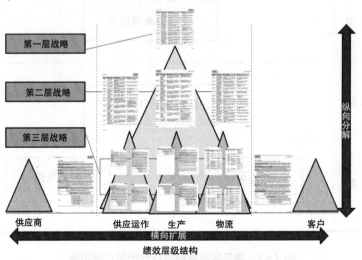

图 7-1　战略指标的横向扩展与协同分解

可见，绩效指标可以逐层分解，落实到具体的职能层面。纵向的层级结构能够为组织管理团队提供组织各个层面上绩效的全面视角。例如完美订单满足率的指标可以拆分出第二层指标，如图 7-2 所示。

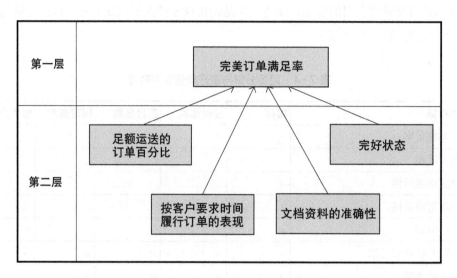

图 7-2　完美订单满足率的分解

再由第二层指标继续拆分出第三层指标，并逐步向下拆分，如图 7-3 所示。

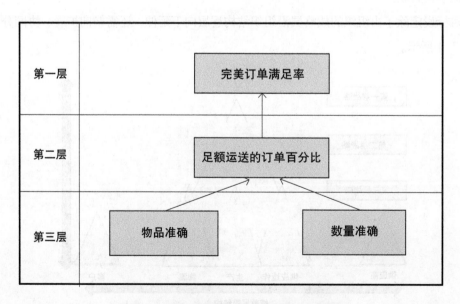

图 7-3　第二层指标继续拆分出第三层指标

3.不同生产模式的目标设定

纵向目标还需要横向目标的支撑，横向目标为组织及其供应链合作伙伴提供了一致的方向和衡量手段，能够帮助组织进行供应链整合，并能够在目标一致的基础上提高运营效率。

然而，针对不同时期、不同发展阶段、不同产品线，以及不同客户需求，组织的管理侧重点可能会有所不同。市场不同，竞争关系不同，核心竞争模式也有差别。一个企业处于复杂多变和日益加剧的市场竞争格局下，需要发展出自己的生产模式来。一般来讲，最为常见的生产模式有 MTS、MTO、ETO 和 ATO 4 种。

1）按库存生产模式

在按库存生产（Make to Stock，MTS）模式下，供应链战略管理的重点是把握市场，分析需求，实现预测，从而控制库存，实现精益化运营。如果组织没有很好地把握市场的变化，则容易造成库存积压，直接造成资金的占有和损失。按库存生产模式属于推式供应链的一种模式，强调对市场的需求满足率，但这也要求供应链组织承受较大的库存压力，包括良好的财务支持。总之，按库存生产模式有其特殊性，在一些快消品行业比较多见。

2）按订单生产模式

按订单生产（Make to Order，MTO）模式以客户订单驱动生产，按订单量和交货期进行生产排产，再制定物料需求计划，拉动上游供应商补货，竭尽全力降低产成品库存，降低库存压力，减少资金占用。采用按订单生产模式，组织需要与客户形成紧密的合作模式，才可以实现订单的快速响应。同时，按订单生产模式往往要求订单的价值量比较大，这样才可以支撑企业正常经营，实现财务目标。

3）按订单设计生产模式

按订单设计生产（Engineer to Order，ETO）模式具有定制化色彩。这就需要企业具有相当高的整体性管理能力。在收到客户订单后，开始进行产品设计，再组织采购和生产等经营活动。其特点就是支持客户化设计和定制，满足个性化需求，提高客户满意度。在这个模式下，供应链战略管理的重点是强调模块化生产，增强应变能力，快速交付。在实践中，供应链组织也可以导入供应商早期参与设计这种新兴的模式，充分发挥供应商的内在力量和价值。在互联网新经济的背景下，大规模定制成了一个风向标，大量企业都在不断探索大规模定制的可能性。

4）按订单装配模式

按订单装配（Assemble to Order，ATO）模式是指收到客户订单后才装配设计。
ATO 最大的特点是在总装工序或最终工序中具有不同的零部件选项，企业的采购件和制造件等都已经生产完毕并且处于库存状态。企业在接到客户订单后只剩下最后一道装配工序，显然针对这个订单的制造提前期非常短，这也意味着能够快速交付。ATO 为客户选择不同的选件和组件的需求提供了快速解决方案。

ATO 也很普遍，如不同配置的计算机装配、一个不同外观颜色要求的产品等。但任何事情都具有两面性，提前按预测生产不同组件，也增加了库存成本。实践中，供应链组织要综合考虑速度和成本的平衡，要拥抱精益思维，练好内功。

综上所述，不同的生产模式需要不同的供应链模式来辅佐，因而考核的侧重点也不同。所以供应链管理者必须承接组织的战略目标和各事业部的战略目标，并结合各产品线的不同生产模式的需要，制定出差异化的恰当的供应链管理目标。

4.目标设定需要考虑的问题

在选定供应链管理目标时需要考虑下列问题。

●目标是否反映了大多数需要完成的关键结果？

●目标设定是否具备适当的难度水平？

●目标是否与员工的岗位和能力等级相匹配？

●所有员工的目标集合后与组织目标是否一致？

●目标是否反映了组织的价值观？

●目标是否超越客户的期望？

●目标是否鼓励创新？

●目标是否有助于建立相互信任和尊重的关系？

●目标是否明确和具体？

●目标是否明确结果怎样被衡量？

●目标是否与企业目标和部门目标保持一致？

●目标是否是结果导向的？

●目标是否包含时间因素？

●是否预定时间与员工讨论目标并达成一致？

绩效指标设定还需遵循以下原则。

●体现最重要的贡献。

●涵盖关键任务领域。

●体现对客户关键影响领域的贡献。

●体现对团队的贡献。

● 确保目标不重复。

● 定量和定性指标保持平衡。

| 第 2 节 | 供应链组织绩效考核体系

1. 绩效考核体系的重要性

供应链组织绩效考核体系的搭建是供应链稳定运作的基本保障，也符合过程管理学派的基本逻辑：任何管理活动都需要控制。如今，控制这个环节被绩效管理取代，但它的基本精神是一贯始终的。

供应链管理涉及多职能的协同管理，管理环节纷繁复杂。在绩效管理过程中，如何设计绩效指标？如何定量评估？如何建立奖惩机制？这些都是绩效考核体系要解决的核心问题。

对一个企业而言，供应链肩负着各方诉求和期待，又是企业目标实现和战略达成的核心支撑，对供应链管理的系统化设计和管控是基本保障，所以供应链绩效管理的底层价值与作用是极大的。

2. 绩效管理的基本特征

绩效管理依据组织文化和经营战略来进行。绩效管理工作有以下六大基本特征，它们是绩效管理的基础。

（1）绩效管理由计划、指导、评估和奖惩组成的体系来实现

绩效管理是体系化的，由多种要素组成，众多要素缺一不可，在管理过程中弱化它们中的任何一项，整个体系都会受损。它是一个持续的过程，包括目标设立、监督实施、过程偏差纠正并给予反馈、对结果进行奖惩。保持绩效管理的系统性是实施绩效管理的基本保障和条件。

（2）绩效管理要与经营目标衔接，自上而下推动经营目标的实现

企业在不同的发展阶段有不同的目标与导向，整体的目标与局部的要求相辅相成，融为一体。在绩效评估过程中，要将目标同组织战略挂钩，清晰地表达目标，让员工理解他们的工作目标与组织目标的关系。绩效管理已成为实施战略变革的途径，并成为每个员工

的工作。

（3）绩效评估指标的量化与作业能力是基础

企业的绩效评估指标的量化和关注点是要点，很多企业过度关注成本、质量合格率、供货周期、客户满意度、完美订单满足率等短期的可量化的绩效评估指标。但是随着企业的发展，以及企业对社会责任的担负，风险防范、合规性、环境责任等变得越来越重要。这些指标固然缺乏可量化的特质，但在企业发展中至关重要，管理者要对其有所关注，最好做出一些设定。

（4）绩效管理是管理者的责任，管理者应主动介入绩效管理

在绩效管理中，管理者的责任感是重要支撑，管理者要对企业的最终结果负责，这个责任是一般员工不具备的，所以绩效管理是企业管理者的责任。例如，有些人会有疑惑，绩效管理是人力资源部门的事吗？部门经理认为这是一项额外的工作吗？显而易见，这些问题的答案是否定的。培养各级管理者在绩效管理方面的能力是必要的，培养管理者的领导能力和员工培养能力，能提高管理者在绩效管理方面的成绩。

（5）绩效管理必须与激励体系挂钩

企业设定绩效奖惩机制，包括调整薪酬激励体系，就会向员工发出两个信号：什么是重要的？应当重视什么？员工会在这个导向下调整个体行为模式。同时，企业的经营方向要求增加对客户服务或团队方面的能力考核，它自身会成为公司战略、价值观和使命的有力表达。

（6）绩效管理必须评价多渠道的信息，这些是整体绩效的基础

管理者的职责调整对绩效管理会有直接影响。组织扁平化要求个人与团队承担更大的责任。根据目标衡量工作成果，管理者忙于自己的项目工作，而很少去关注向他们直接报告的团队成员所做的工作。

绩效管理本质上是管理的一部分，考核结果具有极大的价值。绩效管理通过目标的分解和细化，将员工的作业目标与企业目标相关联，再通过绩效的奖惩机制强化目标的实现和诉求的达成，并借助绩效评估进行改进和调整，实现企业战略。

3.绩效考核的常用体系

绩效管理由一组相互独立又相互关联的内容构成，如绩效被考核者、绩效考核内容、绩效考核周期、绩效考核者等，这些要素有机结合在一起。绩效考核体系如图7-4所示。绩效管理的建立与实施，将会给企业管理提供很大的支持和保障。

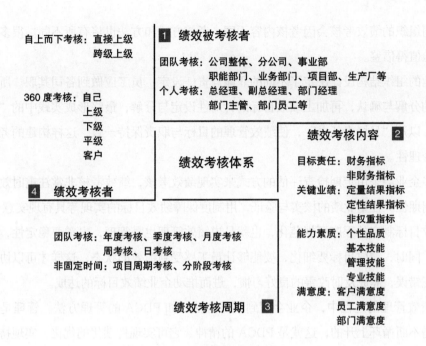

图 7-4　绩效考核体系

供应链绩效考核涉及不同要素和不同步骤。从根本上讲，供应链绩效考核围绕企业供应链管理的基本诉求进行，包括财务意义上的利润，以及客户意义上的服务状态；同时，也可以围绕竞争优势和竞争地位实现来开展。供应链绩效管理从要素上看，一般包括目标、标准、考核、奖惩机制等 4 个关键部分。同时，在整个考核过程中，考核程序也应该实现标准化，程序的规范化是供应链绩效考核的基本保障。SCOR 模型给出了不同层次的关键指标，是可以充分借鉴的。

职能级考核系统设计通常需要 5 个步骤，如图 7-5 所示。

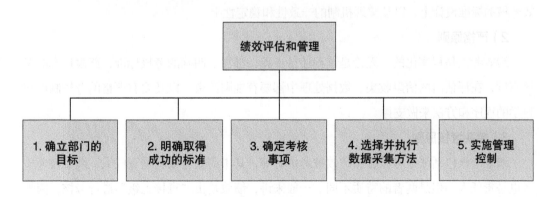

图 7-5　职能级考核系统设计步骤

不同组织的绩效考核会因考核内容不同，考核方式和方法也将有所不同。很多企业的成功经验值得借鉴。

企业的组织结构设计决定了不同的职能与责任设定，员工应做到各司其职。所以，通过职责的分解与确认，再加上绩效目标的针对性设定与分解，最终形成实践中的"岗位责任书"，以及"目标责任书"，使绩效管理的目标与职责保持一致，这样构建的考核体系才具备合理性。

很多企业会采用定期检查评估的方式来实现绩效考核，绩效考核非常注重时效性、及时性和周期性。注重业绩的核实与验证，用制度保障绩效目标的实现等具有现实意义。

绩效目标制定的程序要规范化，也就是说绩效管理也是管理，也需要稳定性，这来自规范化。同时，绩效目标要细化，要能够让员工感受到绩效的状态，这样才可以协助团队及时纠正错误，养成及时改善的良好习惯，进而推动企业绩效目标的达成。

在绩效管理的过程中，企业会用到很多方法，如 PDCA 的管理方法。管理是持续化的，也是不断循环上升的，这就是 PDCA 的精神。它可实现持续化的优化，实现持续化的改进。

4. 绩效考核原则

绩效考核是有差异性的，在不同企业，绩效考核不尽相同。绩效考核是存在基本原则的，这是因为管理存在稳定化的共性。实践中形成的这些原则表现为制定考核的标准，制定奖惩机制的价值观念等。下面介绍绩效考核中的八大常见原则。

1）公平原则

公平是确立和推行绩效考核的前提，这是绩效考核的基本保障与条件。公平反映在绩效考核的标准设计上，以及奖惩机制的一致性和稳定性上。

2）严格原则

绩效考核是程序化的，无论是过程还是步骤，都需要明确的考核标准，严肃认真的考核态度，在评估时的信息收集、数据处理中都要有规则约束，以及要有严格的考核制度与科学的程序和方法来做支撑。

3）单头考核原则

绩效考核包括绩效考核者和绩效被考核者等，其中绩效考核者是责任人，绩效被考核者也是责任人，但是两者的特质不同。一般来讲，绩效是由"直接上级"进行考核，因为他们相对了解团队成员的实际工作状态与表现，对事实有更直接的了解与把握，能反映真实情况。单头考核明确了不同角色的责任，把考核系统与组织指挥系统有机地融合与结

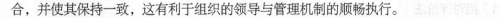

合，并使其保持一致，这有利于组织的领导与管理机制的顺畅执行。

4）公开原则

任何考核的目的都是发挥推动作用，考核结果只有公开披露，才会发挥相应的作用。考核结果应对当事人公开，这样可以使绩效被考核者了解自己的基本状态与优缺点，进一步去改善不足，发挥强项，这才能实现绩效管理的基本价值。同时，绩效考核结果的公开能保证公正性，增强企业管理者的公信力。当然，遵循公开原则还可以防止可能出现的偏见与偏差，包括种种人为的误差与操纵行为等。

5）奖惩原则

要想绩效考核发挥作用，组织需要奖勤罚懒，即需要建立奖惩机制。在绩效考核的过程中，组织一般是根据结果或成绩情况，做到有奖有罚，这样才能实现绩效考核的真正目的。但是在奖惩机制的设计中会存在相当大的挑战，例如奖惩的力度设计，奖惩的方式，包括物质与精神奖励的配合与关系，等等。总之，在绩效考核实践中，涉及奖惩机制的时候，组织都会面临挑战。组织可以不断尝试，甚至是试错，以找到合适自身的奖惩机制。

6）客观考核原则

绩效考核是目标导向下的结果实现，既然要考核，就需要明确标准和要求，避免人为干预和过多的主观意见的影响。客观化尽管不会完美实现，但依然要秉持这个基本原则。客观考核表现为指标的可定量化，以及可测量化。总之，客观化是公平化的基本前提和保障。

7）反馈原则

在绩效考核中，考核的结果需要及时反馈，让绩效被考核者了解结果与评估的基本信息，如此才能发挥绩效考核的价值：推动人员进步，实现企业目标。考核结果全面及时的反馈，以及反馈具体信息的明确化，在事实上，会推动绩效管理的改善与进步。

8）差别原则

在绩效考核工作中，由于人员的职责及职务角色不同，因此考核的标准和要求都会不同。考核的标准应当按照企业管理部门与职级设定不同层级，做到有差别，有界限；同时，配合相应的奖惩机制及不同的激励条件，从真正意义上做到激励员工进步。

5.绩效考核的常见评估方法

在企业实践中，绩效考核的评估方法有很多，也很难在一个框架下进行分类与设定。下面介绍绩效考核的常见评估方法。大致分为相对评价法、绝对评价法、描述法、目标绩效考核法和写实考评法，值得在实践中借鉴和参考。

1）相对评价法

相对评价法是一种突出效率的评估方式，可以快速反映绩效考核的基本情况。同时，相对评价法也简便易行，适合特定部门或中小型企业使用。

（1）序列比较法

序列比较法常出现在规模比较小的企业环境下，是对相同职级进行考核的一种方法。将相同职务的员工在同一考核框架中进行比较，做前后排名，这种考核方式的效率很高。

其优点是简便易行，花费时间少。其缺点是适用的范围较小，很多场景不适用。在一般中小规模的企业环境下，当人员团队和业务不复杂时可以使用序列比较法，如考核保险公司的营销人员就可以使用。

（2）相对比较法

相对比较法很高效，可以通过对员工的分组和成组比较快速发现绩效的表现差异。使用这种方法，任何两位员工都要进行一次比较，再进行计分统计，并做比较，根据分数的高低做前后排名，实现绩效管理。

其优点是过程简单，使用方便，效率比较高。其缺点是当工作的技术和难度较低时才可使用，很多场景不适用。在一般中小规模的企业环境下，当团队和职责相对简单时可以使用相对比较法，如一般的销售公司就可以使用。

（3）强制比例法

强制比例法是依据员工的成绩表现，设定不同的层级并进行分类（如最好、较好、中等、较差、最差等）。这种方法效率很高，对相对不复杂的岗位或人员进行绩效考核时可以使用此方法。

其优点是不需要过于复杂的定量分数，过程简单，考评方便。其缺点是绩效的划分比较主观。当团队和职责相对简单时可以使用此方法，如一般公司的行政部门就可以使用。

2）绝对评价法

绝对评价法是通过设定具体指标与目标来推动绩效的达成，这种方法会清晰表达出绩效的要求与方向，具有很强的导向性。

（1）目标管理法

管理专家彼德·德鲁克结合多年的企业管理经验和体会，提出"目标管理和自我控制"的基本观念，同时，还认为"企业的目的和任务应该可以转化为目标"。有了目标，才会有相应的管理与控制。

目标管理是一种哲学思想，常常由员工与管理者共同讨论后，制定出个人目标，并使其与企业战略方向保持一致，达到目标可以考核、可以观察的基本状态。

在确立目标时，程序务必准确而且严格。在实践中，目标设定应该与预算、绩效、薪资、人力资源等要素结合起来，设定绩效与奖惩的基本关系，发挥其推动性的驱动力价值。

目标管理不是用目标来控制团队，而是用目标来激励团队。

其优点是结果清晰，要求明确，便于考核，导向性强。其缺点是目标的合理性难以实现，可能导致目标制定不合理，失去激励价值。这种方法在大型企业广泛使用，如一般的制造型公司都在用。

（2）关键绩效指标法

关键绩效指标法是指明确部门人员的绩效衡量指标，并以此为基础进行绩效考核。关键绩效指标法有利于供应链管理部门的领导者快速明确本部门的主要责任与要求，再进一步提炼出最能代表供应链管理部门绩效的相关关键指标，形成一个相互支撑的体系。企业关键绩效指标的制定一般是由管理者和员工共同探讨完成，双方达成一致，这大大提高了目标的公正性。它不是以上压下，而是达成共识。关键绩效指标法将支撑企业战略的实施和执行，在事实上，可以发挥控制过程、强化目标、达成结果的价值，甚至可以不断增强企业的核心竞争力，并使企业保持持续的发展，获得预期的商业成果。

其优点是目标清晰可见，要求明确，定量化强。其缺点是目标的制定有难度，可能导致目标设定不合理，使得激励不公正。这种方法在大型的企业广泛使用，如跨国公司都在用。

（3）等级评估法

等级评估法将被考核岗位的工作内容进行细致化的设定，并通过设定形成相互独立的几个构成要素，针对每个要素描述工作需要达到的绩效标准，再将绩效标准等级化，例如用"A/B/C/D"来划分，之后根据被考核者的实际工作结果和表现，结合不同的考核要素，实现整体性评估。

其优点是等级划分简单，易于评估和考核。其缺点是级别的划分有主观性，且相对比较模糊。这种方法在一般中小规模的企业环境下会使用，如一般的销售公司可以使用。

（4）平衡计分卡

平衡计分卡一改传统意义上的财务绩效视角，进行了指标来源的扩大。组织可以从 4 个侧面来审视企业的整体性绩效：学习与成长、业务流程、客户、财务。一个企业要想发展，需要不断学习和改善，这是基础性的能力与力量。业务流程是作业的规范化支撑，流程的科学性、合理性是提高运作效率的基础，作为考核指标具有积极性。客户是商业的核心关注点，把它列为指标不意外。

设计平衡计分卡的目的是打破传统的财务指标模式。财务指标与数据具有静态性，对未来的指导与应对变化的能力缺乏全面描述。

平衡计分卡的大范围绩效评估也带来了很多现实问题，例如指标之间具有关联的，如财务与客户就是强关联，客户流失，财务指标也会出现问题。业务流程和学习与成长也是紧密相关的，业务流程优化没有学习与成长，也是很难做出优化改变的。

其优点是评估系统十分完善，评估维度丰富，指标关注点全面。其缺点是评估难度比较大，时间比较长。这种方法在一般大型的企业环境下会使用，如跨国公司经常使用。

3）描述法

描述法适用于复杂的评估环境。在绩效评估实践中，有时很难通过特定指标来表达绩效的要求，描述法可以借助多维度的视角及定性的语言表述来达成绩效的评价与评估。

（1）全视角考核法

全视角考核法也称为 360 度评估法，或全视角评估法。全视角考核法由被考核者的上级、同级、下级和客户等进行全方位评估，以了解各方意见，促使被考核者了解自己的长处和短处，实现改善和提升。其实施需要多部门参与，多人员介入，考核的过程相对复杂，时间相对较长。一般来讲，在管理比较成熟的企业，全视角考核法更容易落地实现。

全视角考核法有如下作用。

● 提供客观有效的员工表现的信息。

● 增强参与感，多角度观察，培养未来的管理者。

● 团队的反馈可以拓展管理者的视野。

● 借助全体成员参与的方式，实现多维度激励。

● 可以实行匿名考核，减少考核者的顾虑，提高评估的客观性。

其优点是评估指标多样化，评估主体多元化，相对全面。其缺点是评估难度比较大，评估的主体结构复杂，会诱发公司"政治"。这种方法在一般大型的企业环境下会使用，如跨国公司经常使用。

（2）重要事件法

其实企业的管理是由不同的工作执行来实现的，在作业过程中必定会发生很多事件，有好事，也有坏事。考核者会关注被考核者的重要事件。所谓重要事件，是指那些会对部门的作业绩效产生良性或非良性影响的事件。重要事件法是指在组织的作业过程中，会不断发生各种事端，考核者对这些事实和情况进行记录和评估，并根据这些事实做出绩效判断。

其优点是评估针对性强，与事实对接，客观性强。其缺点是事件具有单一性，以及非重复性，可能使得评价不完整。这种方法在一般的企业环境下都可以使用，如技术性公司经常使用。

4）目标绩效考核法

目标绩效考核法的要点是目标的建立与分解细化，总目标和分目标的完成与实现是目标绩效考核法的核心诉求。无论是组织的整体还是不同职能部门的局部，都是绩效考核的关键点。一个企业的各职能部门在企业的统一管理下，面对企业总体发展要求，自然需要部门目标和人员目标的设立，这就是目标绩效考核的实现过程。

其优点是评估系统十分完善，评估维度丰富，指标关注点全面，层层分解。其缺点是评估难度比较大，目标设定比较主观。这种方法在一般大型的企业环境下会使用，如大型公司经常使用。

5）写实考评法

写实考评法考核指标的 SMART 原则如下。

S（Specific）——明确的、具体的。考核指标要清晰、明确。

M（Measurable）——可量化的。目标和考核指标要可量化，可衡量，可评估，可比较。减少随意性，减少评估的偏差。

A（Attainable）——可实现的。在绩效考核中，目标的可实现性很关键。过高和过低的目标设定将丧失绩效考核的意义，发挥不出绩效管理的价值。

R（Relevant）——实际的、现实的。现实性使得目标可以落地，具备评估价值；假想的、不现实的目标毫无意义。

T（Time Bound）——有时限性的。目标的完成需要时间限定，要在规定的时间内完成目标。

其优点是强化评估的现实性和客观性，目标具体而详尽，容易落地实现。其缺点是在很多现实的环境中，不是每一个目标和要求都是清晰可见的，需要进行主观判断。这种方法在大型企业广泛使用，如偏技术性的公司都在用。

6.绩效考核实施体系的框架

绩效考核实施是实践性的，也是体系化的。除了前面介绍的常用体系、考核原则方法外，绩效考核实施体系框架中还涉及绩效管理的参与人与角色的问题，以及评估结果的定量和定性的两个取向。

世上没有最完美、最合理有效的绩效考核体系。组织在不同的发展阶段，以及不同的成熟程度有着不同的战略需求，其绩效考核体系也需适时适当地调整，结合组织的阶段性战略需求，建立适合组织战略发展需求的绩效考核体系。

框架首先是有结构的，不是零散的；是体系化的，不是碎片化的。框架的内涵是丰富的，包括程序、步骤、方法、工具等内容。同时，绩效管理的框架化一定需要企业的底层文化来支撑，这个底层文化是企业价值观的一种表现。企业作为一个组织拥有人格化的价值体系，也叫作商业伦理，它的建立与稳定性对企业绩效管理的实现至关重要。

下面我们来看某著名家电集团的绩效管理组织保障体系是如何搭建的，如图7-6所示。

注：BU——Business Unit，业务部门；FU——Functional Unit，职能部门

图7-6 某著名家电集团的绩效管理组织保障体系

在企业管理实践中，绩效目标需要与职能职责、个人职责相关联。企业应实施目标管理，把工作职责与目标进行对应性确定，并将目标分解到各个职能部门及岗位。

（1）职责分解

企业的职能众多，各个部门也有不同的关注点。职责分解包括以下基本要点。

●明确部门职责。

●设定工作流程。

●设定岗位职责。

（2）目标分解

目标分解应与职责对应，与职能对位，与岗位对接。企业战略层面的目标规划是全局化的，目标分解与到位是不可或缺的。

（3）目标与职责结合

为了将目标落到实处，企业必须要在目标与职责之间建立清晰的拆解和对应关系，这样绩效才具有指向性。在建立目标与职责的适当关系时，需要结合各种历史的经验和运作模式，甚至是模型，做框架性设计。

（4）考核与实施

设定职责和目标后，再利用规范化和制度化的方式对各部门员工进行针对性考核。

●定期检查。考核具有时间效应，过短或过长的考核期限都不见得合理。例如每季度对照上期工作的述职报告、自我评估和下期工作计划与安排，进行检查与考核，就能发挥出压力性作用。而且，员工制订工作计划时要与直接上级商议，计划应得到双方认可，这样的结果更容易得到承认和接受。

●量化考核。考核是实在的，是落地的，不能虚拟化，所以考核要具体，要量化。量化的意义不仅仅是实现数字化和消除主观的负面的人为影响，这有利于进行横向和历史的对比考察，便于记录并判断趋势。这是量化考核的价值，它在当下的管理实践中得到了普遍认可。但是，量化的思路和方向也有现实压力，例如很多指标很难量化，就算实现量化，也并不能完全摆脱主观影响，这是一个长期性的难题。例如供应链管理实践中的供应链柔性指标，在如何订立上下限时，就有量化的难题。

绩效考核是在要求的标准下实施的，企业或组织的经营目标通过分解而具体化、细致化。目标的制定也要有所考虑，定低了没有压力，定高了实现不了，要具有合理性。而且，管理团队的成员都应该纳入其中，从领导到员工，均要参与考核，大家方可同心协力。在这种模式下，企业会建立和形成绩效管理文化，它是企业价值观的一种表达，是企业内在 DNA，具有持续性的力量。

| 第 3 节 | 供应链组织绩效管理

供应链组织绩效管理需要明确具体导向与要求，在绩效框架设计完成后，可以划分成不同环节和部分，自成体系。供应链组织绩效管理的每一个环节都需要有所依据，有所章法，而不是无序的。供应链组织绩效管理流程涉及不同部门、不同层级的人员，其中的关系错综复杂，如目标的设定要有高度和前瞻性，目标的分解要量化而现实，这样的供应链组织绩效管理流程才有价值。

1.绩效管理 5 项原则

绩效管理 5 项原则如下。

●绩效管理就是沟通。

●绩效管理的首要目的是完成任务。

●绩效考核的指标应尽可能少。

●绩效管理要推动生产效率改善。

●在绩效管理中，"行为"比"言语"重要。

2.绩效管理的评估

绩效管理的评估与评价依赖于企业整体的绩效表现，从公司战略到部门或职能目标，最后落实到团队目标，它是一个有序的结构化的过程。在绩效体系搭建的过程中，常常会涉及目标的设定、指标的选择、定期的评估，以及奖惩机制的设计等关键环节，可见绩效管理是有步骤、有计划的过程。在绩效管理的评估过程中，显然要关注要点，以及一些基本原则。总而言之，绩效管理的目的包括3个方面。

●战略目的：这是绩效的关键来源，没有导向就没有方向，需要把企业的战略意图落实到绩效管理的评估中去。

●管理目的：战略的实现依赖于运营管理的目标达成，这就需要设定清晰的目标体系，推动企业员工和团队通过不懈努力来实现它。

●发展目的：绩效管理的根本目的是实现企业发展。企业发展的范畴是广泛的，包括经济意义上的，也包括人力资源视角下的。

以个人事业承诺为核心的文化导向支撑绩效管理体系，将呈现以下4个方面的特点。

●战略导向：以全球化和卓越经营战略作为指导，设定支持战略的绩效管理体系。

●持续改进：通过计划、辅导、评估、改进方案，形成持续改进优化和不断循环的绩效管理体系。

●全员参与：绩效管理显然是面对整体企业的，全员参与是必然的，也是应该的。

●均衡发展：企业成长是阶段性的，在这个过程中要保持适当的平衡性，例如长、短期目标的平衡，多目标之间的平衡等。

企业各层级在绩效管理实践中，在目标的设定过程中，需要达成共识，以及做出承诺。各级部门及其员工需要了解和明确绩效要求，再逐层分解落实。各级员工经理和下属员工通过自上而下地层层分解达成一致，将组织的战略目标逐步分解落实到每个团队成员，将组织绩效目标、员工管理目标和个人发展目标有机结合在一起，实现企业发展和个人发展的同步。

●组织绩效目标：组织期望在未来要达到的一种目标状态和结果，需要管理者来制定工作目标。

●员工管理目标：管理者需设置员工管理目标，关注团队建设、员工培训，培养自己的领导能力，支持工作目标的达成。

●个人发展目标：每位员工在管理者的指导帮助下设定个人的发展目标并制订自己的发展计划，不断提高自己的工作能力，支持工作目标的达成。

确定目标后，就需要对工作任务进行考核，因此必须建立相应的标准，以确定员工是否成功地完成工作任务。如果部门的员工事先不知道成功的标准，也不了解如何界定成功或失败，那么绩效考核体系将变得毫无意义。

某集团公司的成本竞争力指标如图 7-7 和图 7-8 所示。

战略目标	提升采购成本竞争力，零部件、原材料采购成本下降 15%	
目标 描述	衡量采购的成本竞争力，以上一年度的基准时间点的价格作为基准价格，累计每一个实际发生的采购订单的成本节省金额和成本降低幅度，含供应商参与设计降低成本的项目收益	
输入的数据和资源：	考核定义／公式：	
绩效报告出自 SAP 数据库报表 10.2.66	采购额 = Σ 每专用号降价额 = Σ { 采购订单价格 × 实际采购入库数量 } 降价额 = Σ 每专用号降价额 = Σ { (采购订单价格 – 基准价格) × 实际采购入库数量 } 降幅 = Σ 降价额 / Σ 采购额 设计降低成本的项目收益以 PL 成本办、开发部的项目验收为准 基本时间：11 月 30 日（与各 PL 财务、成本办再行确认）	
考核 主人：	供应管理 战略部	考核频率：	每季
目标 主人：	供应管理 总监	考核区间：	每季、月、周、天
目标 设定：	事业部 负责人	测量单位：	%

图 7-7 某集团公司的成本竞争力指标（1）

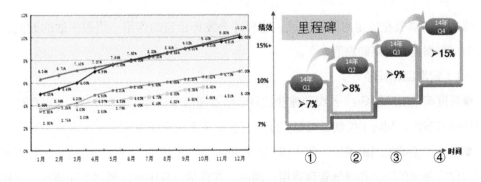

图 7-8 某集团公司的成本竞争力指标（2）

其战略目标设定为提升采购成本竞争力，零部件、原材料采购成本下降15%，围绕战略目标可设定全年目标、阶段性目标；有明确的目标描述，给出了定量考核定义与公式、基准时间、数据来源；另外还明确了考核主人、目标主人、目标设定、考核频率、考核区间、测量单位。这样的目标设定和统计考核方式能使考核者与被考核者及目标制定者对成功有明确的定义。

图7-9所示是某知名集团公司的绩效考核方法。

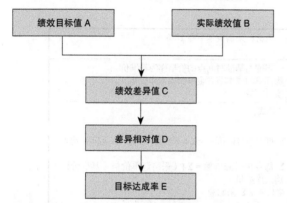

定量指标得分计算

以目标达成率为基础，按照百分制计算每项指标的绩效得分：

定性指标得分计算

与定义的绩效等级（绩效水平）的标准进行比较：

绩效水平
1. 远远超出绩效期望
2. 明显超出绩效期望
3. 基本达到绩效期望
4. 与绩效期望有一些差距
5. 与绩效期望有明显差距

当实际绩效值与绩效考核结果正相关时	当实际绩效值与绩效考核结果负相关时
C=B-A	
D=C÷A	D=（C÷A）×（-1）
E=1+D	

图7-9 某知名集团公司的绩效考核方法

注：定量指标：强调数字化表达，可进行历史的、横向的对比分析，具有客观性

定性指标：以描述性的语言来表达，可以勾勒出一个概况，但缺乏具体性，具有主观色彩

3.绩效评估周期管理

绩效评估需要在规定时间内完成，这样才会发挥出它的作用。绩效评估的时间、周期、频率都需要做出明确规范。

（1）定期回顾辅导

●月度绩效回顾辅导：各级管理者按月做绩效评估与总结，这种评估具有时间性，强调评估的高频次，倾向于控制，对提高绩效有着比较大的推动力。

●年度中期绩效回顾辅导：每半年左右启动一次绩效评估，评估周期适中，可以缓解高频次评估带来的压力和降低管理费用；同时，在评估过程中可以根据实际情况做目标的

调整和修正，具有灵活性。

（2）季度业绩评估

季度业绩评估是按照季度时间跨度来实施的评估，一般来讲是有针对性的，尤其是一些比较重要的经营指标需要强化跟踪，保持警觉。同时，注意落实绩效与员工的适当关系，不宜给团队带来过多压力。

（3）年度绩效评估

年度绩效评估是一种总结，是全面的复盘与回顾。对企业管理层而言，年度绩效评估是一场大考，要担负起责任，承受住压力；而且年度绩效评估还会对下一年度的财务目标设定做出指导。

表 7-5 所示为年度综合绩效等级量表示例。对一个职业角色做出层级化的评级描述很不容易，此表可供参考。

表 7-5　年度综合绩效等级量表示例

绩效等级	定义	描述	结果确认
A	非常出色的年度顶级贡献者	取得杰出的成果；业绩明显高于其他（同级别/工作性质）的人；超出或有时远远超出绩效目标；为其他人提供巨大的支持和帮助，并体现出其职能职责所需的各项能力素质	直线经理评估 二线经理审核
B +	出色的高于平均水平的贡献者	影响力及其工作范围超过其工作职责；绩效表现超越大多数人，有发展性眼光及影响力；总是能达到或有时超出绩效目标；为其他人提供有力的支持和协助，并表现出其职能岗位所必备的各项典型能力状态	直线经理评估 二线经理审核
B	胜任的扎实的贡献者	始终如一地履行工作职责；具有适当的知识、技能和积极性；基本能达到或有时超出绩效目标；为其他人提供相应的支持和帮扶并表现出其职能岗位所需的各项技能	直线经理评估 二线经理审核
C	需要改进提高的最低贡献者	相比之下，绩效结果不甚理想，没有达到理想的要求，存在绩效落差，需要逐步改善；或者不能证明其具备相应水平的知识、技能和积极性；连续的 C 级绩效是不能接受的，需要改善	直线经理评估 二线经理审核
D	不能令人满意的	知识和技能状态不达标，不能有效完成既定工作和目标；不能履行其工作职责；在连续被评为 C 级之后还是没有表现出提高的状态	直线经理评估 二线经理审核

4.绩效管理流程

绩效管理应该建立起自身的程序化设定，只有在标准程序下，绩效管理的稳定性才可以得到保障。绩效管理有其自身的特质，也就必然有其相对合理的基本流程架构。一般来讲，绩效管理流程包括 4 个环节，分别是绩效计划、绩效辅导、绩效评价和绩效激励，如图 7-10 所示。

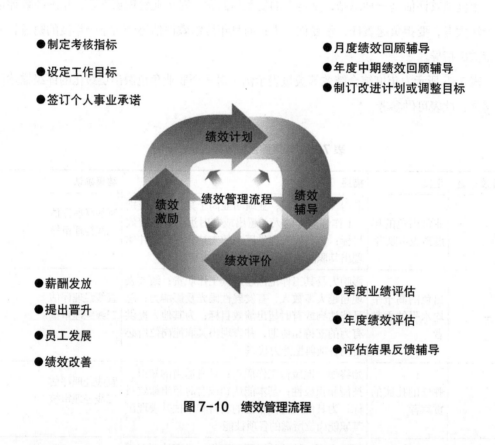

●制定考核指标

●设定工作目标

●签订个人事业承诺

●月度绩效回顾辅导

●年度中期绩效回顾辅导

●制订改进计划或调整目标

绩效计划

绩效激励　绩效管理流程　绩效辅导

绩效评价

●薪酬发放

●提出晋升

●员工发展

●绩效改善

●季度业绩评估

●年度绩效评估

●评估结果反馈辅导

图 7-10　绩效管理流程

1）绩效计划

绩效考核指标的选择总是围绕企业经营的核心要点来展开，如质量、成本、交付和客户满意这 4 方面就十分重要。国际供应链管理协会的 SCOR 模型为我们提供了更为全面而权威的针对供应链管理各个环节的考核指标、数据采集方法和统计方法，这些指标十分值得借鉴。

2）绩效辅导

绩效管理往往被理解成一种驱动性的、压力性的内在价值，企业利用它去推动团队实现既定目标成了不争的事实。可是，在目标达成的过程中，会出现很多条件变化，这些条件变化不见得都可事先预见到。那该怎么办呢？这就需要持续地实施绩效辅导，来为团队提供各种支持、各种条件，帮助团队实现目标。可见绩效管理并不是消极的等待，也不是消极的结果管理，需要在过程中发挥作用，这就是绩效辅导的意义和价值。

（1）绩效辅导的目的

●管理者与员工进行高频沟通，确保员工了解组织的目标和方向，尤其是在组织的战略和目标发生变化时。

●管理者对绩效情况持续监控，确保达到工作标准，全程不断地提供反馈并提出建设性意见，在必要时提供指导。

●辅导过程中，员工需要积极参与，确保对自己的绩效承担起相应的责任。

●对员工的绩效结果进行激励。

（2）绩效辅导的时间

●月度绩效回顾辅导：定期进行月度回顾，发现问题，找到差距，提出改善方案；每个月以非正式沟通的方式对本月度工作完成情况进行回顾与总结；为未来的工作制订具体的行动计划。

●年度中期绩效回顾辅导：一般半年左右进行一次，管理者与员工就个人的工作目标、员工管理目标和个人发展目标进行全面的沟通与辅导支持，可以对目标做出调整并提出绩效改进建议。

（3）绩效辅导的原则

●保持定期和不定期的顺畅沟通，发现问题、解决问题。

●持续改进和自我调整，保持持续优化的势态。

（4）绩效反馈与辅导

●经理应当：坦诚率直，客观地讨论具体行为和事实，关注工作问题而不是个人问题，关注员工的自尊，提供方法和建议。

●员工应当：保持积极豁达的态度，有所准备并愿意表达意见，针对收集的意见提出问题并制定解决方案，明确将来的目标和行动计划。

绩效反馈与辅导示例如图 7-11 所示。

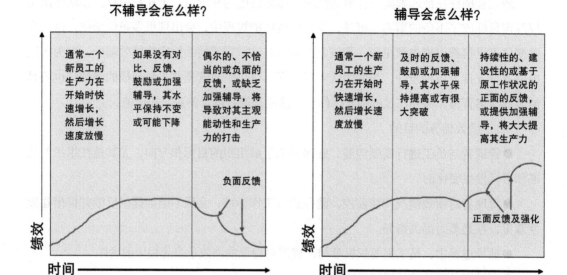

图 7-11　绩效反馈与辅导示例

（5）绩效反馈中的 BEST 原则

●描述行为（Behavior Description）。

●表达感受（Express Feelings）。

●征询看法或建议（Solicit input or Suggest Options）。

●指出正面的结果（Talk about Positive Outcomes）。

3）绩效评价

（1）绩效评价的目的

●向员工提供绩效的具体信息，协助员工了解自己的绩效情况。

●确保绩效目标达成状况的评估遵循了设定的工作标准。

●确保员工通过参与绩效管理可以担负起自我绩效的责任。

●确保员工理解自己的绩效与工作回报，且和团队认知是互通的。

（2）绩效评价的原则

●由明确界定等级的指标来衡量。为了增加绩效评估的客观性并且减少职级间的分歧，绩效评估由明确界定等级的指标来进行衡量。

●管理者可以通过与员工进行一对一的面谈来交换意见。管理者与员工应以坦诚且尊重他人的方式进行绩效结果的互动和交流。管理者也可根据部门的实际情况酌情选择评价结果的反馈方式。

绩效评价的不当行为如图 7-12 所示。

一种审问　　　　一个猜测的游戏　　　　一个终极判决

图 7-12　绩效评价的不当行为

绩效评价的原则如表 7-6 所示。

表 7-6　绩效评价的原则

错误做法	正确做法
评价不是	评价是
评判是非	计划未来
评估表格	管理流程
挑毛病	解决问题
赢 - 输的观念	双赢的理念
结果	结果 + 行为
人力资源管理流程	业务管理流程
威胁	激励

（3）绩效评价结果的应用

绩效评价结果的应用示例如图 7-13 所示。

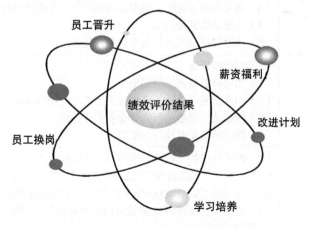

图 7-13　绩效评价结果的应用示例

4）绩效激励

没有激励的考核是没有意义的。企业应通过绩效考核与奖惩机制，把员工聘用、职务升降、培训发展、劳动薪酬等利益要素结合起来，在这个过程中，企业的激励机制的运行情况如何是关键。良好的绩效激励体系有利于企业的快速发展。当然，这也有利于员工建立自我激励模式。

绩效考核的核心目的并不是进行利益分配，而是推动企业与员工的一体化成长。绩效考核可以发现问题，找到差距，再进行提升改善，实现双赢。绩效与薪酬在人力资源管理中密不可分。设定薪酬时，薪酬可包括固定工资和绩效工资两部分，绩效工资正是通过绩效进行体现的。对员工进行绩效考核也应该在薪酬上有所体现，否则绩效和薪酬都失去了激励作用和意义。

绩效考核并非一帆风顺，一个经理在做出反馈的时候遇到对抗并不是很罕见的事情。有时做事的行为并不决定事情的最终结果。在感到对抗时，管理者最重要的一点是倾听员工提出的问题和困惑，并判断他们是否有根据。如果他们是有根据的，找到方法去帮助员工解决这些问题；如果他们没有根据，需要管理这种对抗形式。绩效考核中的对抗类型示例如表 7-7 所示。

表 7-7　绩效考核中对抗类型示例

对抗类型	你能做什么？
转移， 如"我做这个的原因是"	（1）倾听和考虑他们的观点 （2）如果原因是合理的，加以思考 （3）如果原因不合理，将要点回到行为上并保持反馈 （4）持续关注需要的行为变化和变化理由
谴责其他人， 如"但是其他团队不买账" "小焦需要先干他那块儿"	（1）倾听和考虑他们的观点 （2）如果原因是合理的，加以思考 （3）如果原因不合理，将要点回到行为上并保持反馈 （4）不要谈论其他员工 （5）持续关注需要的行为变化和变化理由
个人情况	（1）倾听和领会 （2）如果有需要请提供援助 （3）如果必要可以从管理者或人力资源处得到建议 （4）持续关注需要的行为变化和变化理由 （5）持续参与和监控这一情况
情绪反应， 如愤怒、哭泣、沉默／撤退	（1）预见到这些，记下反馈要点，不漏掉要点 （2）如果员工愤怒就给员工时间来平静，切勿让情况变得更糟 （3）如果员工哭泣就让交流慢下来，切勿激化矛盾，要给人回复的机会 （4）如果员工沉默或撤退就可以通过对话和提问的方式来加强互动，给员工以参与感

不同组织的绩效管理模式可能是不一样的，因为每个行业、每个企业都有着比较大的差异，其管理文化和管理风格各有千秋。绩效管理模式往往能反映出某种管理思想和经营理念，它们没有绝对的对错，都有其合理性。当然，不同的模式和方法都有其局限性与约束条件，所以组织需要按自身状况和经营需要进行选择。

5.持续改进

　　供应链组织的绩效管理是常态化的、持续性的。绩效的目标不是一个绝对值，而是动态变化的。管理不存在完美的，是不断进步、不断发展的。

　　持续改进是不断追求更高目标、实现更高要求的过程，它是一种哲学。任何一个企业和个人都不是完美的，都可以追求或逼近完美，这个过程是没有尽头的。在企业的供应链持续改进的过程中，一般的步骤是先确定改进目标，再寻找各种可能的解决方法，通过具体实施去看结果是否达成预期目标，经过评定后再正式采用。持续改进的项目往往要求企业具有全员参与、共同努力、主动实施的氛围和文化，这样持续改进才会具体落地，开花结果。

　　持续改进既是一种方法，又是一种观念。企业供应链持续改进是一个连续的过程，是一个不断探寻的过程。领导者、管理者、执行人员都需要保持持续改进的状态。

　　持续改进可以来自内在驱动，也可以来自外在驱动。显然自我的内在驱动更具有力量和持续性。可见持续改进要有驱动机制，包括奖惩机制的保障。

　　持续改进的目标来源是多样的，外部的标杆更具有推动力。持续改进要善于应用最佳实践的成果和榜样的力量，这更有说服力。

　　总之，供应链组织作为企业运营的核心部分，其管理和运作的绩效关系着企业的未来。绩效管理是支持、保障供应链运营的一个要素。企业管理是不可分割的一个系统，任何一个管理要素的表现，均受到其他要素的影响和制约，我们不可以孤立地看待供应链绩效管理，提高企业管理的整体化水平是关键。

第 8 章

企业社会责任、
道德与合规管理

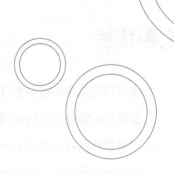

企业社会责任是一个被广泛接受的概念，是对各种相关问题的集中描述，综合体现了组织的整体价值观、理念和具体的实践。基于体现国际价值观的原则，CSR 积极管理世界范围内企业活动对经济、社会、环境等的影响。

企业社会责任日益成为供应链组织的一个重大问题。它将道德提升到更为广泛、更具意义的层面上，它已不是能否和供应商同桌吃饭，接受一张购物卡的问题。企业社会责任已经变得更加复杂，而关于它的讨论也更加深入和广泛。

企业社会责任的担负是人类社会持续发展的基本理念，商业导向与企业社会责任并不相悖。供应链发展过程中，企业社会责任与道德将保障企业和社会的可持续性。合规管理是企业社会责任具体落地的保证，表现在供应链运营的方方面面。

在全球格局下，国家间的经济发展不均衡，文化具有差异性，还存在着财富两极分化等现象。在经济发展过程中，资源消耗、环境污染等使得人类的可持续发展受到严重影响。不同国家的法律和规范也有差异，存在无规可循或有规不遵的情况，致使企业的合规管理存在漏洞。可见企业社会责任、道德与合规管理在供应链发展过程中，是不可忽视的话题。

本章目标

1. 学习供应链中的社会责任。

2. 掌握供应链社会责任的关切点。

3. 了解供应链社会责任治理的核心。

4. 学习供应链环保合规治理的要点。

5. 理解供应链的内控合规治理建设。

|第1节|供应链中的社会责任

1.社会责任的范畴

目前企业社会责任涵盖的范围还没有统一的定义。一般来讲，对一个企业而言，社会责任大致涉及环境保护和人权责任这两个关键性的领域。供应链中可以明确的企业社会责任有 11 个要素，但我们需要认识到事实上不只包含这些。

●环境责任。环境责任是指供应链组织对环境的责任，无论供应商在哪里生产产品或提供服务，都必须关注对环境的保护。例如生产化学制品的废料处理程序，对物料来源的环保要求等。

●人权。《联合国宪章》中有关于人权的一章。世界上任何人都有人权。供应链组织应确保其雇员和供应商的雇员享有同样的权利。

●机会平等。供应链组织必须确保它和供应商的政策体现出机会平等。例如，歧视女工显然是违法的行为。

●安全生产和职业健康保障。在生产和劳动过程中，应不发生人身伤亡，不涉及职业危害，不出现毁坏设备及财产损失事件，确保工作场所的职业环境卫生。

●多样性和供应商多样性。多样性是指个体或物品各不相同；供应商选择和供应商多样化原则。

●公司治理。公司治理是管理和控制公司的系统，包括公司董事在经营公司方面的活动的报告。经济合作与发展组织（Organization for Economic Co-operation and Development，OECD）扩充其定义为"是一套公司管理层、公司董事和利益相关者之间的关系，为公司制定目标、确定实现目标的手段和监控绩效提供基本架构"。

●可持续性。为客户提供服务、制造和包装产品的过程中，可持续性强调使用再利用材料或由可循环或可再生的资源生产的材料，强调绿色采购。例如，过度捕捞已经使部分鱼类在世界的部分地区销声匿迹了；过度砍伐而不及时植树的行为也减少了自然资源，进而将危及子孙后代。再如，《报废的电子电气设备指令》（Waste Electrial and Electronic Equipment，WEEE）的目标在于倡导使用循环材料和设计可重复使用的产品。

●社会影响。企业以各种方式影响附近居民的生活：生产出来的劣质产品威胁了使用者的健康；企业运行影响到附近居民的安全，甚至是当地居民的衣食住行；地方或区域性垄断限制了当地居民的选择。

●道德规范和商业道德。这是所有供应链管理人员应具备的基本素质。供应链管理者应公正选择供应商而不能对任何一家供应商有失偏颇。采购规格必须如实反映需要；不能虚构需要数量，误导供应商。

●生物多样性。供应链组织在工作中必须主动避免减少周围相互依存的物种数量。这意味着无论是海上还是陆地上的活动都不能导致物种数量减少。例如选择一个新的货物港口将对周围特定环境的植物和动物产生影响。对这类发展项目进行投资前，要对该项目对野生动植物所产生的影响进行研究，避免伤害或将伤害降到最低。

●社区影响。很多组织用各种形式的活动产生社区影响，如开展慈善、教育、医疗卫生、体育竞技和艺术等方面的活动。例如企业及员工对受灾居民进行捐助，开展志愿者社区服务活动，利用企业的设备、资源和产品为社区困难人群提供无偿服务；医院为付不起医疗费的特困患者免费医治等。

无论供应商的重要程度如何，无论是一次性合作还是长期战略合作，供应链组织都应执行同样的企业社会责任标准。

ISO 是国际标准化组织，它提出了《社会责任指南》，编号为 ISO 26000，包括 7 项可供参考的原则：认责，透明度，道德行为，尊重利益相关者的利益，尊重法治，尊重国际行为准则，尊重人权。

企业应将社会责任纳入员工考核体系，同时也将社会责任纳入供应商选择、认证及评审体系，对员工及供应商进行培训，落实合规审计，运用戴明法则坚持持续改善。

下面介绍美国 ISM 的社会责任原则。

ISM 相信供应链管理是开发和实施社会责任原则的主要贡献者。供应链既可以影响"上游"，也可以影响"下游"。实施社会责任原则的目的是增强供应链管理的意识，并协助供应链管理专业人士为他们的组织制订一个积极的供应链管理社会责任项目计划，鼓励组织通过相应的政府及非政府组织的委员会、理事会和专题组弘扬社会责任。

创造适用于跨越社会、行业、组织（公共，私人和非营利性的）和国家界限的原则是一项非常艰巨的任务。另外，与社会责任相关的联邦／州及地方法律和法规、国际法律和法规、风俗习惯等是制定和执行政策和流程必不可少的组成部分。

社会责任的形式和应用多种多样，这些原则的制定和颁布是为了强调社会责任的重要性。这些原则可以是对现有标准的补充，或者可以被当作起点组织可以从这些原则出发，针对其特定需求制定一套标准。

此外，个体的社会责任组成部分或者规模的重要性取决于组织所处的环境。

ISM 的使命是通过制定原则和共享工具、信息，帮助供应链管理组织和专业人士贯彻持续改进的最佳实践应用，促进社会责任的卓越表现。

（1）ISM 目标

●增进供应链管理专业人士的社会责任感。

●积极开发社会责任项目，以及为供应链管理专业人士及其组织提供工具、信息和最佳实践应用。

●向供应链管理专业人士提供社会责任参考。

●通过内部促进社会责任的承担，并通过供应商提升供应链管理的效果。

（2）ISM 对组织的要求

●支持社会责任原则。

●为支持社会责任原则和实践交流提供资源。

●分享最佳实践应用及其他资料，以帮助其他组织不但致力于内部改进而且与供应商一起共同增强社会责任意识。

（3）ISM 原则

社会责任定义为可量度公司政策和流程及相关行为的框架。这些政策、流程及相关行为旨在使工作场所或更大范围内的个人、组织和社区受益。

●社区。向组织所在社区和组织的供应链提供支持并创造价值；鼓励组织的供应链成员为他们所在的社区创造价值。

●多样性。积极开发多元化的供应商，并进行采购；鼓励组织内部的多元化；积极应用整条供应链多元化的雇佣实践。

●环境。鼓励组织积极地在供应链上寻找机会，不管是"上游"还是"下游"，并对环境负责；鼓励供应商承担环境责任；在整个组织范围内，鼓励环境利用保护的实践、开发和推广产品。

●职业道德。了解 ISM 供应链管理职业道德行为原则和标准；遵守组织的行为规范。

●财务责任。了解并遵守适用的财务标准和要求；应用健全的财务制度并确保财务往来的透明度；积极促进并推行整条供应链负责人的财务行为。

●人权。给予人们尊严与尊重；在组织的影响力范围内支持并尊重国际人权的保护；鼓励组织及其供应商尊重人权，以避免出现人权或者雇佣权力的滥用。

●安全。在组织和供应链范围内为每一个雇员创造一个安全的环境（每一个组织负责定义其组织内的"安全"）；在整个组织和供应链中持续推行和开发安全的行为方式。

2. 供应链管理人员的道德行为准则

供应链管理人员肩负企业社会责任的具体落实，具备执业人员的个人职业操守是基本保障。企业有必要明确采购职业人员的职业道德标准和规范，这包括道德行为准则。下面介绍中国物流与采购联合会颁布的《采购职业人员道德行为准则》和 ISM 颁布的供应管理的 12 项标准，供应链管理人员可以将其作为参考。

1）中国物流与采购联合会颁布的《采购职业人员道德行为准则》

采购职业人员的核心价值观为"忠诚，守信，自律，合规"。

●推动组织完善采购职业人员道德行为准则，并设法使之在组织内获得普遍认可。

●维护企业利益，承担起采购职能领域的可持续发展与社会责任，不购买假冒商品，并努力实践。

●无论是在组织内部还是在组织外部，都应当保持最高诚信标准，避免出现不正当的互利与欺诈行为。

●避免不适当的行为与要求，在事实上不得妨碍供应商的公平竞争与平等参与机会，并尊重供应商的合理诉求。

●不得以隐晦、模糊或虚假信息误导供应商，避免在供应商关系处理、采购执行和工作沟通方面出现不道德或有违商业诚信的意图和表现。

●在履行职责的过程中，所获得的商业信息应当保密，绝不用于谋取个人私利，并确保所提供的商业信息真实而准确。

●可能影响或被他人视为存在利益影响的采购职业人员，在履行其职责时，其个人的利益关系应当申报。

●避免因个人原因出现对采购管理决策可能产生消极影响的意图与言行。

●不断提升自己的采购专业技能，扩展知识结构，以达到业务能力的最佳水平。

●熟悉并遵守与采购相关的法律与规范，恪守契约精神，维护采购合同双方的权利和义务。

2）ISM 颁布的供应管理的 12 项标准（12 Standards of Supply Management Conduct）

●避免在关系、行动和沟通上暴露不道德和妥协的意图和表现。

●通过遵守雇主合法的要求，合理地运营来表达对雇主的忠诚。

●避免引起个人利益和雇主利益冲突的任何个人商业或职业活动。

●避免向现有和潜在的可能影响或显示出会影响供应管理决定的供应商索要金钱，获取贷款、信用或优惠的折扣的行为。

●应正确地考虑道德和法律后果，根据政府法规来处理保密信息或产权信息。

●礼貌和公平地推动正面的供应商关系。

●避免不恰当的互惠协议。

●了解和遵守应用于供应管理方面的法律条款和精神。

●鼓励、支持社会多元化实践。

●按照国家和国际的法律、习俗和惯例，组织的政策，道德原则和行为准则来实施供应管理活动。

●增强职业能力。

●增强供应管理职业的声望。

3. 评估及审核

供应链社会责任评估包括两类，一类是组织对自身履行社会责任的评估，另一类是外部评估。其中，外部评估是重点，通过绩效评价可以满足行业需要，实现社会监督。

从各大企业对供应商的社会责任要求和考核中能看出，对供应商的社会责任要求主要表现在环保要求、各种认证及劳工保护、安全生产等方面。各大企业对劳工保护非常重视，还设立了专项供应商验厂的流程和标准。

从客观上说，这一项目的展开确实在很大程度上促进了供应商重视劳工保护，特别是使一些小企业增强了劳工保护意识；使工人的生活生产条件得到显著的改善；使众多企业在工作时间、劳动合同、薪酬福利及职业健康与安全方面，严重违反法律规定的情况大为减少。但也应看到，相当一部分的验厂是在走形式，采购方的审核员拿着标准的检查表对员工及其驻地进行检查，而被审核方的员工则拿着事先准备好的已经倒背如流的标准答案，从容应对审核员的询问。

从20世纪90年代开始，质量、交货期和价格是三大主要商业条件，除此之外，企业开始正式要求低成本国家和地区的外包生产企业执行严格而具体的劳工保护要求。但是在现实中，不少企业无视人权和社会责任，甚至造假行贿。原因之一是采购商的"社会责任"和"劳工权益保护"的责任与风险转移给了上游供应商，这是一种消极的应对。评估和审核机制保证了各国的经济主体可以充分利用其优势资源，包括很低的环境保护水平和劳动力价格，由于其各自具有独立的法律地位，因此不必为另一方的经营行为（包括是否守法）直接负责。

| 第 2 节 | 供应链社会责任的关切点

1. 供应链社会责任的利益相关者

实施社会责任有几个主要目标：一是在发展生产的同时保护环境，实现可持续发展；二是组织成员作为社会公民，应对社会和政府做出贡献并承担相应的义务；三是形成正确的价值观和弘扬道德；四是提供高品质产品或服务。但各个利益相关者的诉求不可能完全一致，有时是冲突的，甚至其自身的要求都有可能存在矛盾。它们所起的作用主要是正向的，但也有反向的力量存在。

1）消费者

作为消费者，获取质量好、价格低的产品或服务是其最根本的目标。消费者还追求个性化的、新奇的产品或服务，并希望得到随叫随到的服务。但消费者又有一颗慈善的心，不愿意看到自己购买的产品来自"血汗工厂"，消费者要求得到新鲜、便宜的蔬菜和水果，但当知道种植劳工和运输工人拿着微薄的薪水加班加点工作时，又会为之动容，而谴责企业主的良心被利益和金钱所熏染。消费者永远站在社会责任，特别是道德的最高点，他们是社会责任发展的真正动力。冒犯消费者、无视客户利益者必然灭亡，但绿色的可持续的消费理念不会天然地存在于每一个消费者的心中。

2）行业协会

行业协会是规范、标准的制定者，在整条供应链上既是协调人，也是推动者，它希望整个产业能有序健康地发展。在践行社会责任的实践中，它既要维护这个产业在社会上的声誉和形象，又要照顾本行业的利益，协调行业内供应链上各个环节对社会责任投入的分配，还要在与国际贸易保护主义及其他行业的斗争中维护本行业的利益。

3）政府

政府是消费者的保护者，弱势群体的守护神，道德标准的制定者，还是一个裁决者，但政府又是社会责任的受益方，需要在发展经济和保护环境、长期利益和短期发展之间做出判断和平衡，同时被要求兼顾各方的立场和利益。政府过激的决策会减缓经济建设的前进速度，政府的不良决策会引发各类社会责任灾难。

4）供应链小企业

一方面，社会责任的聚光灯不会照射到小企业身上，因为小企业没有公众眼球效应，社会，特别是媒体对小企业的行为不会过多关注，许多组织在追求利益最大化的情况下，不会主动承担自己的社会责任，而是采取逃避的手段，只因为这样做的成本最低。如果在供应链上发生社会责任风险，首先遭受谴责的是供应链上的核心企业，如果没有核心企业的不断验厂、严格规定，小企业的社会责任状况会进一步恶化。另一方面，供应链的核心企业在博弈和竞争中掌握着话语权，特别是不断地压低上游小供应商的产品价格，使小供应商的生存环境更加严酷，促使小供应商以降低社会责任的执行水平的代价去弥补利润的空缺。

5）供应链核心企业

核心企业常常是被关注的焦点，无论在效果上还是在影响力上都受到极大的关注，公众对核心企业的要求也更高、更多、更细、更严格。核心企业也有自身的优势，不少企业管理者利用社会责任给自己造势加分，将自己塑造为有道德正义感、有良心的优秀企业公民，通过验厂、制定供应商社会责任守则、认证等手段，将成本、风险、社会责任转嫁给供应链的上下游。

6）投资者

投资者追求利益最大化，又期望降低风险。投资者的信心来自企业对社会责任的担当。如果组织过多地承担社会责任而损害了投资者的利润，则必然会遭到投资者的反对和阻挠。

7）员工

企业重视社会责任，改善了员工的生产和生活环境，员工的权益得到了保护，但我们如果深入分析，社会责任的推动并非确信无疑地使员工受益。社会责任的推动必将提高劳动力成本，而使企业向低成本地域转移，使本地劳动力丧失工作岗位，人力成本的提高也会促使企业减少用工。再者，由于整条供应链对社会责任增加了投入，特别是供应链核心企业转嫁成本，使得上游小企业的生产成本增加，最终小企业将通过各种方法消化成本，包括人力成本。企业员工是社会责任的实践者，其实践活动包括绿色环保、节能、减少浪费、参与社会公益和慈善活动。劳工保护、安全生产、职业健康等都关系到员工的切身利益，但在企业中，员工能够对社会责任产生的影响非常小，远远小于来自下游客户的要求。企业对员工状况的改善主要来自客户验厂的压力及劳工市场的状况。

8）竞争对手

竞争对手不完全是利益相关者，但对整条供应链上的社会责任的影响力是巨大的。一方面，社会责任已经成为企业战略和竞争的优势之一，特别是当社会责任作为采购方的一道必考题时，不实施社会责任就没有资格参与竞争。另一方面，许多企业对社会责任的实践采取观望态度，特别是中小企业，就像博弈论中的"智猪游戏"参与者，它们希望竞争对手先作为，而自己等对手有了成功经验再跟风不迟。

2. 供应链社会责任的传导

供应链体现了社会责任的传导效应。社会责任在供应链上的传导效应存在两个特点。一是双向传导。消费者的社会责任诉求通过"认证""守则""协议"等方式一级一级地被传递到供应链的上游，而上游供应商的过错和问题也能通过供应链在核心企业中爆发，最终可能造成社会责任灾难。二是供应链成员之间的合作要么非常脆弱，要么非常牢固。供应链应该是一个价值传导机制，再导入社会责任就会产生积极的价值和推动力；相反，利益间的冲突和对抗是消极的。

3. 供应链社会责任的特殊诉求

供应链社会责任和组织自身的社会责任不同，有其特殊诉求。

1）物流社会责任

物流具有很强的带动效应和很高的产业关联度，物流社会责任不同于供应链社会责任，它是供应链社会责任的重要组成部分。其社会责任的履行对促进社会产业融合、打造供应链可持续发展和绿色供应链有着广泛和深刻的影响，在能耗、环保、安全等方面也有着重大影响。

2）拖欠供应商货款

商业道德主要考量的是信守合同、诚信经营。由于拖延货款已经成为常态，因此有观点认为拖欠供应商货款是力量对比的结果，而不是商业道德问题。一项调查显示，有很多企业被客户拖欠货款，相当多的小企业因买方拖欠货款而倒闭，全社会都在寻求金融和政府的力量去拯救小企业的资金短缺问题。社会上也有拖欠农民工工资的情况，企业拖欠工资，除了确实存在一些恶意和不法商人的原因之外，最重要的原因在于买方，特别是买方中大企业迟迟不支付货款。拖欠合同的尾款已经是不争的事实，也是一些行业的惯例。

一些企业拖欠供应商货款是因为下游企业的货款没有收到，令人忧虑的是，有些管理层致力于尽量延期付款，"拿别人的钱做自己的事"。再者，许多大企业在新产品上市之前，隐藏市场波动不确定因素，"画大饼"，煽动供应商进行研发投入，投产扩容，但最终产品夭折或改型，造成供应商血本无归；利用 JIT、VMI 将库存压力和呆死料风险转嫁给供应商。

从社会责任角度出发，大企业不应该随意欺压供应链上下游企业，政府要加以引导。大企业如果不重视小企业的生存环境，自以为家大业大，转移了风险就万事大吉，可能会遭遇更大的问题，导致供应链的连锁恶性反应。

3）员工的稳定性

供应商内部员工的稳定性是供应链的保障条件之一。员工的稳定性部分来自工资待遇，过去珠三角、长三角几十年的发展是建立在大量招募廉价劳动力的基础之上的，当采购商还沉浸于使用廉价劳动力的喜悦之中时，一夜之间出现了"民工荒"，民工们用"回家""逃避"来抵制恶劣的生产和生活条件，供应商再也找不到廉价劳工了，核心企业则缺少物料供应，最终的结果则是供应链的断裂。

在解决员工福利问题上，供应链核心企业有着"漂亮"的答案，它们建立了自己的幼儿园和实验小学。严重的问题主要在于供应链的上游，这些为核心企业服务的供应商并没有也没有能力为流动员工解决家庭生活的困难，指望小企业去建幼儿园、小学是不现实的，但这些供应商吸纳着90%以上的外出务工者。一位著名的世界级企业的采购经理谈到他去供应商处做审核，看到供应商的员工待遇及家庭状况，再与自己所在公司的情况做比较，不禁感慨万千，但自己又无能为力。

对于外出务工的流动人口，企业应支持流动人口获得子女平等教育的机会，关注其社保待遇和家庭廉租房等问题的解决；社会组织和大量志愿者等多方力量为"流动儿童"及其家长提供服务。作为担当供应链社会责任的核心企业，对整条供应链特别是上游供应商的劳工伸出"责任"之手，有着现实的意义及可能性。

4）可持续发展

可持续发展只有放在整条供应链上才可能实现，有些人误解了可持续发展的定义，以为可持续发展是组织自身不断提升与发展。可持续发展不仅仅是社会和国家的责任，还是供应链上所有节点，尤其是核心企业的社会责任。企业不仅要考虑三废处理环保问题，还要考虑节能减排、使用可回收和可再生材料等。

针对供应链社会责任，可持续发展的表现反映在订单的平稳性上。越来越多的人意识到需要在供应商生产线上节能减排、使设备利用率与订单平稳性实现平衡。虽然订单的波动来自客户，但满足客户需求不容任何妥协。供应链上具有牛鞭效应，下游客户需求的微小波动会在供应链上游产生巨大影响，会造成生产的不平衡，其无论在能耗、设备利用还是人员安排上都与清洁生产相违背。但减少波动性不是一个企业所能实现的，是整条供应链的任务，特别是引入最终使用者的参与。"没有买卖就没有杀害"的广告词渐渐地被大众接受，没有人穿裘皮大衣，没有人吃鱼翅，才没有买卖，消费才是根源。

从另一个角度考虑订单的平稳性，采购方应该对供应商的员工超时加班承担部分责任。由于需求的牛鞭效应，越是位于供应链的上游，超额加班现象就越严重。不可否认，超额加班是企业主获取利润、平衡生产的重要手段，某些企业一方面避免增加产能，以防止订单波动的下滑风险；另一方面接受、承诺订单无节制，计划不周，造成了其员工超额加班成为常态，但更重要的原因则是供应链下游的超额需求，如采购方要求供应商提前发货或延期发货，临时加量或减量，或直接要求供应商加班完成买方的紧急订单。

库存不仅仅是企业生产中的浪费，更违背可持续的精神，大量的能源、资源、劳动力投入，最终生产多余的产品，存留于仓库，成为呆死料，或被作为垃圾扔掉，再次破坏环境。但库存一直作为企业的运作指标，很少考虑社会责任和可持续性。作为供应链的重要考核指标，库存一直困扰着供应链上的所有企业，但有些企业采取的态度是将库存的压力转嫁出去，尽量使自己的库存做到最小化，要求供应商备足库存，但逃避对上游供应商的多余库存负责。作为供应链上的核心企业的糟糕预测及其与上游供应商信息交流的阻碍，没有协同供应链整体库存，是造成库存膨胀的主要原因，而市场上的过度竞争也对库存膨胀起着推波助澜的作用。服装行业和电子行业的这一现象最为典型。据估算，床上用品的销售周期只有 2 个月左右，过期的产品只能下架，为新品腾出空间，但为此供应链上已经产生了 10 倍以上的库存；每销售一台电子产品需要用整条供应链上游 8.4 台的库存量去支撑。供应链上的库存不仅仅是社会责任的压力，最终也会引发供应链的崩溃，我国几家体育用品公司都不同程度地被库存压弯了腰杆。

| 第 3 节 | 供应链社会责任治理

1. 供应链社会责任

在供应链社会责任的管理上，核心企业与供应商有着很密切的关联：首先，核心企业是合同的卖方，社会责任表现应属供应商的内部管理，与采购方无关；其次，供应商所存在问题的负面舆论的落脚点可能在核心企业身上。

消费者不希望买到不道德、不安全和不健康的产品。国际品牌开始要求供应商遵守所在地的相关法律法规及相关标准。

欧盟有 RoHS（《关于限制在电子电气设备中使用某些有害成分的指令》）、WEEE（《报废的电子电气设备指令》）等安全和环境标准，这些标准都关乎社会责任中的环境、健康和安全表现。为达到这些标准，企业非常需要供应商在社会责任上的密切配合。

供应链管理是保障产品质量的重中之重，包括原材料和生产管理。国际品牌的经验清楚地表明，供应商犯的错是核心企业的责任，因为供应商是由核心企业选中的。消费者不必知道产品由谁生产，但会在意是在什么环境下生产的，如果产品有问题，归根结底是核心企业的责任。

2.《联合国全球契约》和《可持续发展报告指南》

国际性标准中有关社会责任的最重要的文件是《联合国全球契约》，它为承诺在人权、劳工、环境和反腐败领域，普遍认同十大原则的所有组织，提供了一个框架。它是最大的全球企业公民行动倡议，其最关切的是建立和展示组织及市场的社会正当性。

1）人权

● 企业应该尊重和维护国际公认的各项人权。

● 绝不参与任何漠视与践踏人权的行为。

2）劳工

● 企业应该维护结社自由，承认劳资集体谈判的权利。

● 彻底消除各种形式的强制性劳动。

● 消除童工。

● 杜绝任何在用工与行业方面的歧视行为。

3）环境

● 企业应对环境挑战未雨绸缪。

● 主动增加对环保所承担的责任。

● 鼓励无害环境技术的发展与推广。

4）反腐败

● 企业应反对各种形式的腐败，包括敲诈、勒索和行贿受贿。

社会责任发展的趋势之一是出现越来越多的国际规范和标准，供应链上核心企业也随之加强对供应商的认证要求，国际标准化组织还制定了 ISO 26000《社会责任指南》来规范企业行为。对供应链来说，这就有了一个处理供应链的社会责任问题的方法。

全球报告倡议组织（Global Reporting Initiative，GRI）设计了《可持续发展报告指南》，以展示所有组织报告可持续的重要信息，并提升可持续报告的质量和相关性，内容涵盖经济、社会和环境等方面，披露的通用部分为治理、道德、诚信和产品责任。其具体内容涉及供应链、反腐败、温室气体排放，其中供应链涉及采购行为的审核、供应商社会影响的审核、供应商劳工状况的审核、供应商人权状况的审核。报告的作用是推动供应链社会责任的发展，帮助组织将供应链纳入自己的社会责任中。中国社会科学院颁布的《中国企业社会责任报告编写指南》（2009 年）对中国的企业社会责任报告的内容和格式给出了类似的规范标准。

3. 社会责任标准的推行

作为经济生活的重要组成部分，供应链涉及面广、影响力大。长期以来各个国家纷纷立法或建立标准，将企业的绿色采购纳入其绿色（可持续）发展战略之中，并由相关部门或机构负责倡导、监督和实施。

环境及社会责任认证的体系不仅包括 ISO14000、ISO50001、EMAS、SA8000、OHSMS18001、产品碳足迹等，特定行业企业通过的认证还可能包括 WRAP、ICTI、EICC、BSCI、Sedex、BRC 等，以及欧盟电池环保指令、包装和废弃包装物指令等。绿色的认证往往与社会责任的认证联系在一起。供应链管理者应该关注各国法律对社会责任和绿色、环保的要求，做积极的倡导者和推动者。

供应链上的公正、责任分配与均衡的利益存在着很大的矛盾。社会责任知识的普及，劳动者意识的提高，政府和社区在社会责任领域所采取的各种行动，其价值与产品价值一样。社会责任已成为为消费者创造产品需求的一种新的内在价值。

4. 联合国可持续发展目标

联合国所有会员国于 2015 年通过可持续发展目标（Sustainable Development Goals，SDG），为现在和未来人类、地球的和平与繁荣提供了一个共同的蓝图。其核心是 17 个可持续发展目标，这是所有国家和地区在全球伙伴关系中采取行动的紧急呼吁。

联合国 17 个可持续发展目标具体包括：消除贫困，消除饥饿，良好健康与福祉，优质教育，性别平等，清洁饮水与卫生设施，廉价和清洁能源，体面工作和经济增长，工业、创新和基础设施，缩小差距，可持续城市和社区，负责任的消费和生产，气候行动，水下生物，陆地生物，和平、正义与强大机构，促进目标实现的伙伴关系。

| 第 4 节 | 供应链环保合规治理

绿色供应链强调经济与环境的协调发展，它以绿色制造理论和供应链管理技术为基础，追求在整条供应链内的环境保护与资源优化利用。

在绿色供应链管理中，各企业间紧密合作，协调供应链的环境管理，以高资源效率来实现整体供应链的经济效益、社会效益和环境效益，优化管理模式。

1. 绿色供应链管理体系的特征

- 充分考虑环境影响。
- 重视供应商之间的数据共享。
- 闭环运作。
- 监控产品生命周期的全过程。
- 使用互联网。

2. 绿色供应链的影响因素

绿色供应链的主要职责是建立产品和工艺的绿色性指标，以及流程的监督与评估，促使组织减少对环境的影响，提升运作效率，协助组织系统化地管理环境。它不只提示组织应承担法律法规上的责任，而且能够提供能源效率、资源保护等环境方面的工具，改善供应链内部的管理、组织和环境绩效。其任务是设定环境策略，制定适当的目的和目标，帮助设计和实施针对这些目标的计划监控和评估计划实施的效果，监控和评估组织内部环境管理活动的结果。

绿色供应链的外部社会因素包括政府或者国际性组织对供应链成员的要求，这还涉及整个社会的价值观与伦理道德等因素。良好的社会系统是绿色供应链稳定运行的保障。

3. 绿色供应链管理的过程

绿色供应链管理分布在绿色采购、绿色制造、绿色物流、绿色营销等领域中。绿色供应链管理的运作流程是一个整体过程，大致包括以下几个方面。

- 绿色设计。
- 绿色材料。
- 绿色供应过程。
- 绿色生产。
- 销售、包装、运输和客户。
- 回收与处理。

4.绿色供应链管理的评估方法

绿色供应链管理的评估以相关的环境标准和法规为基础，将绿色供应链管理的绿色度定义为对环境的友好程度或绿色的程度，量化了其对环境的影响。

中国物流与采购联合会建立了中国绿色采购测评体系。绿色采购是指企业在充分考虑环境保护和承担社会责任的基础上所进行的采购活动，是一种融合了社会责任和环境保护理念的现代采购模式。

中国企业绿色采购测评体系的内容如下。

●绿色采购战略与组织。绿色采购战略与组织指的是采购组织所建立的涉及环境保护、可持续发展及社会责任方面的战略、政策，以及保证战略执行所建立健全的组织体系。

●绿色采购流程管理。绿色采购流程管理指的是采购流程中涉及环境保护、可持续发展及社会责任方面的内容。

●供应商环境与社会责任。此部分是针对供应商的行为，由采购组织依据对供应商此方面情况的了解做出评判。

5.相关的法律法规

1）ISO 14000 环境管理体系标准

这个标准是环境管理的标准，目的是规范企业和社会团体的环境行为，促进经济持续和健康发展。

2）欧盟生态管理和审核计划

欧盟生态管理和审核计划（Eco-Management and Audit Scheme，EMAS）是欧盟发起的生态管理和审核计划，ISO 14001 是该体系的主要构成部分。

3）森林管理委员会认证

森林管理委员会（Forest Stewardship Council，FSC）认证的目标是实现森林的可持续发展。

4）SA 8000 社会责任标准

SA 8000 社会责任标准，要求确保供应商所提供的产品符合社会责任标准的要求。

5）OHSAS 18000 职业健康安全管理体系标准

OHSAS 18000 职业健康安全管理体系标准旨在建立自律的和完善的职业健康安全管理体系，减少职业伤害。

6）国际玩具工业理事会商业行为守则

国际玩具工业理事会（International Council of Toy Industries，ICTI）商业行为守则，是国际玩具行业要遵守的行业规范。

7）电子行业行为准则

电子行业行为准则（Electronic Industry Code of Conduct，EICC）确保供应链工作环境安全，工人受到尊重并拥有尊严。

8）RoHS 欧盟强制性标准

《关于限制在电子电气设备中使用某些有害成分的指令》（Restriction of Hazardous Substances，RoHS）是欧盟立法制定的一项强制性标准，旨在规范电子电气产品的材料及工艺标准。

9）报废的电子电气设备指令

《报废的电子电气设备指令》旨在防止电子电气设备废弃物的产生，促进废旧物品与元件的重新利用和循环利用，以及其他形式的回收。

10）产品碳足迹

碳足迹事关二氧化碳排放量，会对环境带来巨大影响。碳足迹是参考的基准，有助于评估和减少温室气体的排放量。

| 第 5 节 | 供应链内控合规治理

1. 建立内部控制体系

组织需要建立具有前瞻性的信息管理和预警系统，对其内控系统持续进行监控，及时发现新的风险，并对业务计划、政策和程序进行修正，以确保风险控制的能力。

建立风险管理是董事会及管理层的责任，公司治理是风险管理的组成部分，它提供风险由上而下的监控与管理。组织应推行重视风险管理的企业文化和价值观，构建一个风险管理的组织内控治理结构。

内控组织是企业内控建设的具体实施者与责任人。内控组织的建设有以下 3 种方式。

- 单独设置内控部门。
- 由内部审计部门牵头负责内控工作。
- 设立内部控制建设办公室。

企业内部控制体系的建设围绕组织的内部环境控制、风险评估、控制活动、信息与沟通交流和内部监督等5要素展开。

● 内部环境控制：一般包括机构设置及权责分配，是内部控制系统的基础。

● 风险评估：涉及控制目标的相关风险，确定风险应对策略。

● 控制活动：组织采用控制措施，把风险控制在可承受范围之内。

● 信息与沟通交流：及时准确地收集信息，传递与内部控制有关的信息。

● 内部监督：制定内部监督的职责权限，规范程序和方法。

组织内部控制体系和风险管理分为3个层次。

（1）第一道风险防范和内部控制的防线——业务单位防线

供应链管理部门掌管大部分的资产，这是其工作的要点。它们在日常工作中面临各类风险，处于组织的前线。领导者应当做到以下内容。

● 了解企业战略目标及可能面临的风险。

● 识别风险类别。

● 对相关风险做出评估。

● 决定执行转移、避免或减小风险的策略。

● 设计和实施风险策略的内部控制。

（2）第二道风险防范和内部控制的防线——风险管理单位防线

风险管理部门的责任是领导和协调企业各部门在管理风险领域的工作，它的职责如下。

● 编制规章制度。

● 对各单位的风险进行组合管理。

● 度量风险和评估风险的界限。

● 建立风险信息和预警系统。

● 风险信息披露与沟通协调。

● 按风险与回报为各部门分配财务资金。

（3）第三道风险防范和内部控制的防线——内审单位防线

第三道防线是独立部门监控组织内部控制和外部利益相关者的问题。大多数企业运营的风险和内部控制的关键节点贯穿于组织的运营之中。

2.内部经营控制

供应链管理部门的工作贯穿于组织运营的绝大部分环节。从选择开发到选定供应商、从议价品质管控到货款支付、从合同拟定到争议处置、从产品交付至产品回收、从环境保护和可持续发展到关注社会责任、从合规到廉政管理、从早期参与产品研发到知识产权保护、从成本控制到汇率风险、从外包到并购等组织经营活动都涉及采购。许多风险敞口都与供应链管理紧密关联。供应链管理风险敞口示例如图 8-1 所示。

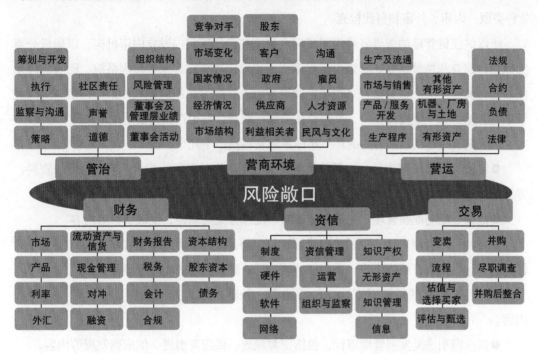

图 8-1　供应链管理风险敞口示例

供应链管理的领导者应在其管辖范围内围绕组织的风险防范和内部控制体系的要求完善供应链管理内部控制的组织架构设计和工作流程设计。较为常见的供应链管理内部控制结构和层次如图 8-2 所示。

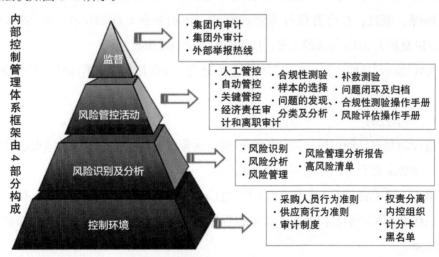

图 8-2　内部控制结构和层次示例

内部审计基本概念是指在内部审计众多概念中，起核心作用的那几个概念。内部审计是管理和管理控制的组成部分。先有管理、管理控制，后有内部审计。进行审计是为了防止问题的发生，保证量度系统和流程的效率和有效性，达到法律制度的要求。审计可分为3种类型：内审、外审和自我检查。

所以供应链管理的领导者将组织资深人员或在自己部门内设立内审机构，以职权分离为原则，建立和持续监督完善报价流程系统、决策流程系统、采购流程系统、验收流程系统、支付流程系统、监督流程系统等，并进行自查；配合组织内控或外审机构审查供应链管理是否始终如一地发挥作用，是否存在未履行职责，是否存在违法违规现象。

供应链管理部门从严管控的环节和体系通常包括以下几个方面。

●定价与价格管理审计，包括价格竞争力分析、定价分析、竞价/招标、定价资料、零基定价、价格执行、价格管理、暴利件监控等内容。

●配额分配与配额管理，包括配额策略、配额分配与调整、配额资料等内容。

●采购订单管理审计，包括决定货源、订单下达需求和依据、订单的评审闭环、采购订单的下达、采购订单的生效、采购订单的执行、订单交付的闭环等事项。

●新品/多家供货管理审计，包括选商、验证、数据提报维护、小批验证订单等内容。

●供应商引进及发展管理审计，包括资源规划、供应商引进、供应商发展等内容。

●供应商质量管理审计，包括质量标准、质量 CAR（矫正措施要求）闭环、进口大宗不良品、供应商质量体系、供应商审核、质量索赔等内容。

●库存管理审计，包括库存监控、库存处理、人为库存形成、坏账处理、废物处置等事项。

●权限管理审计，包括系统权限、报告印鉴、禁止承诺担保、订单审批权限等。

●环保、廉政、社会责任行为管理审计，包括参照 ISO 14000、ISO 26000、SA 80000，以及相关 EHS 等法律法规，按组织的规章制度审核。

为有效地防范风险，我们将内部控制节点分为 3 个阶段，即事前控制、事中控制和事后控制。

（1）事前控制

事前控制是在活动前设定绩效标准和偏差预警，设定控制程序以防范可能发生的困难。事前控制建立了一个衡量实际表现的基准。

预算、计划（战略的、战术的和灾难恢复）、预测、采购人员行为准则、供应商行为准则、组织和相关职能部门颁布的政策和程序手册、合同及订单审批权限等都属于事前控制的范围。

事前控制的优点如下。

● 可防患于未然。

● 适用于一切领域的所有工作。

● 不针对具体人员，避免心理冲突，员工易于接受并付诸实施。

事前控制的缺点如下。

● 前提条件较多。

● 需要大量准确可靠的信息。

● 需要清楚了解计划行动过程。

● 需要随着行动了解新情况和新问题。

（2）事中控制

事中控制是为了监控并度量在进行中或者在最后完成前的工作，这样可以尽早地进行调整，以使工作不偏离设定的方向。事中控制可以引入监控的任何流程，如采购、合同编写和管理、库存控制、环境政策、廉政合规管理、材料转移及处置、质量管理等。

（3）事后控制

事后控制是对实际表现的度量，是将业绩或结果与计划的基准进行比较的审议。这种差距分析可以为管理者提供信息，以便针对问题或差距改善流程、产品或服务。供应链管理组织应该进行内部审计以核查相关工作是否符合合同条款及相关法律法规的要求。绩效考核和内部审计就是供应链管理组织常用的事后控制方法。

内部审计旨在评价、改进和防范风险管理。内部审计主要包括以下6项内容。

● 检查风险管理的充分性和有效性。

● 检查、评价完成指派职责的质量。

● 审查经营数据的可靠性及完整性。

● 审查运营的效率和效果。

● 审查财产的保护情况。

● 审查法律、法规和合同的遵守情况。

总之，内部审计的范围包括评价整个管理过程。

3. 文件记录管理

文件记录管理是全企业范围内的一件大事，特别是当信息技术在全企业范围内日益得到广泛使用，信息在所遵守制度中起到重要作用时。文件记录是基础性控制，包括建立企业组织机构职能图、授权批准权责文件、全员岗位说明书、业务程序手册等类似的文件，以及对这些文件的宣传，使员工了解自己在处理业务时所处的位置和前后的作业环节，使工作效率得到提高。

文件记录管理的主要内容如下。

● 机构职能图和审批权限表。

● 全员岗位说明书。

● 业务程序手册。

文件记录管理包括供应商招标选择过程记录、来料检验记录、不合格品处理记录、废弃物资处置记录、有害物质使用及处置管理记录等，为组织合规审查提供依据。

文件记录材料是指具有查考保存价值的各类文件，包括纸质和电子化等不同形式的文件，也包括采购档案移交、保管、销毁的清单，还有职业健康安全管理的有关记录。

4.内部财务控制

内部财务控制的内涵随着管理实践的发展而不断发展，旨在保护资产，保证会计资料的可靠性和准确性，提高企业经营效率。

内部财务控制的方法主要有不相容职责相互分离控制、授权批准控制、财务系统控制、预算控制、财产保全、风险控制、内部报告控制、电子信息技术等。

萨班斯·奥克斯利法案（Sarbanes-Oxley Act）是美国政府针对一系列涉及较大股份公司的财务丑闻做出的反应。它侧重于公司的管理和财务公开。从2002年该法案生效之后，所有公开交易的公司都被要求向美国证券交易委员会上交内部会计控制有效性的年度报告。萨班斯·奥克斯利法案的条款详细规定了对违反行为的刑事和民事处罚，以及对内部审核及增强的财务公开的证明。它影响了美国的组织和有美国参与的非美国的组织。

每个组织必须每季度汇报如下内容。

● 对相关财务报表控制的计划。

● 关于重大交易开始、记录、处理和汇报的信息。

● 通过足够的信息来确认可能由于错误或过失而产生的重大误报。

● 用来防止或者发现欺诈行为的控制措施，包括明确是谁做了这些行为，以及相关的责任。

● 分离。

● 对期末财务汇报流程的控制。

● 对财产保护的控制。

● 管理测试和评估的结果。

其中，萨班斯·奥克斯利法案的 401、404 和 409 部分与供应链管理较为相关。

（1）401 部分：资产负债表债务

这一部分要求所有的财务债务透明化。对供应链管理组织来说，涉及资产负债表债务的有以下 4 部分。

● 供应链管理的库存系统，采购组织有义务赔偿注销费用或其他罚金。

● 带有惩罚条款的长期采购协议。

● 如果采购组织终止租约的话，会产生财务债务。

● 制定合作意向书，采购组织委托供货商给出长期的生产交货计划，并且取消条款会有财务上的影响。这样的协议和潜在的财务债务需要每季度通知首席财务官。

（2）404 部分：内部控制

供应链管理团队必须注意与内部控制相关的 4 个方面：库存与库存销账、材料转移、事后订单、责任分离。内部库存控制关系到财务透明化。

（3）409 部分：对重要事件的及时汇报

重要事件是指在本质上影响财务报告的事件。对供应链管理来说，重要事件有以下两种情况。

● 供货商交货晚，从而导致收益预测未达到。

● 第三方供货者（外包合作者）不能提供产品或服务，从而引起收益的误述。

供应链管理部门有义务和责任来核实相关财务交易及第三方委托的存在性、正确性和完整性。这可通过以下两种方式来实现。

● 供应链管理部门必须确保这些交易和委托符合组织的财务报告政策。

● 供应链管理部门要遵守相关国家法律的要求，如萨班斯·奥克斯利供应链管理部门和财务部门之间有力的合作关系，以及正确及时的沟通交流，为完成供应链管理在财务报告中的作用提供了基础。

完善企业内部财务控制，要设立一套合法合规并且符合企业特点的财务控制设计原则，并在此基础上建立内部财务控制制度。

5. 相关的法律法规

与内部控制相关的法律法规在不断完善，而且各部委也出台了很多管理办法，如 2008 年出台的《企业内部控制基本规范》，2010 年出台的《企业内部控制配套指引》。除此之外的其他相关法律法规如下。

● 《中华人民共和国公司法》。

- 《中华人民共和国会计法》。
- 《中华人民共和国证券法》。
- 《企业会计准则》。
- 《上市公司证券发行管理办法》。
- 《中央企业全面风险管理指引》。
- 《证券公司内部控制指引》。

供应链管理通过内部控制来确保管理活动符合法律的要求，与采购有关的法律如下。

- 《中华人民共和国招标投标法》。
- 《中华人民共和国政府采购法》。
- 《中华人民共和国产品质量法》。
- 《中华人民共和国知识产权法》。

2001 年，世界贸易组织多哈会议批准我国成为其正式成员，为此供应链管理者还必须通过内部控制来确保全球采购和供应链管理的活动符合《世界贸易组织法》的要求，如符合《联合国反腐败公约》《服务贸易总协定》《联合国国际销售合同公约》等。

供应链管理者在寻源和资源获取的过程中时常涉及知识产权相关内容，例如从 2012 年 8 月至 2018 年 6 月，苹果公司和三星公司围绕知识产权侵权相互诉讼不断。虽然供应链管理者可能无法对影响供应链管理组织的不同法律和法规有完全的认识，但是其必须要设法了解和确认与法律和法规环境相关的风险和机会。供应链管理者应分析利弊，将保障性条款加入合同中，以降低或规避组织风险。供应链管理者要规范自己的所作所为，因为他们的行为有可能使他们的雇主在采购方面面临串谋的风险。由此可见，对法律法规的了解和把握，是至关重要的。

第 9 章

供应链风险管理

企业生存的外部环境与企业的内部控制系统常常表现出不稳定性和不可预见性。就供应链而言，上游供应市场也常常会产生无序的波动，导致供应链的稳定性、可持续性问题频现。同时，由此引发的供应链采购风险管理也成为企业经营的关注焦点。

环境影响均将反映到企业组织中，如地缘政治的波动、环境保护的政策与法律的调整等，整个供应市场的格局及游戏规则都在发生变化。频发的自然灾害和突发的新冠肺炎疫情，对市场带来了不可预知的破坏。这一切都在提醒企业必须重视供应链的外部环境风险。

企业的经营与管理是微观经济的核心，企业管理的发展源自企业生存发展的需要，以及企业间竞争的外部压力。如何使企业的管理能够支撑企业的永续经营？实践的基本结论是强调规范化管理与制度化管理，其要义在于实现经营的稳定性。例如，采购管理作为企业资源输入的前端，面临多项基于内部管理风险的考验，如采购管理的制度系统是否健全？采购流程的合理性和科学性如何？组织与团队的专业能力水平如何？管理模式和风格是否适应竞争的要求？等等。

供应链采购管理本身就是一门独立的学科，如美国供应管理协会推出 CPSM 供应管理专家的认证系统，这说明了专业的事要由专业的人来做这个道理。在采购实践中，企业面临的管理制度风险是随处可见的，例如在招标中的供应商资质预审工作中，大量的事实说明供应商的选择错误将导致不可估量的损失。由于不同企业对供应商资质预审的流程和要求大相径庭，资质参差不齐的供应商参与竞标，往往导致中标合同有名无实，被肆意违约或恶意中止，造成巨大的经济损失，这就是管理流程的不科学、管理规范的不合理导致的采购风险。而且，这还属于系统风险，它具有再次发生性，即重复性，其危害不可低估。

制定企业内部控制制度既是资本市场监管的需要，又是企业提升经营管理水平的要求。我国企业管理的内部控制有自己的特质，但也要借鉴其他国家对内部控制的研究和实践成果。

企业内部控制体系的建立，可以有效防范企业经营风险，这必然要求供应链管理职能能够实现内外部风险的化解。例如，基于采购组织的内控目标一般有3个方面：一是采购目标的达成性，二是采购制度的有效性，三是采购组织的稳定性。其中，核心是采购制度的建设与完善，尤其在采购流程的设计与规范上更显突出。

本章目标

1. 掌握风险管理的框架与标准。

2. 分析供应链风险的来源。

3. 理解供应链中的采购风险评估。

4. 学习供应链风险应对策略。

| 第 1 节 | 供应链风险管理的框架与标准

1. 供应链风险的类型

经济的发展经历了不同的阶段，工业化正在快速发展，信息技术更是在颠覆性成长。与此同时，企业管理也在变化成长，供应链管理逐步成熟并得到广泛关注。供应链在满足个性化需求等要点上有了巨大改善与进步。

供应链从其诞生之日起就具有多职能协同、信息共享、共赢合作、拥有产业链视角，以及聚焦企业核心竞争力等优势。供应链在应对市场需求的多变，支持高效配送的物流系统，完成产业链下的供应链协同，实现多企业的聚合与群体效应等方面发挥了巨大作用，从而受到企业界和学术界的认可。供应链内外部的多企业多职能的复杂协同，使得供应链运营的难度和风险度大大提升，而且在众多环节中，一个部分出现问题会引发多米诺骨牌效应。提高供应链系统的可靠性和稳定性，是供应链竞争力研究的主要课题。

风险是异常条件下的状态，会引发各种经营损失。业界对其进行了专业视角的分析。有的风险是常态化的，即发生概率很大，或有很多历史的风险数据，可以进行相对有效的防范；有的风险不具有可预见性，属于小概率事件，这类风险不易预防。因此，风险可分为大概率风险和小概率风险。

风险一旦发生，常常引发各类不良后果，并带来损失。有一些风险是外部环境变化导致的，有一些风险是人为因素诱发的，即外部风险与内部风险。风险来源不同，风险的应对方案就需要有不同的设计。显而易见，外部风险具有不可预见性，以及难以对抗性。

从性质上看，风险也是多样化的，如经济损失、人员伤害等。

供应链风险管理存在很多类型，可以从不同的视角对其进行分类。研究表明，供应链风险主要集中在合作风险、信息风险、道德风险、契约风险和外部环境风险等方面。

合作风险主要表现在供应链管理实践中的商业衔接上发生的不稳定性，例如与供应商的商业合作就可能表现出这种风险。合作是基于商业利益的驱动，但我们不能保证这种合作一定是稳健的，其可能会被内外部因素影响，例如国际贸易中的政策限制与壁垒等。

信息风险主要表现在商业互动过程中的信息屏障与信息扭曲，例如上下游企业间的信息传递的错误、订单信息的错误、预测的错误、库存数据的错误等都会导致供应链管理的混乱。

道德风险主要表现在以人为主导的合作互动中的利己倾向，并可能导致组织利益受损，例如职业人员违背职业操守等。在企业管理实践中避免人员的道德风险颇具挑战，人的自我修养与制度建设需要一起发力，制度的规范化在化解道德风险上应该更具有决定性作用。

契约风险主要表现为合作时的契约不完整或不完美。在契约实践中，我们都能感受到合同条款是不能穷尽一切可能的，即契约具有不完整性。可见契约的订立并不是解决一切不良后果的最后屏障，它的作用也是有限的。

外部环境风险主要表现为环境的不确定和不稳定。政治、经济、文化、技术、法律等都是典型的外部环境因素，它们的变化都将对供应链运营产生影响。

2. COSO《内部控制整合框架》

美国风险管理组织 COSO 主要针对财务报告中的造假行为设计出一套规则，起到防范企业财务风险的作用。COSO 设计并发布了《内部控制整合框架》，这是一套风险分析与报告体系，具有非常大的价值，并被企业风险管理的实践所采纳，起着积极作用。

COSO 认为企业风险管理就是对企业面临的不确定性的应对与防范。不确定性可以是积极的，也可以是消极的，它既代表风险，也代表机会。企业风险管理事实上还是为了提高企业的经营能力，减少不确定性带来的经济损失，实现企业的战略目标。

COSO 认为企业风险管理具有以下作用。

● 协调风险容量与战略：需要确定企业面临的风险量级。

● 做出风险应对决策：在风险应对、回避、分担和承受之间做取舍。

● 减少经营意外和损失：解决如何减少经济损失的问题。

● 识别和管理多重风险：风险是多样化的，有不同变化与组合。

● 抓住机会：注意风险防范与时机的把握。

● 改善资本配置：风险的防范都需要资源支持与配合。

企业风险管理可以帮助管理层实现企业的业绩和目标，防止损失。企业风险管理可以提供符合法律和法规的有效的报告，还可以避免对企业声誉的损害。

企业风险管理有很多关注点，也有其内在的基本逻辑和框架。企业风险管理的基本界定可以包括以下要点：它是持续流动于企业的一个过程，并由组织中各个层级的人员来实施，可以应用于战略制定；同时是贯穿企业的风险组合观念，通常应识别风险并将其控制在既定范围之内，可以为企业管理与经营提供有力保障，有利于实现企业的基本目标。

企业在愿景、使命、战略和目标的框架下，实现企业风险管理的逐层落实与目标落地。在企业风险管理中，管理者需要对企业目标的达成担负起责任，在设定目标时可以将以下 4 种类型的目标作为参考：一是战略目标，即以企业发展为导向；二是经营目标，即如何高效利用资源；三是报告目标，即有关报告要具有可靠性；四是合规目标，即要符合适用的法律和法规。

企业风险管理是结构化的，有步骤、有层次地贯穿企业管理的全程。

●目标设定——设定目标就是要有具体而量化的导向，从而可以对风险的承受能力做出判断，为企业风险管理建立基本标准。

●内部环境——企业的基本背景，如管理模式、管理流程、信息化程度等，也包括企业文化和价值观体系。

●风险识别——发现风险来源，对风险做界定和判断。

●风险评估——对风险的可能性和影响进行分析，分析其发生概率及可能引发的不良后果的量级。

●风险应对——对风险应对、回避、承受、降低或者分担的方案进行判断选择，实现风险控制。

●控制活动——风险的把握与掌控需要具体设定，使得风险管理与控制有程序性保障，并能够得到具体而高效的执行。

●信息与沟通——收集和传递各类有关风险的信息，确保风险信息的有效识别、获取和沟通，有效沟通包括信息在企业中的全方位流动与传递。

●风险监控——对风险进行监控，根据具体变化做调整，监控是持续性的，会在企业管理过程中实现和表现出来。

COSO 内部控制整合框架，是基于财务的风险防范形成的一套风险管理系统，因为在供应链管理实践中普遍存在着财务风险，供应商的财务风险尤为突出。这套系统不仅在供应链财务风险控制上有特别价值，它的风险控制的方法与思想也有普遍性价值。

3. ISO 31000《风险管理标准》

ISO 提出了 ISO 31000 风险管理标准，包括风险管理的原则与指南，并对风险做出了界定，即所有类型和规模的组织都面临内部和外部因素的影响，这使得组织不能确定是否及何时能实现其目标，其对一个组织的目标影响的不确定性即"风险"。

我们来了解一下 ISO 31000 风险管理标准的关键性原则，以及相关要点。ISO 认为全面风险管理是相容性的、机构化的、增值性的方式，组织通过风险识别、风险分析、风险评价的全过程，来决定这些风险是否需要处理以达到风险标准。

ISO 认为在企业目标的实现过程中，组织的风险管理应遵循以下原则。

●风险管理创造价值。风险管理有助于目标的实现和改进，例如职业健康和安全、遵守法律和法规、获得公众认可、财务规范、产品质量、工作效率、环境保护、公司治理和企业声誉。

●风险管理在组织发展中是不可分割的部分。风险管理可以设定管理职责，在项目管理和流程管理中发挥重要作用。风险管理不可与组织管理活动和组织发展进行分离。

●风险管理帮助决策者做出明智的决策，在优选方案和备选方案中进行有效判断和高效选择。风险管理能协助决策者进行风险可接受程度的判断，以及风险应对方案或预案的合理性和有效性判断。

●风险管理是系统化的、结构化的，还要保持及时性。具备这些特质的风险管理模式有助于提高效率，保持可持续发展的可靠性。

●风险管理将不确定性表达了出来。风险管理可以处理决策中的不确定性、不确定性因素，以及这些不确定性的表达。

●风险管理依赖于信息的有效程度。风险管理所需的信息来源是多样化的，例如经验、观察、预测，以及专家的判断等。决策者应考虑到数据或决策模型的局限性，包括专家之间产生不同看法的可能性。

●风险管理应考虑人员和文化的影响因素。通过考虑外部和内部人员的能力、观点和观念，可以促进组织目标的达成。

●风险管理应适应组织。风险管理应符合企业的外部与内部环境，以及风险态势。

●风险管理应该是透明和包容的。利益相关者在风险管理中需要去关注他们的影响力，组织要允许利益相关者面对风险管理提出各自的不同理解与看法。在对风险标准进行确定时，组织要考虑利益相关者的意见。

●风险管理应该是动态的。由于内部和外部事件发生的背景在不断改变，因此组织有必要监控和审查新风险的发生，以及影响因素的变化或消失的具体情况。在风险管理中，组织应保持对风险的敏感性，及时响应各种变化，并做出应对。

●风险管理的优化。组织在制定和实施战略的过程中，要不断完善组织各方面的风险管理及策略。

同时，ISO 认为，风险管理要保持其持续的有效性，需要组织的承诺和支持，这至关重要，包括战略高度的规划和实施。建议管理层做到如下内容。

●明确表达并认同风险管理政策。

●确定风险管理指标符合组织的绩效指标。

●风险管理目标与组织目标和战略保持一致。

●符合法律和法规。

●把责任适当地分配到组织各级部门。

●资源配置要合理化地导入风险管理。

●给利益相关者表达风险管理的价值。

●确保该框架对风险管理仍然是适用的。

在设计与实施风险管理的控制模式之前，了解组织的外部与内部环境是很重要的，其对风险管理框架的设计的影响非常明显。

组织的内、外部环境因素一般包括以下方面。

●政治、经济、文化、技术、法律、环境等方面。

●影响组织目标的主要驱动因素和发展趋势。

●外部利益相关者的价值观念。

●资源与知识的理解能力（如资本、时间、人力、流程、系统和技术）。

●信息系统、信息流动及决策过程（包括正式的和非正式的）。

●内部利益相关者。

●政策、目标及战略。

●观念、价值观、文化。

●组织通过的标准及参考模型。

●结构（如治理、角色、责任）。

《风险评估技术标准》（ISO/IEC 31010：2009）认为：风险可能会给各类组织在社会、环境、技术、安全、金融、文化、声誉等方面造成严重后果。风险评估是风险管理的一个重要组成部分，为各类组织提供了一个逻辑合理、脉络清晰的流程，可用来判断其目标可能受到怎样的威胁。必要时，风险评估技术还可以在决定采取下一步措施之前用来分析风险的发生概率，以及一旦发生其所造成后果的严重程度。

风险评估使得决策者和各责任方能更深刻地理解风险及已经实施的控制措施的充分性和有效性。这项标准可以作为制定决策的基础，为某种特定风险制定最适宜的解决措施，并在几种措施之间做出选择。这项标准主要解决以下问题。

●风险评估的概念。

●风险评估的流程。

●风险评估技术的选择。

这项标准体现了目前的最佳做法，并且回答了下列问题。

●可能发生什么情况？原因是什么？

●后果是什么？

●发生的概率是多少？

●是否有什么因素可以减轻风险的后果或降低风险发生的概率？

可见，它一方面为企业风险管理建立了体系、提出了原则、明确了流程，为供应链风险管理提供了思路；另一方面提出了风险管理的通用性要求，即能够应用到大多数企业、供应链管理环境之中。

ISO 31000 风险管理标准来自国际组织 ISO，它的基本思想对供应链风险管理的体系构建具有极大的参考意义，例如它的原则、框架与流程三大部分所形成的风险结构在供应链风险管理里可以借鉴。它对管理层的风险防范角色价值特别关注，这也是风险防范的基本支持条件。同时，ISO 31000 风险管理标准的风险控制流程对供应链风险的管控可以起到很好的参考作用。

4. ISO 19600：2014《合规管理体系指南》

《合规管理体系指南》（Compliance Management Systems Guidelines），即 ISO 19600：2014，在全球得到了普遍认可和广泛接受。

合规管理是企业可持续发展的条件。企业开始关注其面临的合规风险及如何实现合规等问题。合规管理意味着企业既要遵守相关法律法规及监管规定，也要遵守相关标准及合同约定，包括合规原则或道德标准。实施合规管理就是为了避免此类风险，即合规风险。

组织对面临的合规风险进行识别、分析和评价，建立并改进合规管理流程，防范合规风险，从而达到对合规风险进行有效的管控。

合规管理体系指南指出合规价值观念建设的重要性。价值观念所发展出来的企业合规文化是价值观、道德准则和信仰的整合体，并与组织的职能结构和控制系统相互作用，形成了合规性规范体系。

这套标准的以下要点值得借鉴。

●理解组织的背景，明确内部和外部问题，理解合规风险与组织目标的关系，包括影响组织达成合规管理成果的能力问题。在这种情况下，组织宜考虑更大范围的内部和外部因素，如监管、社会和文化环境、经济形势、内部方针、程序、过程和资源等。

●理解利益相关者的需求和期望，了解合规管理体系的相关方及其要求。

●确定合规管理构架的范围及合规管理体系的边界和适用性。合规管理构架的范围在于说明合规管理体系的作用边界。

●制定合规治理原则，确立、制定、实施、评价、维护和持续改进对合规管理的独特价值。

●合规风险的识别、分析和评价。企业组织识别和评价合规风险，是正式合规风险评估或其他替换方法的条件，合规风险评估构成了合规管理体系实施的基础。

●组织的合规职责。企业管理者的积极参与和监督是不可缺少的，这有助于确保员工充分理解组织的方针和程序，以及将其运用在他们的工作中，并确保他们有效地履行合规义务。组织应安排人员全面负责合规管理，其担负的可能是其他角色或职能之外的职责，相关责任部门包括现有委员会、组织部门，也有的组织把部分工作外包给外部合规专家。

●合规风险的应对措施。组织进行合规管理体系的规划，确保合规管理体系能实现预期成果，防范、监察并减少不良效果，实现持续改进。

●运行的策划和控制。组织宜计划、实施和控制满足合规义务必需的过程，具体包括：确定过程的目标；确立过程的依据；根据准则实施过程控制；记录文件化信息，确保过程是按照计划在实施。组织控制计划的变更，要重新评审计划变更的后果，必要时采取措施缓解任何不利影响，建立控制和程序落实措施，管理合规义务和对应的合规风险，实现预期的行为。采取有效的控制措施确保满足组织的合规义务，能够预防和发现不合规事件并纠正。充分设计各层次的控制措施，促进组织通过活动履行合规义务。在合理的情况下，这些控制宜植入正式的组织流程。

●合规报告制度。治理机构、管理层和合规团队应确保及时有效并持续充分地了解组织合规管理体系绩效，包括消除所有相关的不合规并及时和积极地推动这一原则：组织鼓励和支持充分和坦诚报告的文化。内部报告制度的安排应确保：设定适当的报告准则和义务；确立定期报告时间表；建立对新出现的不合规进行特别报告的异常报告系统；确保信息的准确性和完整性；向组织的相关职能部门提供准确和完整的信息，采取预防、纠正和补救措施。相关人员要对向治理机构提交的报告的准确性签字确认，包括合规团队也应签字确认。

ISO 19600：2014 合规管理体系指南是一个指导规范。供应链风险的来源是多样化的，如外部和内部等，其中有一部分风险是关于规范的符合性风险。这个标准指出了合规价值观念建设的重要性，它提出的 9 个原则是具有现实指导价值的。供应链管理存在大量的管理规范，包括企业制度和外部法律法规的约束，如环境责任等，如何满足这些要求，是这个标准的参考价值来源。

5. ISO 28000《供应链安全管理体系规范》

ISO 28000 是物流业依据共同安全管理标准的需求，发展和提出的一套规范。其目标是改进供应链的安全性，保障供应链系统顺畅运行。这个规范可以帮助行业各部门审核安全风险，并控制和减轻风险，解决供应链潜在的安全威胁和影响，这套规范值得参考和借鉴。

ISO 28000《供应链安全管理体系规范》为与供应链相关的组织提供了标准框架和指导。该规范借鉴了质量管理的 PDCA 分析和执行逻辑，保持与相关部门安全提案的兼容性，同时，还弥补了提案的不足之处。提案涉及欧盟关于加强供应链安全的规定、经授权的经济经营者（Authorized Economic Operator，AEO）、世界海关组织为供应链安全化和简易化设定的标准框架、美国海关和边界保护提案、针对恐怖主义的海关交易伙伴关系等。

ISO 28000《供应链安全管理体系规范》的内容包含 6 个部分。

●一般需求：供应链相关组织部门应建立文件、制作文件、维护、实施，以及持续改善安全管理系统，确认风险并降低风险带来的后果。

●安全管理政策：规范最高管理者根据公司宗旨制定整体安全管理政策。

●风险评估与安全规划：规范如何评估风险、满足法令规章的需求、考虑安全管理目的、设定目标，以及制订安全计划。

●系统导入与实施：规范安全管理组织架构与权责，建立安全信息沟通管道、建构文件记录系统、管控文件信息、制定紧急措施和安全回复等。

●检查与改善措施：规范安全绩效评量与监控、系统定期查核与改善、安全威胁的矫正预防措施、纪录管控和安全稽核。

●管理复查与持续改善：最高管理者应于计划期间内检查安全管理系统并加以改善，确保系统的适用性与有效性。

ISO 28000《供应链安全管理体系规范》的益处如下。

●强化海关与企业间的合作，促进货物移动安全。

●提升高风险交运货物的管控能力。

●借助全球供应链安全性与便捷化的标准，改善全球供应链的安全性和便捷性。

●促进贸易、增加政府税收、维护边境安全。

ISO 28000《供应链安全管理体系规范》的执行与落地，显然需要供应链管理下的物流系统来支撑。物流安全会影响供应链安全，可见这个规范对供应链管理的风险控制很有现实价值，特别是在物流风险防范上。

供应链风险管理的框架与标准是具体实现特定组织风险管控的一个参考，在以上所介绍的各类风险管控的标准中，我们可以形成对风险管理的基本认知和对管理结构的基本理解。在每一个具体组织的供应链风险管理实践中，在实现供应链风险管控方面一定会存在巨大差异，其也一定会有不同的风险应对手段，这些框架与标准有利于组织快速形成自己的供应链风险管理体系。

|第2节|供应链风险的来源

供应链风险管理对提高企业竞争力至关重要，给供应链管理带来了新的挑战和机遇。供应链风险管理日渐成为企业管理的新焦点。供应链风险在全球化的环境下，更需要得到产业与行业的高度关注。当下，国际局势多变，这对供应链的稳定性带来了巨大影响，国家间供应链的持续性是一个关键要点。

1. 供应链风险来源分析

供应链风险可以来自外部环境，也可以来自内部控制。本部分主要讨论供应链外部风险。

供应链外部风险就结构而言表现在以下几个方面：政策变化、经济环境影响、法律调整、市场不确定性、意外灾难等。

●政策变化。企业的经营环境时常受到国家政策变化的影响，尤其是在供应链金融领域。政治原因和不可控因素可能导致供应链中断，合同履行中止。国家的产业结构调整，产业政策调整，支持性政策调整，也包括产业限制，都可能导致供应链面临产生损失的风险。

●经济环境影响。经济环境是企业发展的大背景，经济基本面的起伏对微观企业的影响巨大。经济的波动和周期性变化都会给企业供应链带来影响，包括国家间贸易量、进出口顺差逆差等。

●法律调整。企业受法律的制约。国家法律的调整和修订带来的产业发展变化，会对供应链产生影响。一般来讲，法律都处于完善的过程中，也就意味着法律的调整是常态。其一直处于变化中，这将导致不确定性。法律环境的变化，会引发供应链的被动调整，部分企业往往难以承受。所以，企业对法律的变化要敏感，要反应迅速，最好有前瞻性的判断。

●市场不确定性。需求的不确定性和变化，市场竞争带来的各种变数和供需关系的逆转，都使得供应链风险增大。企业在应对市场变化的同时试图积极实现市场预测，但是手段的有限性、预测的难度都使得风险管理难以发挥出理想的作用。供应链的采购、生产和销售是建立在需求预测信息基础之上的，如果不能获得相对准确的市场数据，供应链无法根据需求变化而改变产品策略，这是十分危险的。供应链不能满足客户对产品数量、质量及快速响应的要求，可能会导致客户流失。

●意外灾难。水灾、地震、火灾等自然灾害时常发生，不可预见的自然灾害，会造成巨大的经济损失。自然变化引起的对经济、物质生产及对生命安全的威胁，都会造成不可预见的破坏，影响供应链的上下游企业，破坏供应链的稳定性，致使供应链中的货物流转受阻或中断。在企业的供应链运作思路里，自然灾害是不可忽视的，尽管不能对自然灾害做出准确的判断，但敬畏之心要有，预案要有。

以上是大环境中的风险来源，在企业的微观层面也有不同属性的风险来源，如运营风险、财务风险、合规风险等，还有技术风险、公共关系风险、品牌风险、数据风险等。

2.项目管理风险分析

项目管理在全球形成了 3 套比较有影响力的知识体系，分别是由美国项目管理协会（Project Management Institute，PMI）编写的《项目管理知识体系指南》、国际项目管理协会（International Project Management Association，IPMA）提出的国际项目经理资质认证体系，以及英国政府商务部颁布的受控环境下的项目管理 PRINCE2（Project in Controlled Environment 2）管理体系。

项目风险管理是在项目管理环境下的风险管控，是识别和分析项目风险及采取应对策略的一系列活动，其内容主要包括：风险识别，确认影响项目进展的风险来源，分析风险特点；风险量化，评估风险的作用量级，评定影响项目结果的范围；风险对策，对风险进行分析，对风险做出应对；对策实施，风险应对策略的执行与实施，并对变化做出反应。

风险识别包含以下两方面的内容。

●识别哪些风险会影响项目进展，分析特定风险的特征，风险识别将贯穿整个项目过程。

●风险识别包括识别内在风险及外在风险。内在风险是项目团队可以把握和控制的风险，如团队调整和预算调整等。外在风险是超出团队控制范围的风险，如市场变化或政策变化等。

组织应通过分析、评估风险因素，制定相应的管理方案是风险管理的基础。此过程中需要遵循的原则和要求如下。

●可行、适用、有效性原则。

●经济、合理、先进性原则。

●主动、及时、全过程原则。

●针对已识别的风险，制定可操作的管理方案，能提高风险管理的效率和效果。

●管理方案力求节约管理成本，使信息流畅，方式快捷而先进。

●项目的全过程会不断出现新情况，需要调整管理方案，及时应对，这个原则将贯穿项目的全生命周期。

●综合、系统、全方位原则。管理者要全面分析与判断风险，解决风险的不良影响；应采取系统管控，建立风险的利益共同体和项目全方位风险管理体系。

●风险管理方案计划书。计划书一般包括项目概况、风险识别、风险分析与评估、风险管理的工作组织、风险管理工作的检查评估。

项目风险管理措施如下。

●技术性措施，主要有决策技术、预测技术、技术可靠性分析等。

●组织管理性措施，包括确定组织结构、设计管理流程、制定管理制度和标准、进行人员配置、岗位分工和明确风险管理责任等。

●经济性措施，包括合同方案设计、保险方案设计、管理成本与人员成本核算等。

项目风险管理原本是项目管理环境下的一套体系，项目化运作在供应链管理中普遍存在，例如供应商寻源中的多部门合作，早期采购介入（Early Parchading Involvement，EPI）等。这些管理活动都存在项目管理机制与方法，可见掌握和理解项目风险管理的方法和流程对供应链管理很有价值。

3. 供应链中断风险

在各种风险中，供应链中断是最不堪承受的，它会使下游企业生产中止，进而为其带来破产的风险。供应链中断大多发生在一些特殊条件下，例如区域政治剧变和局部战争使得政府更迭，市场机制丧失，商业环境被破坏，企业无法按照商业规则实现合同履约；市场需求的异动致使供需关系极度扭曲，供不应求；技术壁垒导致供应端压力过大和不稳定性过高；文化和制度差异导致国际贸易不稳定或被刻意压制。

英国标准学会（British Standards Institution，BSI）在2021年发布的供应链风险洞察报告的第一章"全球风险预测概要"中写道，"在2020年，BSI监控的许多相关问题，包括货物犯罪、劳工剥削、侵犯人权、毒品走私、粮食不安全，以及人为造成的供应链中断，在2021年仍然是供应链将要面临的风险"。该报告的第六章"商业持续规划"谈到"考虑到地震和其他类型自然灾害，在严重影响业务连续性和世界各地的安全问题。2021年这种趋势正在加剧。BSI去年进行的一项调查发现，2020年62%的组织宣称商业连续性计划到位，即使如此，供应链中断仍然是2020年的令人担忧的首要问题"。同时，该报告的第九章"监管的变化趋势"也特别提到"监管改革在评估组织的适应性方面发挥了作用，加强监管可能会带来挑战，组织应创建新的旨在提高效率的合规措施，涉及可持续采购和改善供应链安全，基本可以肯定的是，组织将必然越来越多地审查供应商劳工违规。

2020 年，英国皇家采购与供应学会给出供应链中断常见原因示例，如图 9-1 所示。

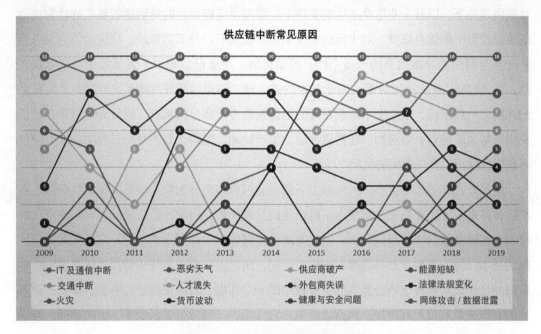

图 9-1　供应链中断常见原因示例

| 第 3 节 | 供应链中的采购风险评估

1. 供应链风险分析

就供应链而言，其风险的来源是多样化的，性质是复杂的。一般来讲，组织会进行适当的风险管理，主要会运用以下这些手段。

●强化成员企业的风险意识。组织在采购、生产、销售过程中，还会涉及外部的众多企业，包括供应商和客户企业。供应链是诸多上下游企业共同参与的，也就意味着供应链上下游企业的经营情况将影响到供应链企业间的合作健康程度。所以，建立信息互通机制、联席会议机制、协同作业机制等可以比较好地规避风险。有必要的话，企业可以成立一个专门负责监督管理供应商的部门，相关的人员应对公司的供应商情况很了解，代表企业与供应商保持良好沟通，协调企业与供应商之间的矛盾和冲突，如此可以降低企业面临的供应链中断的巨大风险，并促进供应链企业群组之间高效协作、信息共享、互通有无、相互支持，及时发现问题并处理问题。

●提供有效的信息化管理工具。供应链企业之间的信息传递渠道是多样化的，尤其在互联网条件下，以及企业信息系统的支持下。提高供应链信息的透明度能够很好地解决信息传递过程中的信息扭曲。对大量的企业来说，在获取内外部信息后，让这些信息充分得到分享与利用是非常重要的一项工作。前面提到，企业已经采用了大量的信息化管理工具，如 ERP、CRM、SCM 等。对于复杂的供应链，信息阻断导致的系统混乱是不可低估的风险。一般来说，企业上下游间良好的信息互动方式和反馈机制，以及处理流程，可以使供应链风险得到有效遏制。在销售计划、生产计划、采购计划的联动过程中，充分降低不确定性就可以降低供应链风险。

●提升合作关系与级别。供应链上下游企业因合作而紧密联合，形成利益共同体。在供应链体系下，企业要充分发挥上下游企业的互补优势，消除外部环境的不确定性产生的影响，实现高效合作的双赢局面。供应商在供应链管理中属于上游角色，它是采购得以实现的基本保障。采购计划将直接影响生产计划，所以供应商关系管理就变得极其重要。供应商的合作级别和等级划分是供应商管理中的一个课题，对供应商进行分类、排名，让不同的合作关系政策相互对接，包括战略型、合作型、一般业务关系型等，层次分明，互动有序。

●建立预警、应急系统。相应的预警系统与应急系统是供应链风险防范的核心，预警与应急系统是供应链管理的构成部分，涉及很多环节和部门并受到外部环境状态的影响。突发事件会触发不可预见的风险。供应链合作企业间的利益关系与纽带的状态，包括依存型的合作关系，都是解决问题的基础性条件。在不断发生的企业经营风险现实中，不断探索可行的风险控制手段是所有供应链成员的共同使命，正所谓一损俱损，一荣俱荣。

供应链风险的评估程序是符合一般逻辑性的，整个控制过程环环相扣。在这个程序中，风险的发生概率和危害分析在实践中并不是很好判断。在商业环境下的诸多影响因素中，有一些因素是很难预见的，这就是现实。可见供应链的运行是充满不确定性的，风险管理的手段和程序只能发挥有限的作用。

2. 供应链中的采购风险

抛开大的供应链体系，在采购管理的职能环境下，同样存在着风险的评估与管理。在不断的实践探索中，有很多具体的手段可以帮助企业有效地减轻采购风险带来的压力。以下方法是可以借鉴的。

1）采购风险测评目标

●经营性目标：保障采购职能的三大核心目标（成本、质量和交付）的实现与达成。

●合规性目标：推动采购管理规范的建立，完善业务流程，提高采购管理的稳定性与安全性。

2）采购风险测评维度

（1）管理风险：业务流程规范性、合规性与合理性的潜在风险

●采购需求与计划：需求分类、等级序列、数据库管理、采购计划的生成机制、计划的波动与合理性、库存的合理性。

●供应商寻源：评估标准、评估团队、供应商库、供应商关系管理。

●采购谈判与招标：执行制度、执行程序、合规性、合理性。

●合同管理：合同签署、订单发放、跟催、验收、支付、合同归档。

●采购绩效评估：管理规范、执行程序、KPI 的有效性与合理性、激励机制的有效性与合理性。

●采购审计与风险报告：内控制度、制度执行、汇报沟通机制。

（2）环境风险：企业外部环境的不确定性风险

● PESTEL 环境分析，尤其是外部的经济趋势，如 CPI（消费者物价指数）、PMI（采购经理指数）、GDP（国内生产总值），检查是否有信息跟踪与定期报告。

●供应市场分析，如价格波动、货物短缺、技术变革、贸易壁垒、物流模式与成本条件，以及出现垄断或供小于求的情况，检查是否有信息跟踪与定期报告。

●自然风险及一些特殊风险事项，包括地震、风暴、流行病、核泄漏、战争等不可预见的自然灾害和重大特殊事件，检查是否有信息跟踪与定期报告。

3）风险项目测评点

（1）风险管理政策

●风险管理文化：从风险管理制度、风险事件反应方式、风险控制成果表现等方面进行评估。

●风险内控体系：对企业是否建立 ISO 31000 风险管理标准、COSO 风险管理体系、萨班斯法案内控报告等事项做出判断，对企业是否具有体系性风险控制框架做出判断。

（2）业务流程规范

●业务流程规范性：对是否有规范、规范是否完整等事项做出判断。

●业务流程合理性：分析此业务流程对采购目标实现的积极与消极影响，并对潜在风险做出评估。

（3）业务执行绩效

●业务执行合规性：是否合乎规范要求（可利用穿行测试），考察规范与行为的一致性。

●业务执行结果：对现有条件下的业务成果做出判断，如果存在不良结果，可以进行风险倒推。

4）采购风险测评方法与等级

（1）测评方法：询问、观察、测试、检查

●询问：通过对话了解业务的执行情况，发现风险点。

●观察：参与到业务活动中，通过切身体会和感知了解业务的执行情况，发现风险点。

●测试：跟踪业务过程，判断管理控制的评估方法，目的在于评价业务流程设计的有效性，确认执行是否与流程相符，确认相关内部控制程序是否已经被实施。

●检查：对文件和档案进行审核，发现风险点。

（2）风险等级

●一般缺陷（将产生不良结果）。

●重大缺陷（将导致重大损失）。

●实质性漏洞（控制失效导致不可估量的损失）。

供应链中的采购风险防范是保障供应链稳定和持续的核心措施，同时，对采购核心目标的达成也至关重要。采购职能的基本属性是以成本为中心，采购部门是企业支出的主要部门。采购管理体系的规范化和标准化是内部控制的要点，制度建设和持续优化是防范采购人员职务犯罪的根本性措施。

3.风险矩阵分析

风险矩阵（Risk Matrix）分析是从风险概率和风险影响这两个维度评估、判断风险的分析方法。它是一种可视化的风险分析工具，应用于风险评估等专业领域。

风险矩阵分析的基本逻辑和程序如下。

●风险识别：罗列需要评估的风险。

●风险等级：定义每个风险状态的危险等级。

●风险概率：估计每个风险状态的可能性。

●风险评估：根据风险矩阵象限图进行风险评价。

风险二维矩阵的分析框架如下（见图9-2）。

●第一个维度：风险概率，分高、中和低3个级别。

●第二个维度：风险影响，分严重、中等和偏低 3 个级别。

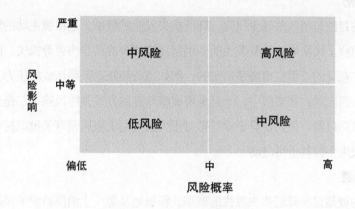

图 9-2　风险二维矩阵框架

　　在风险矩阵分析中，根据每个风险的基本属性做二维的散点图，并划分出 4 个象限，从而可以为风险排序，再选择应对策略和手段，实现风险管控，这就是它的核心思想。

4. 风险登记簿

　　风险登记簿（Risk Register）是一份文档，记载了各个风险的来源、种类、级别、应对手段和风险报告，也可以包括历史风险的数据和资料。它一般以纸质表格或电子表格的形式出现，是风险事件和风险信息的文档化的记载工具。

　　风险的来源和种类非常多样，同时风险信息的来源也是多种多样的，因此，对散落在各个部门和不同来源的风险信息做统一的管理与梳理至关重要。

　　风险登记簿是可以高度分享的信息，也是风险防范的知识资本，在企业的风险管理实践中有着重要的价值。

| 第 4 节 | 供应链风险应对策略

1. 供应链风险的处理手段

供应链风险的应对视角是多样化的，环节比较复杂，主要包括风险预防、风险规避、风险转移、风险分担、风险遏制和风险利用 6 项内容。

1）风险预防

风险预防的目的是消除或减少风险，降低损失发生的概率，是积极主动的应对理念，可将风险控制点前移。风险事故只要发生就会引起经济损失或人身伤害等损失，因此风险预防是有巨大的现实意义的。供应市场是多变的，例如通货膨胀对采购造成的压力是很大的，面对这个趋势，如何应对？在实践中，一是采用战略库存的方式预防风险，二是采用期货的套期保值手段来预防风险。例如浴具企业科勒对于大量使用的金属铜等关键原材料，通过期货的套期保值手段来平抑其价格波动。

2）风险规避

风险规避主要是设法降低损失发生的概率，积极地从源头上消除特定的风险因素，采取主动防范的方式避免风险的发生。风险规避所采取的方案需要平衡好风险损失和风险控制的成本，即风险规避要有经济效益才有意义。风险规避是回避风险的发生，尽管不是消除风险，有一定的消极性，但依然不失为一种风险应对的有效手段。在采购实践中，采用多元化供应源是规避风险的主要手段。采购方与供应商的关系是商业的利益关系，在合作中难免会有供应商反向约束采购方的事情发生，导致采购目标无法达成，所以，适当扩大关键性的采购品类的供应商来源是很好的风险规避手段。当下由于全球的供应持续紧张，导致完美订单满足率目标无法实现，很多企业通过建立战略库存来实现风险规避。但是，战略库存会产生很大的库存成本压力，它恰如一把双刃剑，在减小缺货风险的同时带来了库存的恶化，实难两全。

3）风险转移

风险转移是指将风险的性质和量级进行化解与转换，实现风险的减弱与降低。例如通过合同、保险等来转移风险。当风险的发生概率较大时，就需要考虑如何转移风险。在实践中，一是签订连带责任协议，二是通过保险来转移风险。例如，供应商的财务能力有限，可以通过签订连带责任协议，将风险转移到担保方，从而规避风险。当然更多是通过保险来转移风险，例如对物流运输和仓储风险的转移。

4）风险分担

风险分担指通过供应链上下游企业间的合作，使风险化大为小，以减轻风险对企业的影响程度。由此可见，在风险分担中，企业接受风险的存在，通过企业间的合作只承受一部分风险，以达到减轻伤害的目的。风险分担中最重要的影响因素是双方的合作程度，以及所产生的利益关系的强弱。在 ESI（供应商）的早期参与合作模式下，由于双方的深度合作，就可以很好地实现风险分担与化解。例如，在 ESI 合作模式下，如果供应商面对较大的原材料成本压力，一般来讲，采购方都会积极进行成本压力化解，而不会强势要求供应商不得涨价，这就是风险分担。

5）风险遏制

风险遏制是控制与处理风险的技术手段，在风险发生时或风险发生之后，为了使损失最小化，积极采取各项措施减轻风险带来的伤害。例如进行市场舆情的分析，了解外部环境，及时调整策略等；进行企业的信息化建设，实现透明化，规避信息不对称带来的问题。风险遏制是一种积极主动的风险化解方式，企业需要对供应市场的状态和趋势做到细致把握才有可能实现。当供应市场萎缩时，将导致供应不足，企业就需要推动供应商加大生产批量，遏制风险。对技术变化进行跟踪，及时改变采购策略，改变技术规范，以应对新变化，也是遏制风险的手段。

6）风险利用

在特殊条件下，风险也蕴含着积极的商业价值，并且可以加以利用。例如，在市场不确定的条件下，缺货风险也可能带来战略库存价值的快速上升，实现资产增值；供应商利用技术优势进行恶意压榨，可能会激励采购方对自主研发的决心与投入，从根本上解决技术封锁，这也是风险带来的特殊意义。

2. 风险防范的示例

保险业对风险的定义：风险是指某事件发生的不确定性。风险就是损失发生的不确定性，这种不确定性表现为是否发生的不确定，发生状态的不确定，发生时间的不确定，发生后果的不确定。

在保险业，风险的构成有很多分类，常常可以划分为风险因素、风险事故和风险损失3个构成部分，并以此来进行分析与选择。

风险因素是风险发生的原因，是损失发生的可能性以及损失扩大程度的条件。

根据性质不同，风险因素可分为以下3种。

●实质风险因素。它是有形的直接影响因素，该因素本身就是引起损失的条件。

●道德风险因素。它涉及人的品德修养，如有人恶意或故意使得风险发生，从而导致经济损失和人身伤害。

●心理风险因素。它是涉及人的心理状态的无形因素，包括侥幸、不认真、漠不关心或依赖心态等，导致风险事故，致使损失发生。心理风险因素往往会导致严重的后果。

风险事故指风险成为已发生的事实，已经造成了生命或财产损失。风险事故表现为意外或例外事件，并导致损失发生。

风险损失是经济损失，可能是丧失所有权、丧失收益权、成本增加、担负责任，以及无形的声誉损失等。

要想应用商业保险化解风险，企业需要了解商业保险的内容与界定。商业保险可以从经济与法律的角度来解释。

商业保险是处理意外损失的一种方式；投保人将不确定的大额损失变成固定的小额支出；保险人预见未来损失的发生概率，经过统计学和数学的核算制定保费水准，形成保险合同，实现风险转移，在商业关系的基本状态下完成风险的防范。这是经济视角的解释。

保险关系的订立是合同行为，一方是保险人，另一方是投保人，双方同意这种合同安排。投保人支付保险费，保险人承担保险责任。这是法律视角的解释。

商业保险的特征包括以下5个方面。

●经济性。保险是经济活动的有机组成部分，是一种经济保障活动。保障的对象包括财产和人身，是社会经济活动的关键要素，对经济发展和繁荣有直接作用。

●商品性。保险是一种买卖关系，具有契约性质，是商业交换行为。保险人和投保人通过经济分析来形成合同关系，使得双方在商业上有所收获。

●互助性。保险在社群的背景下，在事实上产生互助的价值，即大量投保人的保费承担了少部分人的经济损失，使得难以担负的风险成本通过保险的商业机制实现了化解。

●契约性。当事人双方订立保险合同的行为体现了契约关系。保险关系就是合同关系，双方要履行合同约定的权利和义务。

●科学性。保险的商业底层支撑来自概率论及大数法则，数理理论是基础，保险费率的核算和精算是科学化的，具有商业理性。

总之，商业保险是供应链风险转移的重要手段，了解商业保险的机制可以更好地进行企业风险防范。

3.企业风险报告

编写企业风险报告是企业风险管理的重要工作。企业必须有专门的部门和人员进行专业化的分析与判断，并建立企业的风险规范化管理体系。常见的企业风险报告的基本框架有以下部分。

1）企业年度风险管理工作回顾

全面风险管理是企业风险管理的基础，要回顾历史的重大风险情况及应对处理效果，对未来的各类风险进行分析和判断，它是常规化的、系统化的。对于重大风险事件，要说明原因，判断影响，复盘应对措施的效果和疏漏。在企业管理会议上，要对年度风险管理工作进行整体性的分析与总结，这既是管理的要求，也是风险管理的必要内容与活动。

2）企业全面风险管理工作计划

一般来讲，全面风险管理会包括以下关键点：风险评估情况；风险评估的范围、方式及参与人员；风险可能性分析，对经营的影响程度；对重大风险进行量化分析，建立分析和预测模式；风险分类与分级，列明重大风险的来源与影响的差别，并对其排序；依据风险发生概率和风险事件影响，绘制视觉化的二维风险矩阵。

3）重大风险管理

重大风险管理是指根据企业年度风险评估对重大风险进行列表和说明，掌握风险的基本来源和负面影响的量级。重大风险管理的策略和解决方案主要包括风险管理策略、风险偏好的状态、风险承受度的现状和风险预警指标设定、风险解决方案、风险应对措施的设计和安排，以及危机处理计划的预案等。

供应链风险的影响因素不胜枚举，风险预判与控制的价值远高于事后的总结与复盘，因此，在供应链管理上有效地运用风险预防与控制手段进行风险控制和流程优化，同时导入全面质量管理理念和持续改进等手段和方法，优化供应链绩效，降低内外风险，可形成有竞争力的整体供应链。

4. 供应链风险防范的实施

供应链风险防范的实施应逐步展开，其基本构架可以分为前、中、后 3 个阶段。

1）供应链风险防范的前期工作

●政策制定。企业对风险的意识和态度对供应链风险防范的实施具有决定作用。建立风险防范体系需要企业以政策为导向，这还涉及企业的风险防范文化。

●风险责任。风险的防范需要界定责任主体，只有权责分明，企业的风险防范体系才会有血有肉。

●风险来源。从结构上看，风险主要包括两部分：外部的环境风险和内部的管理风险。不同行业、不同企业的特质存在差异，对风险来源的敏感度也不同，要有针对性地界定风险的来源和量级。

2）供应链风险防范的中期工作

●风险的可能性。每一种风险的发生都具有偶然性和不确定性，可以根据以往的历史数据进行统计学分析，风险的概率是决定风险应对手段的基础。

●风险的影响或危害性。不同的风险导致的损害是不同的，性质也有差异，需要对风险做出量化的判断，这对风险的排序分级至关重要。

●风险的等级排序。风险在理论上是无限的，一个企业不可能对风险做出全面应对，这没有人力、物力的现实支撑。因此，企业需要对风险进行筛选和排序，抓住重点。

●风险的应对策略。风险应对是有章法的，手段也是多样的，风险可以预防、规避、转移，应根据具体情况而定。

3）供应链风险防范的后期工作

●风险监控。实时跟踪风险，发现风险，快速响应。

●风险化解。制定风险应对策略，稳中取胜。

●风险回顾与总结。经验是宝贵的财富，是有价值的知识，应该在组织内部广泛分享和学习风险防范工作经验，不断优化风险防范体系。

供应链风险应对是企业经营发展的有效保障。风险永远存在，企业应时刻做好应对准备，这是风险防范的常态。在意识和态度上能够保持一贯性是非常不容易的，企业的高管团队需要常抓不懈，这是风险防范的第一保证。

供应链管理专家（SCMP）
职业水平认证项目介绍

一、项目背景

中国物流与采购联合会（以下简称"中物联"），是国务院政府机构改革过程中，经国务院批准设立的中国唯一一家物流与采购行业综合性社团组织。

供应链管理专家（SCMP）认证项目由中物联组织近40位国内顶级专家精心开发——历时10年打磨、历经两次改版，是国内唯一拥有自主知识产权的、符合中国供应链发展实际的供应链管理职业认证项目。该项目立足供应链管理职业教育，努力贯彻《国务院办公厅关于积极推进供应链创新与应用的指导意见》关于供应链人才培养的部署，坚持可持续更新和专业化方向、与国际接轨的原则，为广大企业的采购、物流、运营、计划等与供应链相关岗位的人员提供一套权威的认证知识体系。

二、项目价值

1. 对个人而言

（1）系统化学习、梳理和掌握最前沿的供应链管理发展趋势。

（2）熟练运用供应链专业知识，为企业创造更多价值，获得更多成就和认可。

（3）取得SCMP证书，是职业能力的重要体现，为职业发展提供更加广阔的空间。

2. 对企业而言

（1）快速多变的外部环境给企业带来巨大挑战，推进 SCMP 认证和贯彻企业供应链愿景和战略，将给企业带来"事半功倍"的效果。

（2）众多供应链试点项目和标杆企业，都开始运用或部署 SCMP 认证，赋能企业供应链实践，为企业发展培养和储备供应链专业人才，提升企业竞争力和抵御风险的能力。

三、适合对象

（1）供应链总监、经理、主管。

（2）采购、项目管理、材料管理、运营管理、供应商质量保证、财务、计划等岗位专业人士。

（3）物流和其他岗位具有一定经验的相关专业人士。

四、知识体系

新版供应链管理专家（SCMP）知识体系采用 6+1 模式，包含 3 册必修教材（《供应链运作》《供应链规划》《供应链领导力》）、3 册选修教材（《物流管理》《计划管理》《采购管理》）、1 册术语集（《供应链术语》）。

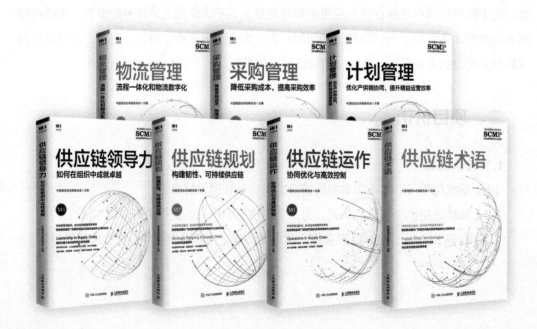

供应链运作	1. 供应链管理概述 2. 客户需求管理与交付 3. 库存管理基础 4. 物流管理	5. 生产运作 6. 服务运作 7. 采购运作 8. 质量管理	物流管理	1. 运输管理 2. 仓储管理 3. 逆向物流 4. 物流服务	5. 物流设施与设备 6. 物流信息系统与技术 7. 物流网络规划 8. 物流绩效
供应链规划	1. 供应链环境、战略和价值 2. 供应链设计 3. 供应链集成和优化 4. 供应链成本管理	5. 供应链财务分析及工具 6. 数字化供应链技术和应用 7. 供应链项目管理 8. 供应链管理创新	计划管理	1. 计划概述 2. 预测与需求计划 3. 综合供应计划 4. 销售与运营计划 5. 主计划、物料计划及排程	6. 供应能力计划与管理 7. 库存管理 8. 计划信息系统 9. 计划绩效
供应链领导力	1. 供应链管理领导力概述 2. 组织和供应链的战略与目标 3. 组织结构规划与重组 4. 人力资源管理与员工激励	5. 伙伴关系管理 6. 沟通与协同 7. 供应链组织绩效管理 8. 社会责任、道德和合规管理 9. 供应链风险管理	采购管理	1. 采购需求 2. 品类管理 3. 寻源管理 4. 全球采购 5. 间接采购	6. 数字化采购 7. 采购谈判 8. 合同管理 9. 采购与供应商绩效管理

知识体系框架

五、认证流程

供应链管理专家（SCMP）知识体系自2024年起将采用"3（3门必修课）+X（自选1门选修课）"的认证思路，认证流程大体分为3个环节：培训—考试—认证及再认证。

1. 培训

（1）3+X：学员可以在选择3门必修课的基础上，任选1门选修课进行学习，也可以3门选修课都学习。每门课程培训时长为两天。

（2）培训有线上、线下两种模式可选，由中物联授权的培训机构负责组织。

（3）培训讲师均为经过中物联培训并授权的资深供应链管理培训专家。

2. 考试

（1）中物联在全国范围内统一确定考试时间（每年3月、7月、11月），统一组织考试。

（2）考试的形式是机考。考生参加考试必须有在中物联购买教材的记录。考生可自行决定每次报考科目数量。

（3）每个科目的考试皆为100道单项选择题，60分为通过。

（4）每个科目的考试时间为120分钟。

（5）考试未通过的科目可以申请补考，单科成绩保留两年。

3. 认证及再认证

（1）认证层次

● 两年内通过3门必修课和1门选修课考试并且通过认证的考生，将获得由中物联颁发的供应链管理专家（SCMP）相关选修方向的证书。

●两年内通过3门必修课和3门选修课考试并且通过认证的考生，将获得由中物联颁发的供应链管理专家（SCMP）总证书。

（2）认证条件

考生须满足以下条件中的一项方可申请认证：

●具有3年及以上全职物流、采购、运输、供应链等方面的工作经验。

●拥有大学本科学历，全职从事物流、采购、运输、供应链等相关工作1年及以上。

证书样本

（3）再认证条件

本职业认证非终身制，每次认证的有效期为4年。申请再认证需要按规定提交在4年内接受不低于60个学时的供应链管理领域继续教育（含在线）证明或其他有效证明文件。

详情请查询中物联采购服务网或通过以下方式

田老师：010-83775665

崔老师：010-83775730

微信：CFLP_SCM

邮箱：jyrz@chinascm.org.cn

地址：北京市丰台区丽泽路16号院2号楼铭丰大厦1212室